本书由广西大学外国语学院博士点建设资金资助出版

他者的呼唤
——康拉德小说他者建构研究

祝远德 ◎ 著

人民出版社

目 录

绪 论 康拉德小说与他者建构 …………………………………… (1)

第一章 英国文学传统他者建构 …………………………………… (24)
　第一节 莎士比亚他者文化建构传统 …………………………… (25)
　第二节 《鲁滨逊漂流记》与小说他者建构传统 ……………… (44)
　第三节 拜伦与浪漫主义他者建构传统 ………………………… (63)
　第四节 帝国罗曼司与康拉德他者建构 ………………………… (84)

第二章 康拉德种族他者建构 ……………………………………… (97)
　第一节 地理他者建构 …………………………………………… (97)
　第二节 非洲人建构 ……………………………………………… (112)
　第三节 马来人建构 ……………………………………………… (138)
　第四节 南美人、阿拉伯人、中国人建构 ……………………… (156)

第三章 康拉德民族他者建构 ……………………………………… (174)
　第一节 俄罗斯人建构 …………………………………………… (174)
　第二节 东欧人建构 ……………………………………………… (193)

第四章 性别与人格他者建构 ……………………………………… (205)
　第一节 性别他者建构 …………………………………………… (205)
　第二节 人格他者建构 …………………………………………… (227)

结 语 康拉德研究与中国他者战略 ……………………………… (253)

参考文献 ……………………………………………………………… (275)
附 录 康拉德生平年表 …………………………………………… (285)
后 记 ………………………………………………………………… (288)

绪论　康拉德小说与他者建构

一

岁月流逝,沧海桑田。历史的车轮又驶过了一个新的世纪,距离英国现代小说先驱者之一、著名作家约瑟夫·康拉德(Joseph Conrad, 1857—1924)创作全盛的年代转眼已是百年。岁月渐渐远去,但学界对康拉德的兴趣却方兴未艾。康拉德在《"水仙号"上的黑水手》(*The Nigger of the "Narcissus"*)前言中说,"艺术家所针对的,是人们不依赖智慧的那种本质,即天生的而不是后天学来的本质——因而也更持久"①。康拉德影响历久不衰,使人想起我国南北朝文论家刘勰的话,"腾声飞实,制作而已。"②魏文帝曹丕更是把文章喻为"经国之大业,不朽之盛事"③,说的都是经典之作可以流芳百世,影响一代又一代读者。

康拉德1857年12月3日生于波兰,一个被英国学者哈普曼(Geoffrey Calt Harpman)称为"棺材中的国家"④。他感叹说,"在19

---

① Joseph Conrad: Preface to The Nigger of the Narcissus, in *A Conrad Argosy*, Garden City, New York: Doubleday, Doran & Company, Inc. 1942. p.82.
② 刘勰著,祖保泉解说《文心雕龙解说》,合肥:安徽教育出版社,1997年,第994页。
③ 曹丕《典论·论文》,郭绍虞等编《中国历代文论选》,上海:上海古籍出版社,2001年,第159页。
④ Geoffrey Calt Harpman. *One of Us*, *The Mastery of Joseph Conrad*. Chicago & London: The University of Chicago Press, 1996. p.1.

世纪当一个波兰人可不容易。"①1795 年,波兰被俄罗斯、普鲁士和奥地利三国瓜分以后,已经名存实亡。1815 年的维也纳会议重新划分波兰领土,成立了一个以华沙为中心的拥有非常有限自治权的波兰"议会王国",波兰"不是一个独立的国家,仅作为一种文化、一种历史、语言及一种地理概念存在"。② 1830 年波兰爱国起义失败后,"议会王国"也遭到了取缔。康拉德父亲阿波罗·科镇尼厄夫斯基(Apollo Korzeniowski)是一位爱国诗人,曾经因为参与反对俄国统治活动而被流放到莫斯科以北的沃洛格达(Vologda),一家人都随同前往,在冰天雪地中吃尽苦头。康拉德的母亲死于流放地,当时他才 8 岁。康拉德 12 岁时,刚从流放地归来不久的父亲辞世,他成了孤儿。舅父塔丢斯·波布洛夫斯基(Tadeusz Bobrowski)成了他的监护人,在精神上给他以慰藉,经济上给他以支持,成了影响康拉德终生的精神支柱之一,其影响力可以与康拉德的父亲相媲美。即使康拉德离开波兰以后,这种精神和经济的支持也没有中断。塔丢斯·波布洛夫斯基去世时,康拉德仍然分到一笔数额不小的遗产。

　　康拉德 17 岁离开波兰来到法国,先后在法国和英国当水手。29 岁时获得英国国籍,成为英国公民。康拉德和舅舅的关系,使他作为一个大英帝国公民的同时,不断意识到自己波兰人的身份。由一个饱受凌辱的国家中的一个深受帝国列强扩张之害的孩子,变成一个当时世界上最发达的国家的公民,康拉德本身就是一个"自我"与"他者"的混合体,加上他的海员工作性质,穿洋过海,足迹遍及亚洲、非洲、大洋洲以及南北美洲等欧洲以外的地方,使他能够耳闻目睹、亲身接触到许多民族和种族他者,这些经历为他后来涉及他者建构的文学创作打下了坚实的生活基础。英国学者克拉马(Jurgen

---

① Geoffrey Calt Harpman. *One of Us*, Ibid., p. 3.
② John Batchelor. *The Life of Joseph Conrad*. Oxford & Cambridge, Massachusetts: Blackwell Publisher Inc. 1994, p. 1.

Kramer)总结说,康拉德先后在18条船上工作过,"他当了超过两年半的普通水手,8个月三副,差不多4年的二副,2年零3个月的大副以及1年零2个月的船长。作为一个作家,康拉德最重要的首务就是紧随帆船时代和大英帝国这两个历史性进程的兴旺和衰落。"①此外,康拉德所处时代报刊业和帝国罗曼司小说创作的繁荣,也使他大开眼界,为其涉及他者建构的小说创作提供了广阔的空间和素材。

康拉德最具活力的小说是与他者建构相关的作品。被英国著名文学批评家利维斯(F. R. Leavis)认为"可以列为经典之作"②的《胜利》(*Victory*)、《诺斯托罗莫》(*Nostromo*)、《间谍》(*The Secret Agent*)、《在西方视野下》(*Under Western Eyes*)以及《机缘》(*Chance*)5部小说,只有《机缘》和《间谍》以英国为背景,其他几部都发生在他者的国度(《在西方视野下》发生在俄罗斯和日内瓦,在康拉德看来,俄罗斯不属于西方,因而也属于他者。《间谍》的背景是伦敦,其中也有一个俄罗斯人的他者形象)。英国学者戴维森(Arnold Davison)所推崇的康拉德"直面生活缺憾和无奈的5部伟大作品"③,除了以《吉姆爷》(*Lord Jim*)代替《机缘》外,其他4部和利维斯提到的相同。戴维森所说的5部作品,就有4部的背景被置于他者的土地上,而且,这5部作品都涉及他者建构的内容。

对他者的关注,往往出于自我的原因。日本东北大学副教授熊野纯彦说,"在他人的情况极明了、生活正常运转的时候,我们很少用反省的眼光看周围。'他者'的问题多是在自身与他人的关系出

---

① Jürgen Kramer. Conrad's Crews Revisited. *Fictions of the Sea*. Bernhard Klein (ed.) Hants, England: Ashgate Publishing Ltd. 2002, p.157.
② F. R. Leavis, Forward to *Nostromo* in *Nostromo*. New York: New American Library, 1960, p. vii.
③ Arnold Davison. *Conrad's Endings*. Michigan: UMI Research Press, 1984, p.101.

现破绽时才被注意到的。"①康拉德所处的时代对他者的关注,是因为当时的西方文化出现了危机。今天人们对他者的关注,是因为全球化对所有的文化都提出了挑战。不仅弱小文化在全球化影响下会产生生存危机,强势文化也不得不面临各种各样的冲击,不断地审视自我,调整与他者的关系,以利于自我的生存和发展。在全球化趋势带来的多元文化共存和相互竞争的条件下,对20与21世纪世纪之交他者建构集大成者、英国著名小说艺术家康拉德的他者建构进行深入研究,具有重要意义。因为康拉德时代英国面临的许多问题,就是我们今天必须面对的问题。虽然今天人们对他者的关注比以往任何时候都要强烈,但从他者角度研究康拉德小说,到目前仍然存在一些问题,学者们往往只看到康拉德他者建构话语的一面,大多看不到其双重话语的性质。

涉及康拉德小说他者建构的研究来自西方与非西方两个方面,其主要论题是针对康拉德的殖民主义话语研究,无论是西方的还是非西方的研究,都存在两种相反的观点。他们的研究都存在偏颇,有"各执一隅之解,欲拟万端之变"②之虞。

就西方而言,后殖民主义研究和帝国罗曼司研究代表了两种截然不同的观点。巴勒斯坦裔美国学者赛义德(Edward Said)把康拉德小说作为研究文化与帝国主义的重要素材,但由于不是针对康拉德他者文化建构的专门研究,他采取的是先预设论点,再从英国小说中寻找证据的办法。所以,对包括康拉德小说在内的英国书写文学予取予求,只对自己论点有用的材料感兴趣,而对于不利于自己论点的材料则视而不见。赛义德看到的是康拉德小说中的西方文化霸权话语,是"在马洛的犹豫不决、他的逃避和他对自己的感觉和思想的奇怪沉思的背后,是毫不退缩的旅程本身……康拉德想要我们看到,

---

① (日)熊野纯彦《自我与他者》,杨通进译《世界哲学》1998年第4期,第45页。
② 刘勰著,祖保泉解说《文心雕龙解说》,前引书,第961页。

库尔茨伟大的掠夺冒险、马洛逆流而上的旅途以及故事叙述本身,有个共同的主题:欧洲人在非洲或在非洲问题上表现出来的帝国主义控制理论与意志。"①对赛义德来说,马洛与库尔茨之间对待他者态度上的区别并不重要,重要的是他们都属于帝国主义的一员,都是帝国主义文化的传播者和文化霸权链条上的一环。康拉德小说中的双重话语,他更是无暇顾及。

研究帝国罗曼司与康拉德小说关系的学者看到的是康拉德对帝国罗曼司叙事方式的颠覆、对帝国主义事业的怀疑和对殖民主义罪恶的揭露,认为他的小说中的怀疑主义"对19世纪被长期认同的假设投下了阴影,引起了很大的不安。所以,我们在他的故事中发现,米勒画中水手所指之处,延伸到异国未知之地,却被康拉德弱化为软弱无力的悲观主义。"②麦克赫鲁尔(John A. McClure)说,康拉德从根本上反对整个帝国主义事业,"他的修辞策略似乎意在表明,甚至最优秀的欧洲人,要想统治与欧洲差距如此之大的殖民帝国,其远见及无私的程度也是远远不够的。"③

可以看出,赛义德等后殖民主义者强调康拉德小说中帝国主义同谋者一面,片面地把康拉德看做殖民主义者一分子,而对康拉德揭露和批判殖民主义的话语视而不见。另一方面,从帝国罗曼司与康拉德小说关系入手的研究,与赤裸裸宣扬帝国主义的帝国罗曼司作品相比较,康拉德颠覆帝国罗曼司的创作显得非常突出,其结论自然偏重于康拉德对帝国殖民事业的怀疑与揭露,而常常忽视其话语中的殖民主义性质与殖民主义批评性质并存的事实。

非西方对康拉德涉及他者建构的研究也有两种不同的观点:一

---

① (美)爱德华·W.赛义德《文化与帝国主义》,李琨译,北京:三联书店,2003年,第29页。
② Linda Dryden. *Joseph Conrad and the Imperial Romance*. Ibid., p. 9.
③ John A. McClure. *Kipling & Conrad: The Colonial Fiction* Cambridge, Massachusetts & London: Harvard University Press, 1981, p. 5.

种是以尼日利亚作家阿切比(Chinua Achebi)为代表的谴责派;另一种是以南非的纳扎里思(Peter Nazareth)为代表的辩护派。阿切比从康拉德的非洲人建构中发现其殖民主义话语性质,认为康拉德是一个彻头彻尾的种族主义者。布莱克(Susan L. Blake)总结了阿切比持此观点的三大理由:第一是对非洲与非洲人的描写缺乏真实感,土地是一块不真实的黑土地,人则不见其全貌,只见到手脚、眼睛、四肢等部位,而且基本上缺乏语言表达机会;第二,"他笔下的非洲与非洲人代表了某种文明人希望压抑的东西,某种丑陋但仍然隐约可辨的东西。"①第三,康拉德认为,一切人与事物都应该在其适当的位置,即非洲人野蛮而诚实,欧洲人则文明而腐败;非洲应该是野蛮人集居之所,欧洲才是文明人聚居之地。在阿切比三项理由之外,布莱克还加上了第四条理由,"虽然马洛确实很文明,把他自己也参与的殖民主义事业嘲讽为效率低下、不人道、虚伪的行为,但他自己最终也认可了这种殖民主义行径。"②布莱克认为,最明显的例子就是马洛对库尔茨未婚妻隐瞒真相之举,认为此举正是他自己所讽刺的虚伪的表现。马洛还说过,"所谓对土地的征服,在大多数情况下,意味着从与我们的肤色不同或比我们的鼻子稍扁的那些人那里抢过来。这种行径,如果你仔细研究一下,并不是一桩光彩的事情。倘若能够给这种做法正名的话,只有依靠所谓看法不同的托词了。在征服的背后有一种观念,以及对这种观念的大公无私的信仰——这是一种能够为人们所建立、让人顶礼膜拜并为此做出牺牲的东西……"③这段话经常被引用来证明康拉德反对殖民主义立场,布莱克

---

① Susan L. Blake. Racism and the Classics: Teaching Heart of Darkness. Robert D. Hamner. (ed) *Joseph Conrad: Third World Perspectives* Washington D. C.: The Three Continents Press, 1990, p.145.
② Susan L. Blake. Racism and the Classics: Teaching Heart of Darkness. Robert D. Hamner. (ed) *Joseph Conrad: Third World Perspectives* Ibid., p.145.
③ (英)约瑟夫·康拉德《黑暗的心脏》,王金玲译,《黑暗的心脏》,济南:山东文艺出版社,1984年,第198页。

却从中看出了马洛的殖民主义话语的一面,"征服不是一件光彩的事,却可以为之正名。如果文明承认秩序和启蒙的价值,我们必须接受其建立过程中出现的可怕做法。"①就是说,从欧洲经验看,一种秩序的建立,文明的进步,都不可避免地会制造痛苦,这是文明进步的代价。从欧洲资本主义发展历程看,从圈地运动的"羊吃人"到机械化生产的机器"吃"人,无疑都让社会底层付出了惨重的代价。而他们觉得,为了他者国度的文明与进步,在那里复制欧洲曾经经历过的痛苦,也是不可避免和必须付出的代价。

纳扎里思则直指阿切比为"一个糟糕的批评家"②。可是,纳扎里思不是从理性分析上驳斥阿切比,而是从感性上为康拉德辩护。他认为,"殖民主义者把殖民地人民推进一个看不见的笼子之中"③,这个无形的笼子蒙蔽了欧洲人,使他们认为那些为帝国事业的理想而到海外去冒险的人们在拯救非西方野蛮人,指引他们走上文明发展的道路,是在从事一项崇高的事业。而西方人在殖民地推行的教育,也出于同样的目的,培育出一些亲西方的土著精英分子。因此,康拉德把西方的殖民主义真实面目公之于众,也把西方人所受的限制形之于读者面前,具有振聋发聩的作用,一举打破了笼罩在帝国主义事业上的黑幕。所以"康拉德是一位思想解放者,不仅解放了那些被蒙蔽的欧洲人,而且解放了后来者,解放了那些以欧洲人的眼光看世界的殖民地精英。"④在纳扎里思看来,康拉德小说对于殖民地精英来说,实在具有启蒙作用。但有些人得了好处以后却过河拆桥,

---

① Susan L. Blake. Racism and the Classics: Teaching Heart of Darkness. Robert D. Hamner. (ed) *Joseph Conrad: Third World Perspectives* Ibid., p.146.
② Peter Nazareth. Out of Darkness: Conrad and Other Third World Writers. Robert D. Hamner. (ed) *Joseph Conrad: Third World Perspectives* Ibid., p.225.
③ Peter Nazareth. Out of Darkness: Conrad and Other Third World Writers. Robert D. Hamner. (ed) *Joseph Conrad: Third World Perspectives* Ibid., p.218.
④ Peter Nazareth. Out of Darkness: Conrad and Other Third World Writers. Robert D. Hamner. (ed) *Joseph Conrad: Third World Perspectives* Ibid., p.221.

忘恩负义,"一旦康拉德帮助殖民地的人打破黑幕、破茧而出,他们有些人回过头去看时,却觉得康拉德已经没有用了。"①

不管是阿切比还是纳扎里斯,都是用感性代替理性,一个对自己的民族被康拉德小说刻画成劣等民族而感到恼羞成怒,另一个则对康拉德敢于揭露西方人在殖民地的暴行、使西方读者和非西方读者都能够看到殖民主义的真相感到难能可贵,带着一种感激的心情看待康拉德,他们其实谁都无法否认对方观点中存在正确成分,却相互不买账。用感性论争替代理性分析,是他们共同存在的问题。

在中国,关于康拉德殖民主义话语的批评也不少,也同样存在强调其中一种话语而忽略另一种话语的倾向。殷企平说,"从后殖民主义批评的角度切入,是近年来解读《黑暗的心脏》的时髦做法。"②傅俊、毕凤珊力图指出,"康拉德在有力批判殖民主义的同时,亦捍卫了支撑殖民主义的西方意识形态"③的双重话语性质。她们得出结论说,"尽管康拉德在对待殖民主义的态度上表现出一定的矛盾性,但他对殖民主义的揭露是走在其同时代作家前列的,具有相当的超前性。后来在全球抗议比利时在刚果地区殖民扩张的丑恶行径这一运动中,他的作品起到了不可估量的积极作用。同时,他的创作不论在主题上还是技巧上都影响了后来的许多作家,并为前殖民地国家的反殖民主义文学创作奠定了基础。"④虽然她们看起来兼顾了康拉德小说的双重话语性质,但由于论述中充满了对康拉德揭露殖民主义本来面目的赞许,使得其中具有很大的倾向性,未能做到冷静理性地得出客观的结论。

---

① Peter Nazareth. Out of Darkness: Conrad and Other Third World Writers. Robert D. Hamner. (ed) *Joseph Conrad: Third World Perspectives* Ibid., p. 225.
② 殷企平《〈黑暗的心脏〉解读中的四个误区》,《外国文学评论》2001 年第 2 期,第 148 页。
③ 傅俊、毕凤珊《解读康拉德小说中殖民话语的矛盾》,《外国文学研究》2002 年第 4 期,第 95 页。
④ 傅俊、毕凤珊《解读康拉德小说中殖民话语的矛盾》,前引刊,第 95 页。

比较而言,殷企平是为康拉德辩护最强有力的中国学者。他列举了小说中两大类殖民主义批判话语的细节,"第一类有助于区别土著黑人和入侵白人(外来移民)。在康拉德的笔下,那些外来移民大都面目可憎。且不说嗜血成性的库尔茨,即使其他许多外来移民,也都像马洛遇到的埃尔多拉多探险队队员们那样,'唯一的欲望便是从这块土地里抢走所有的宝'。他们不仅对黑人如凶神恶煞,而且彼此之间也尔虞我诈,勾心斗角。相形之下,那些黑人的形象要可爱得多。"①他觉得,"马洛褒谁贬谁,爱谁恨谁,已经不容争辩了。"②接着,他又列举了另一类细节,是区别马洛与库尔茨的细节,认为库尔茨是一个残暴的殖民主义者,而马洛却一直对殖民主义持批判态度。他争辩说,"这些细节是对西方殖民主义的揭露。马洛从非洲之行的开头到结尾,看到的都是欧洲殖民主义者对非洲土著的欺压、掠夺、奴役,乃至残害。作品中,这类细节比比皆是。"③他得出的结论是,"如果我们对这两类细节给予足够的重视,就不可能简单地说马洛的非洲腹地之旅的实质是探索所谓的人类的共同本质,而应该说是探索殖民主义者的罪恶本质。换言之,马洛探索了人的精神世界不假,但是这里的'人'决不是抽象意义上的人。"④

可是,殷企平同样没法否定阿切比提出的那些证明康拉德是种族主义者的论据。比如说,殷企平引用了一段划桨黑人的描写来证实黑人的可爱,在这里不妨引用被阿切比一再引用以证明康拉德是殖民主义者的一段话,来解读其双重话语性质,"偶尔从岸边驶过来一条船,给人们一种短暂的接触现实的机会。划桨的都是黑人,从老远就能看到他们的白眼珠闪闪发光。他们喊叫着、歌唱着、浑身上下大汗淋漓;他们的脸像是奇异可笑的面具——这些家伙;可是他们也

---

① 殷企平《〈黑暗的心脏〉解读中的四个误区》,前引刊,第145页。
② 殷企平《〈黑暗的心脏〉解读中的四个误区》,前引刊,第145页。
③ 殷企平《〈黑暗的心脏〉解读中的四个误区》,前引刊,第145页。
④ 殷企平《〈黑暗的心脏〉解读中的四个误区》,前引刊,第146页。

有血有肉,有一股蛮劲,一股强烈的活动能量,像沿着他们的海岸激起的波涛一样的自然、真实。他们在那里并不需要什么人的许可。看看他们真使人感到莫大的安慰。"①

毫无疑义,这段引文中划船的黑人给马洛以真实感,把他从"一种毫无知觉的虚幻"②中拉回现实,使他觉得一种安慰。但是,叙述人是一种居高临下的姿态来描写这些黑人的,他们虽然"自然、真实",但他们的样子却不见得非常令人愉悦,最多可以引起人们的好奇。匆匆一瞥中,叙述人只看到闪闪发亮的白眼珠和他们身上的大汗,却无法辨别这些黑人的真实面目,只能够按照自己听到的无法理解的喊叫和歌唱,加上想象力进行建构。读者除了感受到他们的活力和蛮劲外,很难看出他们有什么迷人的地方。

在马洛自己驾驶船从公司在非洲的贸易总站向内地进发时所遇到的黑人,用了"也"来表示某种暗含的含义。"最使你激动的还是那种认为他们——像你我一样——也具有人性的想法——想到我们的远祖也是这样狂野和忘情地嚎叫,真是令人激动不已。要说丑陋,一点不错,是够丑陋的"③。这里引用的地方,被齐努瓦·阿切比一再引用,以说明康拉德对非洲人的"非人格化"④描写,进而证明康拉德是一个"彻头彻尾的种族主义者"⑤。马洛说非洲人"也"具有人

---

① (英)约瑟夫·康拉德《黑暗的心脏》,王金玲译,《黑暗的心脏》,前引书,第209页。
② (英)约瑟夫·康拉德《黑暗的心脏》,王金玲译,《黑暗的心脏》,前引书,第209页。
③ (英)约瑟夫·康拉德《黑暗的心脏》,王金玲译,《黑暗的心脏》,前引书,第245页。
④ (尼日利亚)齐努瓦·阿切比《非洲的一种形象:论康拉德〈黑暗的心灵〉中的种族主义》,(英)巴特·穆尔·吉尔伯特等编《后殖民批评》,杨乃乔等译,北京:北京大学出版社,2001年,第188页。
⑤ (尼日利亚)齐努瓦·阿切比《非洲的一种形象:论康拉德〈黑暗的心灵〉中的种族主义》,(英)巴特·穆尔·吉尔伯特等编《后殖民批评》,杨乃乔等译,前引书,第188页。

性,实际上是对他们身上的人性表示某种程度的怀疑。

可见,在涉及康拉德小说他者建构的殖民主义话语研究中,无论西方、非西方、还是中国学者都存在一些偏颇。本论文正是针对这种情况进行的研究,以文化研究手段,通过历史的联系和康拉德个人经历,研究康拉德小说他者建构的方式及其双重话语性质,以及影响这种性质的文化、意识形态和历史等成因,并从双重话语入手,分析康拉德小说文本及其现实意义。

二

在使用"他者"这一术语时,人们大多认为其意义不言自明,很少有人觉得有必要去界定它。即使界定,也存在这样那样的不足。陶铁柱在《第二性》译者前言中总结了他对波伏娃"他者"概念的理解,"依照译者的见解,'the other'的真正含义,是指那些没有或丧失了自我意识、处在他人或环境的支配下、完全处于客体地位、失去了主观人格的被异化了的人。"①波伏娃的他者,原意用于诠释女性相对于男性的关系,意在揭露男性主宰下女性的从属地位。布林克·加勃勒在关于他者专题论文集的前言中总结学者们涉及"他者"的各方面研究时说,"学者们或者把他者作为自我内部的一种变体,或者在种族上、性别上、阶级上或民族上区别于自我的他者来探讨,或者涉及另一社会、另一文化的男女他者等论题。"②霍桑在1994年出版的文学术语汇编中把他者定义为,"人们将一个人,一个群体或一种制度定义为他者。是将他们置于人们所认定的自己所属的常态或惯例(convention)的体系之外。于是,这样一种通过分类来

---

① 陶铁柱《第二性·译者前言》,北京:中国书籍出版社,1998年,第4页。
② Gisela Brinker-Gabler, Preface to *Encountering the Other(s)*. New York: State University of New York Press, 1995, p. vii.

进行的排外的过程就成了某些意识形态(ideological)机制的重要组成部分。"①波伏娃是一个女权主义者,她的他者概念仅仅针对人,而且是站在被边缘化的人的立场说话的,对于纠正西方文化故意把他者边缘化、非在场化等贬低他者的传统手法具有重要的积极意义。但是,过犹不及,纠正原来的偏差而落入另一种偏差也是不可取的。人的主体性的丧失并不能排除其作为主体的存在,而只能说明西方文化对自我以外的人的主体性的剥夺,正如对主体的自我人格否定,也不能够抹杀自我人格的存在一样。其次,波伏娃只针对作为人的他者,而没有把意识形态、死亡等常规或者自然、社会现象作为他者。而福柯研究的正是社会常规边缘的他者,如疯癫、犯罪等。莱维纳斯则把死亡作为绝对他者来研究,以肯定他者的绝对他性。波伏娃的他者概念显然没能把这些他者包括在内。要想"把对他者的探讨推广到更广阔的社会领域"②,波伏娃的定义显然是有不足的。

布林克·加勃勒对他者范围的归纳同样强调作为人类的他者,没把某些社会、自然力量或者现象包括进去。霍桑的定义包括了常规,但也存在无法调和他者作为主体和作为客体之间的矛盾的问题。实际上,"他者"这一术语在不同语境下常常被用来表达不同的含义。从历史发展观点看,它经历了被边缘化,再逐步得到重视,甚至被用来解构其对立面——自我——的发展变化过程。主要问题是无法调和他者作为主体的身份与其作为附属客体之间的矛盾。为了既承认他者的独立性,又反映出文化研究,特别是文学研究中他者的建构特点,笔者在本文中把他者定义为:一个独立主体对另一个独立主体的客体化、意向性建构。

这一定义可以包括一切他者,同时表明他者与自我一样都是独

---

① Jeremy Hawthorn. *A Glossary of Comtemprary Literary Theory*. London, NewYork, Melbourne: Routledge, Chapman and Hall,1994. p.207.
② 王宏维《论他者与他者的哲学》,前引刊,第44页。

立的,各自具有其独特的个性,还表明他者是建构出来的,带有建构者的主观意志,同时又可以以之反观建构的主体。头一个主体是建构的话语制造者,即"自我",可以是一个人、一个民族、一个种族、一种性别、一个社会阶层甚至一种自然或社会常态等。在康拉德小说中,"自我"不仅可以是作者,还可能是被作者赋予独特话语权的叙事者,或者是小说里的主要角色。其相同之处是白人、基督教徒、男性。即具备了后殖民主义者定义的"西方"的特点。被建构为他者的就是与之相对应的非白人、非基督教徒、非男性,等等,其对应面看情况的需要而定。由于自我身份的不确定性,他者所能够包括的能指也变成了除自我以外的一切,可以把所有由自我建构出来的对应面都包括在内。比如说,笛福和康拉德都把陌生的地理环境作为建构的他者进行描述,尤其是康拉德,还赋予了地理他者以人的性格特征。如果他者的范畴不包括人类以外的事物,就不能涵盖康拉德他者建构的所有内容。地理他者在论文中指的是不属于小说中作为自我的人的地理区域,如刚果之于马洛与库尔茨、帕杜森之于吉姆等。种族他者在论文中专门指与作为自我的欧洲人不同种族的群落,如非洲人、亚洲人以及美洲土著等。种族他者也同时是民族他者,但出于论述的方便,在论文中特别把非西方的欧洲人作为民族他者,在康拉德小说中指的是俄罗斯人和波兰人。性别他者当然指的是女性,在论文中包括西方与非西方的女性。人格他者指的是与自我同一民族、同一性别、而在秉性或行为上有相同或者相似、可以成为自我的镜像的另一个或另一群人。

另一个独立主体就是由作为自我的主体建构起来的客体,即他者。作为他者,必然带有与自我不同的特性,这种与自我不同的特性就是他性(或他者性)。在西方传统文化中,"他性"一般是不受欢迎的,因而有必要将之还原为自我的同一,或者有必要去掉的。"他者还原"和"去他者化"是西方传统文化处理他者身上的他性的常用手法。

"还原"一词在现代哲学中最先见于胡塞尔的现象哲学理论。胡塞尔认为,人们在认知过程中如果受到理性的影响太大,就不容易认识事物的本质,因此有必要"搁置"一切不必要的理性和知识,把认识状态"还原"到人的本真状态,以便透过事物的现象看清其本质。在文学建构中,"他者还原"指作家把他者身上的他性"搁置"起来,把他者还原为自我民族的受众能够理解的人物形象——在思想上、感情上与作者本民族读者成为同一的形象。比较而言,"他者还原"采取的是比较和平的手段,如西方对苏联的和平演变,就是把他们认为意识形态他者还原为与西方同一的意识形态。"去他者化"指采取某种强制性、有时甚至是暴力性行动,去掉他者身上那些被自我认为不能容忍的他性,使他者成为自我可以接受的人物形象。去他者化的极端就是战争,让他者永远消失。帝国罗曼司对"土著坏蛋"用的是彻底消灭的办法,反观今天布什政府对萨达姆的处置也是如此。

　　一方面,本文的定义肯定了主客体双方的独立性和主体性,另一方面,揭示出他者在西方文化中长期处于边缘从属地位的尴尬处境,从而揭露了西方文化在他者塑造方面通过话语霸权而达到的西方中心主义目的的传统。从理论上说,两个相互独立主体之间的关系应该是一种"主体间性"关系,"每个人原则上和所有其他的人一样执行'我'的功能,并把自己的经验归之于这个'我'。"①双方关系平等,相互以对方为他者,因而可以用换位思考体验对方的感受,避免对对方的偏见。但在西方的文化和文学创作实际中,常有意无意地奉行西方中心主义策略,即使像康拉德那样同时有着双重身份的作家,也不能避免西方中心主义的影响,在他者文化建构中,这种影响几乎无处不在。其实,在文学研究中,人物之间的实际关系需要从字里行间才能够看出来,实际表现的是一种巴赫金对话理论的关系,

---

① (法)保尔·利科《在话语和行动中的想象》,孟华译,孟华主编《比较文学形象学》,北京:北京大学出版社,第53页。

"到处都是主人公们公开对话与内在对话的交叉、呼应或断续。"①

"意向性"指在他者建构中体现了建构主体的意向,按照自我的主观意志、愿望和需要,把他者建构成自我的对立面或者自我的补充。客体化建构把他者置于一种非常尴尬的地位。这种地位让他者丧失了自主权,在别人的话语中被还原为主体的一部分。这种尴尬地位存在的张力,是他者研究的重要课题。正是这种张力帮助被建构为他者的群体意识到自身的存在及其与建构者之间的不平等关系,看清建构者所在群体对自己的偏见,看清自己在建构者手中被扭曲的形象,再起而建构与之形成对比的自身形象,努力纠正世人对自己所处群体的偏见。另外,这种张力还可以构成被建构他者群体自我检讨的参照系,让他们看到自己丑陋的一面,并借以提高自身的素质,尽量做到宽容平等地对待他者。这在文学创作上为他者群体提供了广阔的空间,正如傅俊、毕凤珊所说,康拉德的创作"不论在主题上还是技巧上都影响了后来的许多作家,并为前殖民地国家的反殖民主义文学创作奠定了基础"②。

康拉德小说他者建构的研究的价值在于其现实意义。通过研究康拉德从英国文学传统继承来的他者建构的主要手段——"他者还原"和"去他者化",并以之反观今天以美国为首的西方国家处理国际事务的手段和进行文化侵略的手段,就可以发现,虽然在思想上,哲学上,西方关于自我与他者关系的理论经历了自我中心向他者中心的转化,但西方人处理他者与自我关系的主要手段仍然没有变化。所以,研究康拉德小说他者建构手段,对于认清西方当前处理国际关系的手段和文化霸权问题的本质具有独特的意义。与此同时,正因为西方处理自我与他者关系的实质手段没有过时,康拉德对帝国主

---

① (俄)米哈伊尔·巴赫金《诗学与访谈》,白春仁、顾亚铃等译,石家庄:河北教育出版社,1998年,第369页。
② 傅俊、毕凤珊《解读康拉德小说中殖民话语的矛盾》,《外国文学研究》2002年第4期,第95页。

义的揭露和批判也同样没有过时。

　　康拉德时代的他者建构,大多属于西方传统的西方中心主义和利己主义的建构。这种以主体为主、为主体服务而建构起来的他者几乎总是处于边缘地位,"主体只能在对立中确立——他把自己树为主要者,以此与他者、次要者或客体(the object)相对立。"①客体之所以成为次要者,是因为主动权操在主体的手中,因而客体经常被贬低、被边缘化、被剥夺表达自己的机会,变成沉默的他者。在黑格尔的否定之否定认识论中,主体的"他者化转向"②,是为了让自我对他者进行扬弃,把他者变成自我的一部分,"这种自我向同一的回归,或者说在自我内部对他性的反映,而不是某种他性本原或者中介,才是真理。"③利己主义的极端表现就是为了自己的生存杀死他人。福柯认为,种族主义国家"一定要杀人,杀别的种族,从而保证自己种族的安全,消除它面临的危险。"④美国为首的西方国家对他们认为是恐怖分子的人采取的先发制人的做法,正是出于保证自己种族安全的动机。

　　法国 20 世纪著名哲学家莱维纳斯反对西方文化中把他者变为自我一部分的游戏,认为他者的他性是绝对的,"他者表现其不可还原性、非相关性或者他者绝对性的方式是一种命令与禁止:你不得杀我;你必须给我礼遇,让我在世界上能够有尊严地体面生活。这一命令不仅可以阻止自我犯罪,而且还具有主动的意义:他者的脸使我对他/她负有责任,而这种责任是无限的。"⑤巴赫金根本否定自我的真

---

① (法)西蒙娜·德·波伏娃《第二性·作者序》,陶铁柱译,北京:中国书籍出版社,2004 年,第 6 页。
② G. W. F. Hegel. *Phenomenology of Spirit*. Trans. A. V. Miller. Oxford: Oxford University Press, 1977. p. 10.
③ G. W. F. Hegel. *Phenomenology of Spirit*. Ibid., p. 10.
④ 汪民安《福柯的界线》,北京:中国社会科学出版社,2002 年,第 244 页。
⑤ Adriaan Peperzek. *To the Other: an Introduction to the Philosophy of Emmanuel Levinas*. West Lafayette, Indiana: Purdue University Press, 1993, p. 22.

诚性,认为自我意象是不诚实的,因而是不可靠的。在与他人关系中,不是自我对他人进行把握与控制,而是自我被他者所控制,"在自己与自己的相互关系中,不可避免地会透露出虚伪和谎言。思想,感情的外化形象,心灵的外化形象。不是我用自己的眼睛从内部看世界,而是我用世界的眼睛、别人的眼睛看自己;我被他人控制着。这里没有内在和外在相结合的那种幼稚的完整性。窥视背靠背建构的自身形象。在镜中的形象里,自己和他人是幼稚的融合。我没有从外部看自己的视点,我没有办法接近自己的内心形象。是他人的眼睛透过我的眼睛来观察。"①

巴赫金的观点是一种矫枉过正,由传统上的一切以自我为主,一切从自我出发,自我具有对他者的任意宰割权,变为自我被他者所控制;只有他者的视点,没有自我的真实。这种理论听起来很有道理,也振聋发聩,但在西方文化中却不是主流。实际上,西方世界的文学和文化对他者的建构,一直都以"他者还原"和"去他者化"为主要手段,英国的渊源可以追溯到莎士比亚戏剧中的他者形象。《奥瑟罗》中的奥瑟罗是"他者还原"建构的注脚,《威尼斯商人》中的夏洛克则是"去他者化"的典型建构。

康拉德继承了西方他者建构的传统手法,同样把"他者还原"和"去他者化"作为主要建构手段。对他者还原,康拉德本着方便西方读者理解的方针,以西方人熟悉的动物形象形容他者。比如,在《黑暗的心脏》中,康拉德把岸上那些未经还原的自然黑人比喻为"怪物",意在暗示其不可理解的他性;经过培训过的食人生番,能够协助马洛驾驶帆船在河流中航行,这些人被叙述人比喻为穿着衣服、用两条后腿走路的狗,对"狗"的把握要比"怪物"容易得多。在短篇小说《珊瑚岛》中西方人眼中被他们称得上"朋友"的马来人获得一条

---

① (俄)米哈伊尔·巴赫金《镜中人》,黄玫译,《文本·对话与人文》,石家庄:河北教育出版社,1998年,第86页。

"宠物狗"的"身份",不仅比那些看不清面目的非洲"怪物",而且比用后腿走路的"狗",其还原程度都更进了一步。另外,康拉德比其先行者更进一步,充分运用话语权作为强有力武器,对他者进行还原,把最神秘的他者,还原为叙述人的叙述话语一部分。在康拉德小说中,他性越强的群体,其失语的状况也越严重,其存在方式也就越依赖叙述人的话语。

另一方面,康拉德小说的他者并不是都可以还原的,有的他者,虽然在叙述者的话语中生存,但故事陈述主体对他们的把握却心中无数。此时的意象是某种不可知的东西。比如说,在《胜利》中的中国人"王"在叙述者的话语中,"就像某种乱七八糟、白日出没的鬼魂,一领白衫,一根辫子"①。其次,康拉德小说中的"土著坏蛋"也不一定都会得到报应,其早期以马来人为背景的作品中有一个标准的"土著坏蛋"巴巴拉契,不仅在与阿尔迈耶的较量中大获全胜,而且还让号称"海上之王"的林嘉德船长无可奈何、一筹莫展。

另外,康拉德小说中的自我向他者化的转向,有时候也没有回归之路。"土著化"是当时帝国罗曼司建构中最讳忌的西方人他者化转向,康拉德小说中的西方人也极力想要避免。但是他们有些人却往往会觉得力不从心,最后很可能走上不可还原的"土著化"绝路。阿尔迈耶是一个典型例子。他曾经极力抗拒土著化,住的是西方风格的大厦,用的是从西方运来的用具,连窗帘式样都是西方式的。他的马来妻子对此很反感,不高兴的时候,就拿这些西式东西出气。最能够说明问题的是,他把女儿妮娜送到新加坡接受西式教育,希望能够培养出一个西式淑女来。但是造化弄人,妮娜在新加坡遭到了纯正血统的西方人的蔑视,最终选择了一个马来人做丈夫,与他一起私奔。虽然阿尔迈耶追上了他们,妮娜却坚决不愿跟他回家。女儿离他而去,贸易上他又在与阿拉伯人的竞争中节节败退,终于一败涂

---

① Joseph Conrad. *Victory*, London: Penguin Books, 1994, p. 155.

地,最后贫困潦倒,生活的各方面都彻底"土著化"了。到头来还在一个名叫金昂(Jim-Eng)的中国人的诱惑下抽起了鸦片,终于潦倒而亡。阿尔迈耶并不是康拉德小说中唯一无法抗拒土著化的西方人。

从涉及康拉德殖民地为素材的小说的研究成果统计也可以证明康拉德小说最具活力的部分是涉及他者建构的作品。哈马纳(Robert D. Hamner)说,"围绕康拉德以殖民地为素材的作品的论文与专著的数量迅速增长。从1896年到20世纪40年代后期殖民地获得独立(以印度1947年独立为开端)为止的50多年里,总共才有42篇论文和一本专著与殖民地题材有关,平均每年不到一篇文章。1950年—1960年,平均每年出版的论文和专著有所增加,头十年发表了12篇相关论文,后十年突然增加到65篇文章和6本专著,总共有56位学者发表了相关论文或专著,20世纪70年代数量的增长更加迅猛:共有99位作者发表了与康拉德小说中的殖民主义和帝国主义相关论文111篇、专著8部。这样的势头在20世纪80年代仍在继续。"①

可见,康拉德小说的他者建构,既继承了英国文学传统的建构手段,又超越了前人的框架。实际上,他的他者建构甚至超出了西方哲学的传统观念,突破了二元对立的思维定式。所以,综合运用现代文化和文学研究的各种理论,对康拉德小说进行文本内部解读和文本外部研究双管齐下的方针,才能获得理想的效果。而这样的研究,正是到目前为止康拉德小说研究的薄弱环节。

三

本论著以他者作为切入点研究康拉德小说中的文化建构。康拉

---

① Robert D. Hamner. *Joseph Conrad: Third World Perspectives*. Washington D. C.: The Three Continents Press, 1990. p.1.

德他者文化建构既继承了英国文学传统手法，又超越了这些传统，而且有些建构是对西方他者建构传统的颠覆，以其所建构的文学形象，批评了西方传统他者理论中的某些观点。所以，本书第一章论述了英国文学传统中他者形象的建构，列举了莎士比亚（William Shakespeare）、笛福（Daniel Defoe）和拜伦（George Byron）的他者建构，分析了这些文学宗匠对英国文学他者建构的贡献及其各自的特点，分析了这些形象与其建构时代之间的关系。在该章中还探讨了帝国罗曼司的他者建构，以及康拉德小说他者建构与英国文学传统的继承和发展关系，尤其是与帝国罗曼司他者文化建构之间的借鉴和颠覆的关系。

第二章探讨康拉德种族他者建构，分别讨论了地理他者、非洲人、马来人、阿拉伯人、南美人以及中国人的建构。种族他者在康拉德小说中，除了早期的马来人建构外，大多属于失语群体，作为整体被剥夺了话语权，因而只能存在于叙述人的话语中。在种族他者建构中，最能够体现康拉德的双重主体在建构中所起的作用，其双重主体的话语有时候是矛盾的，既显示了西方白种人的优越性，显示了殖民主义的合法根据，同时又表现出对殖民主义的严厉批评态度。在欧洲人看来，种族优越性就是他们进行全球性殖民扩张的合法依据，1910年法国的茹尔斯·哈曼德（Jules Harmand）的话就很有代表性。他要求人们把种族与文化等级论"当作一项原则和出发点来接受"①，由此推出欧洲人征服和统治他者的权力依据。哈曼德字里行间透露出来的是一种文化霸权主义的观点。归根到底，就是要在精神上统治他者，在物质上掠夺他者，这种统治和掠夺的"合法性"就是"种族与文化的等级"理论，这种理论赋予欧洲殖民者以优越感，从优越感产生出权力去统治民族和地理上的他者。精神上的统治有

---

① 转引自（美）爱德华·赛义德《文化与帝国主义》，李琨译，北京：三联书店，2003年，第20页。

赖于物质上的优势,机器、经济和军事上的优势替他们壮胆,而精神上的统治反过来为物质上的统治张目,制造理论依据,达到永久奴役他者的目的。他们所谓的义务,具有双重性,一方面是保证他们对他者的统治的永久性,另一方面是西方的制度和意识形态的输出。我们再来看艾梅·赛萨尔引用法国人瑞南的话,就会明白他们"严格的义务"究竟是什么货色。瑞南以中国人和黑人为例子说明了所谓欧洲"严格的义务"就是,"中国人被公正所统治,并被榨取利益,作为回报的则是辅佐他们拥有便于此道的政权,对于征服者的种族来说,这是个大便宜,而中国人也会很满意。上天创造出了土地的耕作者——黑人。待他们以慈善和人道,则一切就会各得其所。"听起来很"公平",他们从中国人身上榨取了血汗,而给中国留下"便于此道的政权"。奥妙在于"便于此道",说穿了,就是"便于"他们永远奴役中国人。瑞南竟然还自以为是地认为"中国人也会很满意",却对中国人民反抗帝国主义侵略的斗争视而不见。可见,欧洲精神上对于他者的"严格的义务",就是为他们永久奴役他者在精神上铺平道路。在这种观点弥漫整个欧洲的大环境中,小说他者建构的主要目的之一,就是为殖民策略张目。观念产生权力,权力左右小说作者的选择。作为大英帝国一员的康拉德自然也不可能逆着这种大环境进行创作。所以,康拉德笔下的种族他者,都表现出不同程度的劣势。其劣势程度的差异,反映出康拉德对不同种族有不同的态度:对马来人比较亲切,对非洲人强调其落后原始一面,对中国人突出其不可理解,对阿拉伯人则表现出较多的敌意。

与此同时,读者还会发现作为波兰一员的康拉德的不同声音,因为在表现西方优越性的同时,作家也表现了对殖民主义的一种怀疑态度。在帝国罗曼司故事中,西方人在他者国度的冒险总能够获得巨大回报,或者成为世外桃源的统治者,或者获得巨额财富荣归故里,这在无形中鼓励读者参与到帝国主义事业中去,对年轻读者影响尤为巨大。据琳达·德莱顿研究,帝国罗曼司的盛行甚至影响到英国的教育制度,许多学校增加了体育课程,以增强学生的体能和团队合作精神。但是,在康拉德小说中,很少有西方人能够在他者地域大有作为。即使能够取得成功,也会产生这样那样的问题,使成功变成得不偿失的徒劳行为,《诺斯托罗莫》中的高尔德就是这样的建构。更多的是在他者国度劳而无功的可怜虫:阿尔迈耶、海斯特、康奈里尔斯、斯坎博格等,都属于惨淡经营一类。终于成为风云一时的吉姆、诺斯托罗莫、库尔茨等人,其成功也不是毫无疑问的,而且他们都没有好结果。命运反讽手段的运用,加上叙述人的直接揭露和他者口中的辛辣讽刺,构成了康拉德他者建构的殖民主义批评话语。

第三章讨论康拉德小说的民族他者建构。为了便于论述,笔者把同为欧洲人的俄罗斯人和东欧人作为民族他者建构进行探讨。和种族建构不同的是,民族建构中不存在话语权的剥夺问题。实际上,俄罗斯人的话语在康拉德小说中有时候是相当犀利的。比如说,平时能说会道的维尔洛克,在俄罗斯人符拉迪米尔面前张口结舌,被对方玩弄于股掌之上。俄罗斯人建构充分反映了康拉德作为一个波兰人对俄罗斯的反感。俄罗斯人形象很少有好人,从政府高级官员、警方要员、贵族,到驻外使馆官员,都弥漫着俄罗斯独裁体制特有的腐败、无能、自以为是、尔虞我诈和蛮横霸道。即使在革命党阵营内,也充满了虚伪和夸夸其谈等不良风气。康拉德精心塑造的拉祖莫夫,则是一个被赋予了某些西方品质的年轻人,一个俄罗斯的吉姆。不同的是,吉姆遗弃的帕特纳号船没有沉没,因而没有造成严重后果;而拉祖莫夫对赫尔丁的出卖,却导致了对方的被捕和死亡。东欧人建构则反映了康拉德对于融入西方社会的忧虑,强调了语言文化交流的困难。康拉德虽然长期生活在英国,并且用英语作为文学创作的语言,但他的口语交际能力却一直或多或少受到语言障碍的影响。此外,《罗曼亲王》表现了康拉德把波兰的希望寄托在精英政治身上的愿望。

第四章论述康拉德的性别他者和人格他者建构。笔者把两者都置于种族建构的背景下进行讨论。康氏性别建构对帝国罗曼司既有借鉴,也有颠覆。帝国罗曼司女性,尤其是他者种族的女性建构,大多具有脸谱化典型模式,即"巫婆"型和"致命女人"型。前者是对老年女人的魔鬼化建构,后者是对他者年轻女性欲望的化身。在康拉德小说中,上了些年纪的他者女性显然也有巫婆化倾向,但她们首先是人,只不过外貌变成巫婆而已。康拉德也塑造了一些"致命女人"形象,不同于帝国罗曼司的是,他的"致命女人"不限于他者女性,西方女性也可能具有这种特性。反之,他的"天使"型女人也不限于西方人,非西方人也可能具有这种特性。康拉德的人格他者建构包括助力型和毁灭型两种,前者往往处于某种有利地位,有权或者有能力对他所看中的人格他者提供帮助,尤其在他者国度提供的帮助,是帝国主义事业后继有人的有力保证,体现了康拉德殖民主义话语一面;后者则体现了对西方他者传统的怀疑与诘问:这些他者往往与自我来自同一地域,按照西方传统应该不会对自我构成危险,但在康拉德小说中,恰恰是他们对自我构成了致命的威胁:绅士布朗对吉姆、琼斯先生对海斯特、拉祖莫夫对赫尔丁等,都属于这类建构。

总之,康拉德小说他者建构集英国文学他者建构之大成,对西方他者建构传统既有继承也有超越,认真研究这一课题,不仅对英国文学研究有积极意义,而且对于我们认清当代西方主要国家在处理国际关系中的主要手法,进而采取积极的应对策略,都具有积极意义。

第一章 英国文学传统他者建构

在英国文学书写史上,他者建构历史源远流长。莎士比亚、笛福以及拜伦等代表了英国文学史上他者文化建构的三个阶段和主要特点,勾画了西方文化从身份确认、到增强信心、再到满怀自信等三个时期的发展。莎士比亚是英国文艺复兴时期最杰出的文学家,反映了西方文艺复兴阶段的主流话语。当时,欧洲刚从中世纪走出来,百废待兴。首当其冲的要务是把人的创造性从宗教束缚中解放出来,确立人的价值。确切地说,是确立欧洲人的价值。当时涉及他者话题的文化建构,在于彰显欧洲文化的吸引力和凝聚力,把他者融入西方文化中去。莎士比亚的他者,是欧洲内部的外来者,所以涉及的是族群他者建构,而不涉及地理他者建构。

笛福的建构既涉及种族他者,也涉及地理他者,开了殖民主义他者建构的先河。由于客观原因使鲁滨逊只能依赖地理他者为生,他对地理他者的改造和对种族他者的改造,都按照对自我有利的原则。无论对地理他者还是种族他者,都存在一种占有欲,这与西方帝国主义在殖民地的本质是一致的。拜伦的他者建构则继承了马可·波罗的游记传统,通过主人公的话语对他者进行建构。所有这些,都为康拉德他者建构所继承。莎士比亚的种族他者在本质或性格上的缺陷,笛福他者所处的天然和落后状态以及西方人因此而产生的追求利益和进行拯救的欲望,还有拜伦主人公对话语权的控制,都在康拉德的他者建构中得到继承和发扬。

第一节 莎士比亚他者文化建构传统

莎士比亚是英国最伟大的剧作家和诗人之一,是英国文坛最具世界影响力的作家之一。在他的众多剧作中,《奥瑟罗》和《威尼斯商人》各建构了一个经典的"他者"形象。莎士比亚所处的时代是英国国力正在上升阶段,还没有成为殖民帝国。所以,他的"他者"形象是西方社会内的他者,不涉及对地理他者的征服和占领。因此,是否愿意和是否能够融入西方主流社会,是莎士比亚"他者"建构的重要主题。

一

《奥瑟罗》是莎士比亚著名悲剧之一,许多学者曾经对该剧进行过探讨。"嫉妒"和"轻信"是学者研究较多的课题。王晓钧运用心理动力学原理对奥瑟罗的嫉妒从"竞争或正常嫉妒"、"投射嫉妒"和"妄想嫉妒"①三个嫉妒等级分析"奥瑟罗嫉妒综合症",认为"奥瑟罗的行为沿袭了嫉妒心理向嫉妒行为转化的常见模式:嫉妒→仇恨→报复→毁灭。"② 史惠风等则认为嫉妒只是表面现象,他写道:"笔者认为,将《奥瑟罗》放置于'基督教文化圈'这个大语境中去看,奥瑟罗的悲剧可谓一种心灵悲剧,或偶像崇拜悲剧。这个人物所呈示给人的根本难题是:人为什么要自我崇拜,自为偶像?通过人物的毁灭,所给世人的警示意义也不是道德的,而是良心的或信仰的:人不可自以为神,不可以自我为中心。"③角度虽然新颖,但把一个一

---

① 王晓钧《奥瑟罗嫉妒心理研究》,《深圳大学学报(人文社科版)》2000 年第 4 期,第 100 页。
② 王晓钧《奥瑟罗嫉妒心理研究》,前引刊,第 99 页。
③ 史惠风、刘光耀《偶像崇拜与奥瑟罗悲剧》,《襄樊学院学报》2001 年第 5 期,第 66 页。

心想要融入西方主流社会的"他者"说成"自为偶像"的人物。毕竟不能令人信服。而且,这和文艺复兴时期彰显人性的大背景是背道而驰的。莎士比亚作为文艺复兴文学旗手的身份是公认的,所以史惠风的观点是经不住推敲的。张德明从文化研究角度入手,认为"综观《奥瑟罗》全剧,主角的悲剧主要是因身份认同危机而产生的,而主角的身份及其认同危机本身又是被莎士比亚有意建构起来的,体现了16世纪至17世纪之交伊丽莎白时代后期英国社会主流意识形态与叙事文本生产之间复杂的互动关系。"① 同样从文化角度入手的李毅"从另一个角度提出进一步的问题:奥瑟罗对歧视他的白人社会有没有文化认同的愿望?如果有,白人社会是怎样对待他的文化认同要求的?他的心理状况和行为模式因此又受到什么样的影响?他的悲剧和他的文化认同愿望之间有何关系?"②

《奥瑟罗》悲剧的原因,从"嫉妒说"、"轻信说"到"身份危机"说,是从主题研究到文化内涵研究的深入。李毅和张德明不约而同地关注奥瑟罗的文化身份,关注他作为一个外来的"他者"在努力融入西方主流社会时遇到的问题,揭示出文化冲突的深层意义。我的论文注重他者建构的方式,因此注意到,莎士比亚在《奥瑟罗》中的他者建构,充分运用了"他者还原"的手法,塑造出一个西方主流社会可以把握的摩尔人形象。

看到剧中的男主人公是一个摩尔人,一个西方主流社会的观众可能会问:一个摩尔人凭什么当上独当一面的将军?凭什么娶到天使般的苔丝狄蒙娜?尤其是,莎士比亚凭什么让一个摩尔人做全剧的男主人公?"他者还原"的手法正是莎士比亚用来折服观众的手段。

---

① 张德明《〈奥瑟罗〉:一个西方"他者"的建构》,《浙江大学学报(人文社会科学版)》2003年第1期,第111页。
② 李毅《奥瑟罗的文化认同》,《外国文学评论》1998年第2期,第115页。

在《奥瑟罗》中莎士比亚的"他者还原"具体体现为"情感还原"、"信仰还原"和"崇高还原"等手法,以语言为媒介,对奥瑟罗实施还原处理,带给西方观众一个符合他们主流社会的悲剧艺术形象。

"还原"本来是一个化学用语,后来被著名哲学家胡塞尔(Edmund Husserl)借用,他认为,在认识论中,必须把复杂的大千世界还原为纯粹的现象,才能得到真实的真理。在文学中,所谓"情感还原"就是把他者塑造成能够为自我理解的人物。就奥瑟罗而言,就是塑造出一个和西方人情感相通的悲剧人物形象。"轻信"和"嫉妒"都是西方人所熟悉的情感。也是莎士比亚塑造剧中人物的关键词。作为西方人的伊阿古因为自己的嫉妒心理,成功地通过语言的煽动力,击中了奥瑟罗的致命弱点,使后者产生了可怕的嫉妒心理并转化为报复行动,杀死了天使般的妻子苔丝狄蒙娜,最终也毁了自己。

语言是沟通人们心灵的有力工具。苔丝狄蒙娜是一个贵族的女儿,年轻,美貌、温柔体贴,莎士比亚是以天使的标准来塑造她的。正值芳龄的苔丝狄蒙娜有许多追求者,罗德利哥就是其中最执著的一个。但是,苔丝狄蒙娜没有选择他们,而是选择了年纪比自己大了不少的摩尔人奥瑟罗,因为后者给她讲述的故事打动了她的芳心。奥瑟罗讲的是自己过去的经历,讲述的过程是语言叙述过程,也是苔丝狄蒙娜通过语言对奥瑟罗这个异族勇将进行把握的过程。通过语言的把握,苔丝狄蒙娜爱上了奥瑟罗,明知道自己的父亲一定会反对,还是私自跟着他来到马人旅馆结婚。可见,莎士比亚通过语言媒介,把爱情还原为两个不同种族的男女的共同情感。

语言也是造成误会的帮凶。作为反面形象的伊阿古,其实也是一个悲剧人物。他是一个聪明、有能力、勇敢的武士。因为奥瑟罗没有把他提升为副将,而是提升了凯西奥,使他万分嫉妒。他看不起凯西奥,认为"他从来没在战场上领过一队兵,对于布阵作战的知识,简直不比一个老守空闺的女人知道得更多"。① 与此同时,伊阿古自视极高,"我在罗得斯岛、塞浦路斯岛以及其他基督教和异教徒的国土上立过多少军功,他都是亲眼看见的,现在却必须低首下心,受一个市侩的指挥。"②在嫉妒心理的驱使下,他把自己的聪明才智都用在了歪门邪道上,一手策划了整个悲剧。

罗德利哥因为苔丝狄蒙娜嫁给了奥瑟罗,情场失意之下几乎想自杀。伊阿古却用语言挑起他对奥瑟罗的嫉妒心理,让他变卖家产跟着奥瑟罗来到塞浦路斯岛,把大笔金钱提供给伊阿古,让他送给苔丝狄蒙娜,而实际上这些钱一分也没有落到苔丝狄蒙娜的手上,因为伊阿古知道得很清楚,苔丝狄蒙娜是不可能被金钱收买的。吃亏的只有罗德利哥。最后,罗德利哥还在伊阿古的唆使下偷袭凯西奥,把凯西奥的腿刺伤,自己也被伊阿古杀人灭口。当然,伊阿古杀了人也没能够灭口,因为人们后来从罗德利哥遗留的信件和伊阿古的妻子口中知道了伊阿古的所有阴谋。

奥瑟罗的"妄想嫉妒"也是由伊阿古用语言挑起的。当奥瑟罗杀死苔丝狄蒙娜后说"我所干的事,都是出于荣誉的观念,不是出于嫌猜的私恨"③时,人们可能会觉得他是在为自己的罪责开脱。"嫌猜"就是嫉妒,要说奥瑟罗不是因为嫉妒才干蠢事,没有人会相信。但是,如果说奥瑟罗不是很容易嫉妒,却是可信的,因为苔丝狄蒙娜也曾经表示他不是一个善妒的人,当爱米利娅问苔丝狄蒙娜奥瑟罗是不是善妒的时候,她回答说:"谁!他?我想在他生长的地方,那灼热的阳光已经把这种气质完全从他身上吸去了。"④以苔丝狄蒙娜对他的了解,仍认为阳光把他的嫉妒气质吸了去,相信他真的不是一

---

① (英)威廉·莎士比亚《奥瑟罗》,《莎士比亚喜剧悲剧集》,朱生豪译,南京:译林出版社,2001年,第497页。
② (英)威廉·莎士比亚《奥瑟罗》,前引书,第498页。
③ (英)威廉·莎士比亚《奥瑟罗》,前引书,第604页。
④ (英)威廉·莎士比亚《奥瑟罗》,前引书,第558页。

个容易嫉妒的人。

奥瑟罗之所以会嫉妒,是因为自己文化认同的努力遇到了危机。他一心要融入西方的主流社会,为此作了很大努力。一个人要融入另一个社会,在法律上一般是得到当地政府的认可而获得当地的国籍;或与当地人联姻而最终成为当地的一员。而在心理上要融入当地社会,则要复杂得多,往往需要靠自己的成功而为当地社会所认可,这种成功可能是事业上的成功,也可能通过与当地人通婚而获得认同。当然,就算获得很大成功,也不意味着一定能够得到当地社会的认同。就奥瑟罗而言,他英勇善战,屡立战功,在这方面他是成功的。当地人信赖他的军事才能,在塞浦路斯岛面临土耳其人入侵的时候,奥瑟罗被派往塞浦路斯岛主持防务。另一方面,他还成功地俘获了苔丝狄蒙娜的芳心,与威尼斯最可爱、最出色的女子结成了夫妇。事业与爱情的双重成功,似乎显示奥瑟罗成功地融入了当地社会。

然而,他在事业上的成功并没能让威尼斯接纳他,当知道苔丝狄蒙娜私自和他结婚后,她的父亲勃然大怒,坚决认定女儿是被奥瑟罗用某种迷药或巫术乱了心智,才会嫁给这个外邦人的。言语之间,使用了不少带有种族偏见的话语。另一方面,伊阿古又"通过一系列的种族主义修辞,摧毁了奥瑟罗通过自己的叙述和爱情建构起来的身份认同感,使他深切地感觉到自己身上的肤色及其所属的种族,感觉到白种人的优秀和自己的低劣,相信苔丝狄蒙娜爱上他这个摩尔人是不自然的,爱上凯西奥这个佛罗伦萨人才是自然的,因为他们属于同一肤色和同一种族"。[1] 这样就触动了他内心深处挥之不去的不安全感。

要知道,他和苔丝狄蒙娜的爱情是西方社会对他态度的试金石。苔丝狄蒙娜父亲的话虽然也会伤害他,但只要苔丝狄蒙娜真心爱他,

---

[1] 张德明《〈奥瑟罗〉:一个西方"他者"的建构》,前引刊,第115页。

他就会觉得自己是安全的。如果苔丝狄蒙娜也看不起他,也背叛他,他就会觉得西方世界对他的重用,不过是在利用他。正因为苔丝狄蒙娜是否真正爱他关系如此重大,本来并不善妒的他才会在伊阿古的蛊惑下,妒心大发,把对苔丝狄蒙娜的满腔爱恋变成了可怕的嫉妒和报复。正是因为过分迫切想融入当地社会,把"他者"的身份换成"我们一员"的身份,才会使他有如此大的变化,"文化身份认同意识已经内化在他的潜意识中,成为挥之不去的一个情结。"①直到奥瑟罗临死前,他仍然口口声声地把威尼斯称为"我们的国家":

> 我对于国家曾经立过相当的功劳,这是执政诸公所知道的;那些话现在也不用说了。当你们把这种不幸的事实报告他们的时候,请你们在公文上老老实实照我本来的样子叙述,不要徇情回护,也不要恶意构陷,你们应当说我是一个在恋爱上不智而过于深情的人,一个不容易发生嫉妒的人,可是一旦被人煽动以后,就会糊涂到极点,一个像印度人一样糊涂的人,会把一颗比他整个部落所有的财产更贵重的珍珠随手抛弃,一个不惯于流妇人之泪的人,可是当他被感情征服的时候,也会像涌流着胶液的阿拉伯胶树一般两眼泛滥。请你们把这些话记下,再补充一句说:在阿勒坡地方,曾经有一个裹着头巾的敌意的土耳其人殴打一个威尼斯人,诽谤我们的国家,那时候我就一把抓住这受割礼的狗子的咽喉,就这样把他杀了。②

奥瑟罗在执著地认同于西方文化的同时,把土耳其人看做"他者"。"裹头巾"、"受割礼"是伊斯兰信徒的标志,所以,奥瑟罗和那个土耳其人之间的矛盾,实质上成了不同宗教之间的矛盾。奥瑟罗

---

① 张德明《〈奥瑟罗〉:一个西方"他者"的建构》,前引刊,第117页。
② (英)威廉·莎士比亚《奥瑟罗》,前引书,第605—606页。

是基督徒，杀死那土耳其人就是杀死信仰上的"他者"。问题是，土耳其人在他的眼中是"他者"，他自己在西方主流社会眼中同样是一个"他者"。具有讽刺意味的是，那双杀死土耳其"狗子"的手，在剧中也杀死了苔丝狄蒙娜，而苔丝狄蒙娜是莎士比亚作为基督教的人间天使来建构的。这样，就等于奥瑟罗亲手堵死了自己的文化认同之路，葬送了成为西方"我们的一员"的前景。

通过"情感还原"莎士比亚初步回答了西方观众"为什么让一个摩尔人当男主人公"的问题。在剧中的"情感还原"，关键词就是"嫉妒"。在这一点上，观众在某种程度上认同于伊阿古的情感。当伊阿古成功地把自己对凯西奥的嫉妒转换成罗德利哥对奥瑟罗的嫉妒，把自己对奥瑟罗的嫉妒转换成奥瑟罗对凯西奥和苔丝狄蒙娜的嫉妒，观众在痛恨伊阿古的卑鄙的同时，无意识中也松了一口气，原来摩尔人也具有和自己同样的情感，也会嫉妒，也会上当受骗，就是说，他的情感也是可以把握的。这样，戏剧主人公的喜怒哀乐也就在不同程度上转化为观众的喜怒哀乐了。

莎士比亚"情感还原"的另一手段是"信仰还原"。"信仰还原"就是使西方观众确信，主人公的信仰是和自己一样的，是西方人在意识形态上对悲剧主人公进行把握。

基督教被认为是一种普世性的宗教，这和在中国曾经长期流行的佛教和道教不同。无论佛教还是道教，都讲究"有缘"，有道是，"佛门虽广，不度无缘之人"。要想成佛，必须长时间持斋修行，清心寡欲，六根清净，才能终成正果。这种苦行不是每个人都受得了的。虽然在宋朝的时候流行过"在欲行禅"，即认为"不必持戒修行、只要心中有佛就可以成佛"的观点和做法，但那基本上局限于士大夫阶层，也不为正宗佛门经义所普遍接受。所以历来与佛门有缘的人毕竟只是少数。中国人很实际，他们信佛，不是为了能够死后成佛，而是为了在活着的时候得到佛的保佑，能够平平安安、一帆风顺地度过一生就万事大吉了。至于死后下地狱，因为大多数人都下地狱，也就无所谓了。而且,到了地狱,经过轮回以后,又可以托生为人,所以,即使下地狱,也还是有希望的。因此,中国人对于是否能够成佛很少去苛求,"普度众生"的佛教,到了中国人的手里,变成了充其量只能够"保佑众生"的佛教。佛教要死后才能成佛,道教则声称能够白日飞升、肉身成仙,在这点上好像比佛教更具吸引力。但是,道教也和佛教一样需要苦修,需要持斋吃素,因而在中国人中的作用,也和佛教大同小异。

佛教与道教都声称人可以成佛、成仙,人在修炼到一定程度后就可以变为神。基督教与此相反,认为人和神是截然不同的两个层次,真正的神只有一个,那就是上帝,人是不可能成为神的。在万能的神面前,人只有服从。另一方面,人类只要服从上帝,信奉上帝的万能力量,就可以活着时得到神的保佑,死后的灵魂得到神的拯救。基督教是普世性、向所有人类开放的。不同肤色、不同民族,只要承认基督教的教义,皈依教会,都可以得到神的祝福和保佑。所以,奥瑟罗虽然在种族上是一个"他者",在信仰上却可以被西方观众引为"我们的一员"。

莎士比亚不仅让奥瑟罗一再声称自己是基督徒,而且让他站在维护基督教的威尼斯的领土完整的第一线。《奥瑟罗》一剧的历史背景,正是威尼斯面临来自东方的土耳其奥斯曼帝国威胁的时候,而塞浦路斯岛又首当其冲。莎士比亚的悲剧《奥瑟罗》改编自意大利小说家钦齐奥(G. Cinthio,1504—1573)的《故事百篇》(*Hecatommithi*),是1527年罗马被掠后,10个男女航海逃至马赛时所讲的故事。有关摩尔人(即莎剧中的奥瑟罗)的故事是该小说第三类《夫妻互骗》中的第7篇。《故事百篇》出版于1565年,5年后,塞浦路斯岛就被土耳其攻陷了。所以,基督教的国土面临异教徒的入侵,是当时的现实。在剧中,接到土耳其军舰即将入侵的消息后,威尼斯公爵马上要求新婚燕尔的奥瑟罗赶去塞浦路斯岛负责岛上的防务。而奥瑟罗也毫不犹豫地表示"我愿意接受你们的命令,去和土耳其人作战"①。后来因为一场海上的风暴让土耳其战舰几乎全军覆没,奥瑟罗来到塞浦路斯岛后不战而胜,解除了宗教他者入侵的威胁。

奥瑟罗对土耳其"他者"的仇视,也是西方观众愿意看到的。在临死前他讲到因为一个土耳其人殴打一个威尼斯人而被他杀死的事,使用了诸如"受割礼的"、"裹头巾的"、"狗子"一类带有宗教信仰偏见话语,以重申他在宗教信仰上的立场,下意识地表达自己融入西方文化的意愿。虽然他的这一意愿在剧中没有得到认可,在西方观众中却可以引起共鸣。莎士比亚通过"信仰还原",使悲剧主人公得到观众认可和接纳。

"崇高"是西方诗学术语。郎加纳斯说,崇高是"伟大心灵的回声"②。崇高的来源,主要是"庄严伟大的思想"和"强烈而激动的情感"。③ 因而,崇高是一切伟大的艺术作品的共同特征。在《奥瑟罗》中,由于主人公是一个摩尔人,一个外来的"他者",所以,有必要进行"崇高还原",把这位异族"他者"身上所体现的"强烈而激动的情感"还原为观众的感受。

在钦齐奥的小说中,伊阿古和奥瑟罗两人合谋杀死苔丝狄蒙娜,并且伪装现场,制造苔丝狄蒙娜因为屋顶倒塌而被压死的假象,妄图逃过惩罚。阴谋败露后也没有自杀,押回威尼斯后被判处流放,最终被苔丝狄蒙娜的亲属杀死。

原来的小说是一种典型的他者话语。一个在战场上叱咤风云的将军,竟然需要伊阿古的帮助才能杀死一个弱女子,这个"他者"的勇气就值得怀疑了;杀人后又不敢承认,妄图以欺骗的手法逃脱惩罚,这个"他者"的诚信也就不再存在了;阴谋被揭露后连自杀的勇

---

① (英)威廉·莎士比亚《奥瑟罗》,前引书,第512页。
② (古罗马)郎加纳斯《论崇高》,钱学熙译,伍蠡甫主编《西方文论选》上卷,上海:上海译文出版社,1979年,第125页。
③ (古罗马)郎加纳斯《论崇高》,前引书,第125页。

气都没有,当然就谈不上"崇高"了。

经过莎士比亚改编为戏剧后,原来的他者话语都不再存在。在戏剧中,奥瑟罗在妒火中烧中独自杀死了苔丝狄蒙娜。他杀害妻子的时候觉得自己的行为是完全正当的,认为这样做是为了自身的荣誉。他不能容忍妻子对自己不忠,因为他把苔丝狄蒙娜对自己的爱情看做是自己能否融入西方文化的标志,一旦妻子背弃了他,他就会觉得自己的一切努力都付诸东流,所以他认为自己的行为是光明正大的。在明白这一切都出于伊阿古的卑鄙阴谋后,奥瑟罗一点都不推诿责任,坦然承认自己的罪过,最后以自杀谢罪。

莎士比亚的这些改动,就是"崇高还原"的具体体现。改编后,奥瑟罗具备了西方人的优秀品质。他可能杀人,但绝不会推诿责任,更不会以欺骗的手段企图逃避惩罚。他愿意以死赎罪,更是一种崇高的行为。这些西方人所熟悉的优秀品质出现在一个摩尔人的身上,使他无愧于戏剧主人公的称号。

总之,莎士比亚通过"情感还原"获取西方观众情感上的认同,把剧中人物的情感转化为观众的情感;通过"信仰还原"争取观众思想意识上的认同,把剧中人物塑造为"我们的一员",进一步把奥瑟罗这个"他者"还原为西方可以把握的角色;再通过"崇高还原",以"横扫千军、不可阻挡"①的艺术魅力,在观众中树立起奥瑟罗这个不朽的他者形象。就这样,莎士比亚通过"他者还原"手法,成功地塑造了一个既能够被西方主流社会所接受,又具有高尚品质的"他者"悲剧英雄形象。

二

《威尼斯商人》中的夏洛克是莎士比亚创造的另一个"他者"形

---

① (英)威廉·莎士比亚《奥瑟罗》,前引书,第122页。

象。与一心想融入西方社会的奥瑟罗相反,犹太人夏洛克不仅不想皈依基督教,而且非常讨厌基督教,明显地表明他保持"他者"特性的意愿。因此,在塑造这个形象时,莎士比亚不是进行"他者还原",而是运用"去他者化"的手法,去除夏洛克身上的"他者"性质,把他同一到基督教的思想意识上来。

夏洛克是一个很有争议的人物形象。综合起来,有三种不同的观点。第一种是全面否定派,如曲政等认为,夏洛克"与其说是一位受压迫者和当时犹太人的代表,倒不如说他本人就是一位压迫和剥削者,兼具一位高利贷者所具有的贪婪、专制等本性。他对安东尼奥必欲除之而后快的主要原因是因为后者是他通过放高利贷赚钱道路上的主要障碍;他对安东尼奥的报复反映了没落封建高利贷者和处于上升时期的新兴资产阶级之争。"① 另一派是全面肯定派,把夏洛克看做犹太人的代表,把他对安东尼奥的报复看做不同民族之间的斗争。如章子仁干脆直指夏洛克为该剧的"主人公"②,认为他是一个意志坚强的人,是该剧中的悲剧人物。王九萍从中看出"反犹太主义烙印"③,要为夏洛克正名。还有一派是部分肯定部分否定派,如熊望衡既不齿夏洛克的"爱钱如命、报复心强而又冷酷无情、毫无人性",又觉得他的报复"是为了犹太人的民族尊严,因而又有其合理性"④。韩旭则认为,"莎士比亚《威尼斯商人》剧中的安东尼奥与夏洛克对抗有着丰富和深刻的内蕴,两种资本竭尽全力的搏杀,是两种道德针锋相对的较量,也是两种民族感情和宗教信念的尖

---

① 曲政、俞东明《也谈夏洛克对安东尼奥的报复》,《天津外国语学院学报》2002 年第 2 期,第 56 页。
② 章子仁《论夏洛克的悲剧意蕴》,《广西大学学报(哲社版)》1996 年第 1 期,第 56 页。
③ 王九萍《从夏洛克看〈威尼斯商人〉中的反犹主义烙印》,《西安外国语学院学报》2000 年第 2 期,第 15 页。
④ 熊望衡《论〈威尼斯商人〉中夏洛克的二重人格》,《湘潭机电高等专科学校学报》2000 年第 2 期,第 74 页。

锐冲突。"①

我的观点关注的是"他者"建构,所以,讨论的不是夏洛克"是什么",而是这个角色是怎么建构起来的。就是说,不去讨论夏洛克行为是否正当,他是一个正面人物还是反面人物等问题,而是探讨莎士比亚是怎样建构这个人物的。从他者建构的角度考察夏洛克这个人物,会有不同的发现。

从"他者"观点来看,失去自己家园的犹太人,在世界任何地方都是"他者"。犹太民族在西方国家受到仇视,首先与宗教有关。根据《圣经》记载,犹太民族本来是上帝的选民,上帝通过犹太人显示神迹,但由于犹太人后来改信其他神,不再信仰上帝,使上帝大为震怒,"我必使他们(指犹太人)交出来,在天下万国中抛来抛去,遭遇灾祸。在我赶逐他们到的各处,成为凌辱、笑谈、讥刺、诅咒,我必使刀剑、饥荒临到他们,直到他们从我所赐给他们和他们列祖之地灭绝。"(耶利米书第24节)②上帝说上述话的时候还在旧约全书里,后来,犹太人又因为耶稣自称为神而坚持处死耶稣。当彼拉多宣布可以赦免一个人的时候,犹太人宁愿他赦免一个强盗也不愿意他赦免耶稣。在犹太人的坚持下,耶稣被钉上了十字架。犹太人对耶稣所犯下的罪行,加上这个民族坚持自己的宗教,轻易不肯皈依基督教,因而特别受到基督徒的仇视,决不放过任何能够惩罚犹太人的机会。

历史的发展似乎印证了上帝的预言。公元70年,罗马军队攻陷了耶路撒冷;公元135年,罗马大帝哈得里安(Hadrian)将犹大地全部充公并卖给外邦人。从此以后,犹太人失去了家园,被驱赶到世界各地,"在天下万国中抛来抛去,遭遇灾祸"成了"凌辱、笑谈、讥刺、

---

① 韩旭《安东尼奥对抗夏洛克——重读〈威尼斯商人〉》,《外国文学研究》2002年第3期,第101页。
② 《圣经·耶利米书24节》,南京:中国基督教协会,1998年,第764页。

诅咒"的对象。"犹太人无论生活在何处，他那不可改变的'客民'身份都伴随着他。只要犹太人一天不皈依基督教，只要犹太人还保持本民族的传统，那么，犹太人的客民身份便具有了永恒色彩。'永恒的外邦人'，'永恒的流浪汉'便成了犹太人永恒客民身份的同义语。"①

反犹太情结是整个基督教世界的大气候。在欧洲，不管犹太人生活在哪里，遭遇的都是敌视的眼光。虽然犹太教和基督教同源，犹太人只信旧约全书的教义，不信新约全书的教义，不承认耶稣是神，也因此而坚持杀死耶稣。基督教徒不能容忍的是，犹太人不管在哪里，都顽固地坚持自己的信仰，不愿意皈依基督教。中世纪以来，反犹太情绪一直持续高涨。到了20世纪初期，更达到了无以复加的地步。比如，1917年在德国出版的小说《血缘的罪孽》，讲述的是一个雅利安人和一个犹太女子结婚后打上了犹太民族的"该隐印记"，祸及子孙后代的种族主义故事。作者亚瑟·丁特尔呼吁：为了结束犹太人对德国人的血缘污染，要对一切胆敢玷污德国女子的犹太人判处徒刑，"把那不要脸的女人剃光头发，当街示众。"②即使犹太人皈依了基督教，反犹太者仍然不放心。"1920年，一个反犹太者对德国犹太作家雅各布·沃舍尔曼说，'犹太人皈依基督教后是否在内心深处不再是犹太人，我们不知道，也没有办法去证明。我相信他们祖宗的影响仍然存在。犹太性就像一种高度浓缩的染料，只要一丁点，就足以让人带上犹太人的秉性——起码带上犹太人秉性的某些特点。'"③要不是希特勒的纳粹德国在第二次世界大战中对犹太人实

---

① 王九萍《从夏洛克看〈威尼斯商人〉中的反犹主义烙印》，前引刊，第16页。
② Christina Von. Braun, Blutschande: From the Incest Taboo to the Nuremberg Racial Laws. *Encountering the Other(s)*. Ed. Gisela Brinker-Gabler New York: State University of New York Press, 1995, p.128.
③ Sander L Gilman, The Jewish Nose: Are Jews White Or, The History of the Nose Job. *Encountering the Other(s)*. Ed. Gisela Brinker-Gabler New York: State University of New York Press, 1995, p.156.

施种族灭绝政策,屠杀了无数无辜的犹太人,他们的状况恐怕到今天仍很难得到根本的改善。而他们为此而付出的代价太大了!

在敌视犹太人的大环境下,莎士比亚创作的夏洛克形象,无疑必须照顾主流意识形态的好恶,才能创造出观众认可的戏剧人物形象。"他者还原"和"去他者化"是为了达到同一目的的两种手段。在《奥瑟罗》中,莎士比亚运用"他者还原"手段,通过在情感上、信仰上和崇高层次上的还原,塑造了一个能够为西方文化所接受的舞台"他者"形象。西方文化之所以能够认同奥瑟罗,是因为他除了民族、肤色不同外,和西方没有根本利益冲突,加上他融入西方文化的意愿,西方主流社会没有理由拒绝他。但夏洛克不同,因为他是一个西方主流社会所痛恨的犹太人,所以莎士比亚把他建构成一个反面人物形象,无论在民族上还是在宗教信仰、意识形态上,他都是一个地地道道的"他者"。在民族上,他属于失去了自己家园的客居民族;在宗教上,他顽固地坚持自己的信仰,不肯皈依基督教,而且显然对基督教抱敌视态度;在意识形态上,他冷酷无情的拜金主义人生观,与文艺复兴时期的人文主义理想背道而驰。

这样建构出来的夏洛克是合乎西方主流社会对犹太人总体态度的。反过来说,如果莎士比亚把这个人物建构成一个英雄,必然得不到西方主流社会的认可。对于这样一个站在人文主义对立面的犹太人形象,莎士比亚运用"去他者化"的手段——去掉夏洛克身上的异己特性,显然是唯一可行的办法。

首先,针对夏洛克的冷酷无情,莎士比亚让他众叛亲离。先是他的仆人朗斯洛特离开了他,去给穷困潦倒的绅士巴萨尼奥做跟班。巴萨尼奥家道中落,连去向美丽富有的鲍西娅求婚所需的费用,都不得不向好朋友安东尼奥借来。安东尼奥因为商船出海未归,一时拿不出他所需的三千块钱,只好转而求助于夏洛克才借到所需的钱财。所以,当他询问朗斯洛特为什么放着有钱的主不侍候,反而来侍候他这个穷绅士的时候,后者回答,"他有钱,您有上帝的恩惠。"①因为英国古语说,"有上帝恩惠者有钱"。在夏洛克那里,上帝和"有钱"是对立的,朗斯洛特显然认为,尽管夏洛克暂时很有钱,但没有上帝的恩惠,他最终必然会变成穷光蛋。

  接着,夏洛克的女儿杰西卡也离家出走,跟着罗兰佐私奔了。杰西卡私奔的时候,还偷走了夏洛克不少积蓄。这样,夏洛克不仅众叛亲离,在情感上变成了一个穷光蛋,而且他看得比生命还重要的金钱,也蒙受不小的损失。通过亲情上的"去他者化",夏洛克在精神上已经变成了一个孤家寡人。

  莎士比亚还在经济上对夏洛克实施"去他者化"。杰西卡私奔时偷走的财产,只是夏洛克经济上走向没落的序曲。安东尼奥替巴萨尼奥借债,债务到期的时候却还不起,因为据传他的商船都失事了。此时,对安东尼奥恨之入骨的夏洛克拒绝接受巴萨尼奥代安东尼奥还给他三倍金钱的建议,坚持按照契约,从安东尼奥胸口割一磅重量的肉。威尼斯公爵虽然不愿意这一契约得到执行,但又没有办法拒绝夏洛克的要求,只好另请高明来审理此案。于是,由鲍西娅化装的律师来到了威尼斯法庭。鲍西娅假装支持夏洛克的要求,但告诉他,因为契约只规定夏洛克可以从安东尼奥胸口割取一磅重量的肉,却没有规定他可以得到安东尼奥的血,所以,在割肉的同时不得流一滴血,否则,将以谋杀基督教徒论处。结果,夏洛克不仅没有得到安东尼奥身上的肉,而且因为阴谋杀害基督教徒的罪名成立,被剥夺了全部财产,一半充公,一半给受害人作为补偿。连自己的生命都掌握在威尼斯公爵手中。公爵赦免了他的死罪,安东尼奥也答应归还他一半财产,但有两个条件,一是夏洛克死后必须把所有财产留给他的女婿罗兰佐;二是要他皈依基

---

① (英)威廉·莎士比亚《威尼斯商人》,《莎士比亚喜剧悲剧集》,朱生豪译,南京:译林出版社,2001年,第102页。

督教。

经过在经济上对夏洛克实施"去他者化",夏洛克虽然还拥有部分财产的经营权,但等于已经没有了所有权了。而且,他以后可以经营的财产规模,已经远远不能和原来相比了。就好像玩蛇的没有了蛇,耍猴的失去了猴子,已经不会有很大的发展了。这对于把金钱看得比生命还重要的夏洛克来说,其打击更超过了众叛亲离的精神打击。他可以没有仆人,没有朋友,甚至没有亲人,但不能没有钱。所以,当威尼斯公爵赦免他的死罪时,他竟然说:"不,把我的生命连着财产一起拿了去吧,我不要你们的宽恕。你们夺去了我的养家活命的根本,就是夺去了我的家,活活地要了我的命。"①直到安东尼奥答应归还他一半财产后,夏洛克才不再寻死觅活。

"去他者化"的最后一击是宗教信仰上的"去他者化"。夏洛克仇视基督教,看不惯基督徒的横行霸道和虚伪。身为犹太人,他亲身经历着基督徒对犹太人的歧视。比如说,安东尼奥实际上就常常欺负他,曾经对着他的胡子吐唾沫,踢他,骂他是异教徒、杀人的狗。即使向他借钱的时候仍然盛气凌人,"我巴不得再这样骂你唾你踢你。要是你愿意把这钱借给我,不要把它当作借给你的朋友,哪有朋友之间通融几个臭钱也要斤斤计较地计算利息的道理?你就把它当作借给你的仇人吧,倘使我失了信用,你尽管拉下脸来照约处罚就是了。"②罗兰佐和他争夺女儿,象征着基督教和他争夺后代。杰西卡与罗兰佐私奔,意味着夏洛克在争夺继承人方面遭到了失败。而这也正是莎士比亚在宗教信仰上对他实施"去他者化"的第一步。在莎士比亚时代,对犹太人的仇视还没到鄙视他们血统的程度,一旦杰西卡愿意离开她的父亲,愿意皈依基督教,她就被视为纯洁的。基督徒不以和一个犹太人结婚为耻辱,只要这个人愿意皈依基督教,就会

---

① (英)威廉·莎士比亚《威尼斯商人》,前引书,第149页。
② (英)威廉·莎士比亚《威尼斯商人》,前引书,第94页。

受到欢迎。因此,莎士比亚"去他者化"措施,主要针对犹太人的宗教信仰而不是针对他们的民族特征的,犹太人的大鼻子本身还没给他们带来太大的麻烦。

宗教信仰上的"去他者化"的最后一击,就是让夏洛克本身改变宗教信仰,皈依基督教。对于像夏洛克这样顽固坚持自己宗教信仰的犹太人来说,要他改变信仰是很困难的,尤其是因为他和基督徒之间长期来的相互仇视,彼此之间互相怨恨、互相鄙视,使得彼此之间的鸿沟难以逾越。如果没有特殊的变故,要夏洛克改信基督教几乎是不可能的。所以,安东尼奥利用有权处置他的一半财产的便利,提出在满足两个条件的前提下可以把那部分财产归还给他:他死后要把所有的财产留给女婿罗兰佐;并且他本人也要改变信仰,皈依基督教。在安东尼奥威逼利诱的同时,威尼斯公爵也推波助澜,宣称,要是夏洛克不答应安东尼奥的条件,他就要收回赦免夏洛克的前言,把他法办。就这样,在安东尼奥和公爵联手逼迫之下,即在金钱和权力双重威逼之下,夏洛克没有选择,只有放弃原来的信仰,转而皈依基督教。

莎士比亚经过一系列"去他者化"措施,创造了一个能够为西方主流文化所接受的"他者"形象。与此同时,在这个"他者"的建构过程中,莎士比亚也通过威尼斯法律条款的"他者"话语,展示了威尼斯法律的歧视性一面,还揭露了以安东尼奥为代表的基督徒对犹太人的歧视和欺侮,表现了莎士比亚对西方主流文化批判性的一面。

在《威尼斯商人》中,貌似公正的威尼斯法律制度中存在着惊人的"他者"话语,这一点可能是莎士比亚所处时代的观众都没有意识到的。从表面上看,威尼斯的法律制度好像是平等的,似乎严格遵循了"法律面前人人平等"的原则。威尼斯公爵不敢拒绝夏洛克要安东尼奥履行契约的要求,而当巴萨尼奥要求化装成法官的鲍西娅"犯一次小小的错误,干一件大大功德,别让这个残忍的恶魔逞他杀人的兽欲"①时,也被鲍西娅拒绝了。

但是,法律制度虽然公正,法律本身却充满歧视条款。装扮成律师的鲍西娅在两处提到威尼斯法律条文。头一处是在夏洛克准备举刀割取安东尼奥身上的肉的时候,鲍西娅说"这约上并没有允许你取他的一滴血,只是写明着'一磅肉'。所以你可以照约拿一磅肉去,可是在割肉的时候,要是滴下一滴基督徒的血,你的土地财产,按照威尼斯的法律,就要全部充公。"②威尼斯的法律分明把基督徒作为"自我",而把基督徒以外的人都当作"他者"。"一滴基督徒的血"的价值就相当于非基督徒的全部"土地财产",显然是对其他宗教信仰的歧视性条款。况且,按照正常的合同法,对附属于标的物的物品或者取得标的物所需的条件一般不另行规定,而被视为提供标的物一方理所当然必须履行的义务。要取得安东尼奥身上的肉,流血是不可避免的,因而应当看作夏洛克取得标的物的必备条件。但是,鲍西娅却故意把标的物与必备条件剥离,以歧视性条款阻止夏洛克获取他按照契约应该得到的标的物,这难道说是公正的吗?

第二次在夏洛克觉得取胜无望,准备放弃官司,连本金都不准备收回,正打算离去的时候,鲍西娅说,"等一等,犹太人,法律上还有一点牵涉你。威尼斯的法律规定:凡是一个异邦人企图用直接或间接手段,谋害任何公民,查明确有实据者,他的财产的半数应当归被企图谋害的一方所有,其余的半数没收入公库;犯罪者的生命悉听公爵处置,他人不得过问。"③第一次提到的法律条款是针对宗教"他者"的,而第二次提到的则是针对国籍"他者"的。威尼斯在当时是一个国际性城市,商业占有重要地位。安东尼奥说,"公爵不能变更法律的规定,因为威尼斯的繁荣,完全倚赖着各国人的来往通商,要

---

① (英)威廉·莎士比亚《威尼斯商人》,前引书,第144页。
② (英)威廉·莎士比亚《威尼斯商人》,前引书,第147页。
③ (英)威廉·莎士比亚《威尼斯商人》,前引书,第148页。

是剥夺了异邦人应享的权利,一定会使人对威尼斯的法治精神发生重大的怀疑。"①可是,从剧中提到的法律条款,一点也看不出对异邦人权利的保护。相反,人们看到的是威尼斯的法律条款对"异邦人"充满了歧视。只要有"企图",而且不管是"用直接还是间接手段"谋害威尼斯公民,都构成了致命的犯罪。处罚的方式包括了生命和财产两个方面:财产全部没收,生命也需仰仗公爵的慈悲宽恕。

按照现代法律,只有"企图"是不能构成犯罪的,必须有犯罪行为才是定罪的根据。即使犯罪行为已经开始实施,而在导致期待中的后果发生前终止犯罪行为的,属于"犯罪中止",虽然构成犯罪,但不算重大罪行,量刑时可以根据具体情况从轻处理甚至免予刑罚。把"企图"作为犯罪的根据,在现代法律中是很难站住脚的。就夏洛克的案件而言,用把标的物与取得该物的必备条件剥离的手段来阻止契约的实施,已经显出威尼斯法律的虚伪性;退一步说,即使他的行为真的构成了犯罪,也属于"犯罪中止",并没有造成严重后果。即使这样,夏洛克还是失去了全部财产的所有权,仅仅依靠威尼斯公爵的赦免,才免于一死。

剧中虽然没有交代夏洛克在威尼斯居住了多久,但从他与安东尼奥结仇及其他状况来推断,显然时间不短。他在宗教信仰上的"他者"地位出于自身原因,这且不说;国籍上也仍然是"他者",从这点上就可以看出威尼斯主流社会对犹太人的歧视态度。可以说,威尼斯对犹太人的态度,集中体现在安东尼奥对夏洛克的态度上。从夏洛克对安东尼的怨恨话语中也可见一斑:

> 他曾经羞辱过我,夺去我几十万块钱的生意,讥笑我亏了本,挖苦我赚了钱,侮蔑我的民族,破坏我的买卖,离间我的朋友,煽动我的仇敌。他的理由是什么?只因为我是一个犹太人。

---

① (英)威廉·莎士比亚《威尼斯商人》,前引书,第132页。

难道犹太人就没有眼睛吗?难道犹太人没有五官四肢,没有知觉,没有感情,没有血气吗?他不是吃着同样的食物,同样的武器可以伤害他,同样的医药可以治疗他,冬天同样会冷,夏天同样会热,就像一个基督徒一样吗?你们要是用刀剑刺我们,我们不是也会出血吗?你们要是搔我们的痒,我们不是也会笑起来吗?你们要是用毒药来谋害我们,我们不是也会死吗?那么要是你们欺侮了我们,我们难道不会复仇吗?①

可见,莎士比亚笔下的奥瑟罗和夏洛克各有特点,前者是"他者还原"的典型,后者是"去他者化"的经典。这种建构有一个前提,即把西方文化的优越性作为天经地义、不言自明的真理。奥瑟罗自愿融入西方文化,夏洛克却是在威逼利诱下加入西方文化体系的。无论是自愿融入还是被迫加入,都体现了西方文化的不可抗拒的威力。当然,在"他者"话语建构过程中,莎士比亚在塑造能够为西方主流文化所接受的异己形象过程中,还表现出某种程度上的批判态度,这些文化建构方式,使后来的英国文学界得益良多,康拉德更是深受惠泽。

第二节 《鲁滨逊漂流记》与小说他者建构传统

随着英国资产阶级登上政治舞台,西方资本主义文化中的冒险精神、对财富的追求和占有欲得到了充分的体现。在丹尼尔·笛福生活时代(约1660—1731年),虽然英国在海外的殖民地还不多,但殖民扩张思想已经非常流行了。丹尼尔·笛福的第一本小说,也是他的代表作《鲁滨逊漂流记》(1719年),充分体现了这一思想。"《鲁滨逊漂流记》表现了资本主义不断向外扩张的意识形态和保守

---

① (英)威廉·莎士比亚《威尼斯商人》,前引书,第119—120页。

的宗教、道德意识形态之间的冲突。这部作品似乎试图通过具体的例证来说明一个具有清教思想的商人充满矛盾的内心世界:物质上获取商业利润的动机与精神上获得上帝拯救的要求之间的冲突。小说尽力要表现克鲁索这种存在主义式的困境。因此,笛福通过'绝望之岛'这一环境表现克鲁索身上不同层次的冲突:人与上帝、人与自然、人与人和人与自身的冲突。正是在这一环境里,克鲁索完成了从自我分裂到自我弥合的过程。"①作为英国文学史上第一部重要小说,笛福的他者世界建构,对后世的文学创作产生了重要影响。

莎士比亚他者建构的舞台,一般放在欧洲土地上,而丹尼尔·笛福的他者建构,则以远离英国的殖民地或者无人居住的荒岛为对象,因而地理上的他者、人的意义上的他者及其拯救,就成了笛福他者建构的主题。无论是地理他者的建构还是拯救主题下的人类他者建构,在笛福的笔下都是欧洲中心主义的结果。"欧洲人并不认为他们的殖民扩张活动是一种对别的种族的侵略或征服行为,相反,认为那是一种'拯救',是以基督教为指导,把非洲、加勒比海人从低级、堕落、野蛮的世界中拯救出来。从某种意义上说,《鲁》很好地宣扬了欧洲人以'救世主'自居的这一权威观念。"②其实,鲁滨逊不仅拯救其他民族的人,而且还是落难的欧洲人的救世主。鲁滨逊本身就是西方文化由人变为救世主的理想形象。同样的形象也出现在康拉德《吉姆爷》中的青年吉姆身上。

一

笛福的地理他者建构以鲁滨逊劫后余生的海岛为描写对象。不安于现状的小说主人公鲁滨逊·克鲁索喜欢航海冒险。虽然他在第

---

① 钟鸣《〈鲁滨逊漂流记〉的双重解读》,《外国文学研究》2000 年第 3 期,第 79 页。
② 罗世平《论〈鲁滨逊漂流记〉中的殖民主义》,《四川外语学院学报》2002 年第 2 期,第 31 页。

一次出海就遇到了风暴,船也沉了,好在船上的人乘救生艇划到了岸上。人虽然无恙,船上的财产都随船沉入了海底。事后船长对他说,"年轻人,你不能再航海了。这次的灾难是一个凶兆,说明你不能当水手。"①并且推论说,这次遇到的灾难,恐怕正因为鲁滨逊在船上的缘故。最后竟然怒气冲冲地说,"我作了什么孽,竟会让你这样的灾星上船。我以后绝不再和你坐同一条船,给我一千镑也不干!"②虽然如此,鲁滨逊就是不愿意放弃航海的梦想。即使他已经在巴西买了种植园,经营得也不错,他还是开始了那次灾难性的航行,那次航行导致船沉人毁,只剩下自己一人流落孤岛的结果。

既然鲁滨逊是个灾星,不适合于航海,中国人也许会觉得奇怪,为什么会在船出事时,其他人都死去了,偏偏让他活下来呢?对上帝犯有罪过的人没死,而与他一起的无辜者却丧了生。我们也许会觉得上帝不公。其实,在基督教文化中,死并不是对人最大的惩罚,让人活着去受罪、去忏悔,才是上帝对人最适当的惩罚。柯勒律治(Samuel Taylor Coleridge)的《古舟子歌》是一个相似的例子,船上的其他人都全部先后死去了,打死信天翁、因而犯下罪行的水手却成了船上唯一幸存者,不得不到处讲述自己的故事,"此后时不时,痛苦屡重现:不把我作的孽讲完,心中无法安宁。"③

鲁滨逊劫后余生,独自流落在一个荒无人烟的孤岛上,开始了他对地理他者的探索,经历了反复的恐惧与探索,最后完全掌握了这个他者,成了孤岛上至高无上的主宰。鲁滨逊与海岛他者的关系,先是怀着外来人的战战兢兢恐惧心理,进而对海岛进行探索,即进行知识

---

① (英)丹尼尔·笛福《鲁滨逊漂流记》,郭建中译,南京:译林出版社,1996年,第13页。
② (英)丹尼尔·笛福《鲁滨逊漂流记》,前引书,第14页。
③ Samuel Taylor Coleridge, The Rime of the Ancient Mariner. *British Poets of the 19th Century* Smith Thomson (ed.) Shanghai, China: The Longmans Book Inc. 1936, p. 93.

上的"他者还原",通过对海岛的逐步了解,把原来陌生的环境变为自己能够把握的自然环境。最后,对海岛完全了解和进行了必要的改造以后,鲁滨逊创造了一个适合自己居住的环境,而他也因此而变成了海岛的主人。另一方面,鲁滨逊与上帝的关系刚好和他与自然的关系相反:由开始的桀骜不驯到后来的虔诚崇拜。如果说,他对自然环境的探索是把自然内化为自己的知识,把自然变为自我的一部分;他对上帝的崇拜,则是把自我提升到一个新的高度,以上帝为精神依托,更有信心去面对困难,面对可能到来的一切挑战。

西方哲学传统认为,人类对于陌生的环境具有本能的恐惧,就好像人们对黑夜具有本能的恐惧一样。这种恐惧实际上是人们保障自身安全的本能表现。鲁滨逊初到荒岛的时候,几乎对那里的一切都感到害怕,头一个晚上不得不爬到树上去睡觉。好在失事的船搁浅在海岛附近,使鲁滨逊有可能从中得到武器、工具、粮食、种子以及部分食品和其他用具。枪支弹药可以用来自卫,也可以用来打猎,解决部分生活问题。

为了生活的便利,也为了防备野人或野兽的袭击,鲁滨逊"拟定了选择住所的几个条件:第一,必须如我上面所说的,要卫生,要有淡水;第二,要能遮荫;第三,要能避免猛兽或人类的突然袭击;第四,要能看到大海。万一上帝让什么船只经过,我就不至于失去脱险机会,因为我始终存有一线希望,迟早能摆脱目前的困境。"[①]他选择的住地是一块平地,背靠一面像一堵墙一样又陡又直的山坡,可以没有后顾之忧。以陡坡为基础划出一块半径约十码的住地,用两种五英尺半高的木桩围住,再用缆绳和其他东西把木桩加固,使之变得和城堡一样坚固。鲁滨逊连出入的门口都不留,而是用一个短梯翻墙出入。这样一来,无论是野人还是猛兽,都不可能直接进入他的住地对其发动攻击了。

---

① (英)丹尼尔·笛福《鲁滨逊漂流记》,前引书,第48页。

有了安全的住处，就等于有了可靠的后方。直到此时，鲁滨逊才能够放心地对海岛进行考察，慢慢地掌握环境。而且，几乎每次外出都不忘带上枪。在鲁滨逊考察海岛的过程中，发现了一个非常适合居住的山谷。那里有清澈的泉水和美丽的草地，草地尽头的树林里还有很多野果，特别让他开心的是有一大片野生的葡萄。鲁滨逊曾经考虑把家搬到这个山谷中，但权衡得失以后又放弃了搬家的打算。后来，他在山谷中建了一座"乡间别墅"，不时到那里住上几天。当然，这个"乡间别墅"同样以树桩作为围墙，不留门口，同样靠短梯翻墙出入。后来，鲁滨逊紧挨着"乡间别墅"圈了一块地作为养殖场，饲养山羊。开始的时候，他用陷阱抓了几只山羊，经过驯养和繁殖，羊群逐步扩大，成了他吃肉喝奶的主要来源。他还用羊奶制成奶酪，改善了生活。

俗话说"狡兔三窟"，为了生存，他也有"三窟"。除了"城堡"和"乡间别墅"外，他还在海岛的另一边发现并经营了一个十分隐蔽的山洞。发现这个山洞时，差点没把他吓死。他是在砍树烧木炭的时候发现这个天然山洞的。走进洞口，他突然看见两只眼睛，以为是魔鬼的眼睛，吓得转身就跑。鼓足勇气后，点燃了一个火把，重新走进山洞。"可是，我刚走进三步，又像第一次那样吓得半死。因为我忽然听到一声很响的叹息声，就像一个人在痛苦中发出的叹息。接着是一阵断断续续的声音，好像是半吞半吐的说话声，然后紧跟着又是一声深深的叹息。我马上后退，吓出了一身冷汗。要是我当时戴着帽子的话，一定会吓得毛发倒竖，把帽子也掀掉。"①虽然备受惊吓，此时的鲁滨逊毕竟对海岛环境已经比较熟悉了，而且，当他虔诚信服上帝后，精神上有了主心骨，深信上帝无处不在，如果他遇到危险，上帝一定会保佑他的。所以，惊魂稍定，鲁滨逊还是继续他的探索。结果发现，原来是一只濒临死亡的老山羊来到这个隐蔽的山洞，把山洞

---

① （英）丹尼尔·笛福《鲁滨逊漂流记》，前引书，第143—144页。

作为葬身之地的。一场虚惊过后,鲁滨逊发现这个山洞很有用,可以作为武器、火药等物品的秘密收藏地。到了此时,鲁滨逊才觉得彻底解决了安全问题。"在我自己的想象中,我成了一个古代的巨人。据说这些巨人住在山岩的洞穴里,没有人能攻击他们。我自己想,只要呆在山洞里,即使有五百个野人来跟踪我,也不会找到我;就是给他们发现了,也不敢向我进攻。"①

可以看出,鲁滨逊不怕狮虎猛兽,但对自己的同类却非常恐惧。在山洞中遇到垂死的山羊之所以让他害怕,是因为山羊发出的声音被鲁滨逊误认为是人类的声音。另一次让鲁滨逊害怕的,也是发现人类的踪迹。有一天,在停放独木舟小河附近的沙滩上,鲁滨逊发现了人类的脚印。脚印只有一个,清晰地印在沙滩上,是一个赤脚的脚印。这一发现,把鲁滨逊吓得掉头就跑,一路上诚惶诚恐,一步三回头,简直到了"草木皆兵"的地步,脚不沾地跑回自己的"城堡",连自己怎么进入"城堡"的,都记不起来了。"就是一只受惊的野兔逃进自己的草窝里,一只狐狸逃进自己的地穴里,也没有像我这样胆战心惊。"②回到"城堡"后,一连几天不敢出门,整天胡思乱想,胡乱猜疑。一会以为是魔鬼留下的印记,一会又认为是野人的脚印,联想到可能会有大批的野人到岛上来把自己吃掉,或者掠夺自己的羊群,那样最终就只能活活饿死。进而责备自己太懒惰,没有多种一些粮食,或把山羊分一部分到别的地方去养。于是决定,以后必须囤积两三年的粮食,并找一个隐蔽的地方圈养部分山羊,做到有备无患。

除了对环境的探索和适应并在精神上寻求支柱外,鲁滨逊以积极进取的精神,通过自己的双手,用劳动来改造自然环境,使生活环境能够为自己所用。由于从触礁的船上获得了一些工具和其他用具,鲁滨逊的劳动仍然是现代人意义上的劳动,不必完全像古代人那

---

① (英)丹尼尔·笛福《鲁滨逊漂流记》,前引书,第145页。
② (英)丹尼尔·笛福《鲁滨逊漂流记》,前引书,第125—126页。

样刀耕火种、茹毛饮血。尽管如此，以自己的两只手，一切从头做起，其困难程度还是可想而知的。

建好自己的家，使安全有保障，是征服海岛、把"他者"的海岛变为自我知识一部分的第一步，也是最重要的一步。只有安全得到保障，才有可能对海岛其他部分进行探索，从局部征服走向全部征服。鲁滨逊一共建立了三个家，"城堡"、"乡间别墅"和山洞。每建立一个家，就增加一分征服海岛这个他者世界的信心和力量。第一个家的建立，标志着鲁滨逊在海岛暂时可以生存下去，因为此时的他已经有力量抵抗异己力量的可能进攻，而且生活资料也可以保证相当一段时间的需求了。第二个家的建立，标志着鲁滨逊已经有可能在海岛上长期生存下去了，因为到此时为止，他已经找到比较多的食物资源，尤其是无意间撒在地里的谷物竟然长了出来，使他看到种植粮食的可能性，即看到了长期坚持在岛上生活下去的可能性。更重要的是，经过一场大病，他对人生的意义进行了思考，找回了上帝这个精神支柱，精神上不再空虚，不会因为孤独等精神原因而自杀。第三个家的建立，标志着鲁滨逊终于成了海岛的主人。在此之前，在海岛上发现一只人的脚印就把他吓得几天不敢出门。但在此之后，真正遇上了上岛来开人肉宴的野人，他也敢把在后面追赶俘虏的两个野人杀死，而把逃跑的俘虏救下来。鲁滨逊给被救的野人起名叫"星期五"，后来成了他的最忠心的仆人。当另外一批野人来到岛上，要杀害一个西班牙人和其他几个野人俘虏、吃他们的肉的时候，鲁滨逊更是带领星期五果断出击，几乎把到岛上来的 20 来个野人斩尽杀绝。逃回去的只有四人，其中一人受伤。21 个人中，有 17 个弃尸岛上。这一次救下来的，除了那个西班牙人外，碰巧还救了星期五的父亲。

当一艘英国商船的水手长、二副等人裹胁船员叛变，准备把船长和大副等三人放逐到岛上的时候，鲁滨逊以海岛主人的身份，救出了船长和大副等人，和上岛的歹徒斗智斗勇，制伏了他们以及后来到岛上寻找他们的另一批歹徒。接着，又派船长率领几个人上船，把留在船上的叛逆也制伏了,夺回了船只。此时的鲁滨逊已经完全征服了这个海岛,把海岛变成了他的私人财产,成了鲁滨逊自我的一部分。他以船长恩人的身份乘这艘夺回来的船离开海岛回到了英国。后来他又回到岛上,把岛上的土地分给留在那里的西班牙人和被留下来的几个英国叛逆者耕种,但仍保留岛屿一切的所有权。

总起来说,鲁滨逊因船只失事而流落的海岛,是一个被逐步占有、征服的他者,二者之间的关系是一种此进彼退的关系。开头的时候,鲁滨逊是一个外来的他者,处于边缘地位。此后,这种关系慢慢颠倒了过来。随着鲁滨逊对海岛的探索与改造,这个地理他者逐步匍匐在鲁滨逊的脚下,由中心走向边缘。这里的地理他者所象征的,是一种可以被拥有和被征服的客体。鲁滨逊拥有海岛的方法是对岛上自然环境的探索和对部分自然的改造,创造出适宜人类居住的环境。通过双手的劳动,从狩猎、摘野果阶段,进入了农耕和驯养畜牧的阶段来占有土地和利用自然资源和环境。鲁滨逊对海岛的占有,与资本主义扩张欲望相一致。同时,由于这是一个无人居住的荒岛,鲁滨逊的占有,在某种程度上重复了人类适应自然、改造自然的艰苦过程。

对鲁滨逊而言,巴西也是一个地理他者。在一次航行中,船被摩尔人海盗俘虏,鲁滨逊沦落为海盗首领的奴隶。后来千方百计逃了出来,在海上被一位葡萄牙籍的船长所救,随船来到了巴西。鲁滨逊在巴西购买了种植园,发展势头很好。这个种植园后来还被证明是一只会下金蛋的鹅,鲁滨逊从荒岛回来后发现,种植园在合伙人的经营下,已经积累了不少财富。虽然如此,鲁滨逊对巴西的感情,远远比不上对那个荒岛的感情,否则也不会一有机会外出航行就毫不犹豫地离开了巴西。

二

对地理他者的征服目的之一是为了支配其自然资源,但更主要的目的是为了便于对人的支配。所以,鲁滨逊对人类他者的支配欲,和他对自然资源的支配欲有过之而无不及。

李维屏引用理查德·克罗尔(Richard Kroll)的话说,"笛福的小说建立在一种强烈的以自我为中心的观念之中",说他的性格"自私和孤僻"①。我认为,说鲁滨逊"以自我为中心"没有错,但说他"自私和孤僻"则不能一概而论。

实际上,鲁滨逊是一个严格区分"自我"与"他者"的人。当他与他人相遇的时候,鲁滨逊具有强烈的自我保护意识,这大概就是所谓的"自私和孤僻"吧。但是,一个人孤独地在一个荒无人烟的海岛上生活了28年,如果没有强烈的自我保护意识,恐怕早就活不下去了。在与另一民族的人相遇的时候,他也严格区分"我们"与"他们",欧洲白种人都属于"我们",其他民族的人则属于"他们"。其实,这种区分,在欧洲人中是比较普遍的。在笛福生活的时代,欧洲虽然开始了对外扩张,但欧洲本身还算不上最发达的地方。《鲁滨逊漂流记》出版的1719年在中国是康熙统治时代,无论是经济上还是国力上,都不是欧洲可以比拟的。当然,欧洲与其他地区比较起来,的确在各方面都先进一些。其资本主义制度的确立,奠定了良好的发展势头。虽然当时还比中国落后,但其先进的制度将使欧洲很快赶上和超越中国的发展水平,进而把中国远远地甩在后面。

笛福却不承认中国的发展水平高于欧洲。他在《鲁滨逊漂流记》的续篇里,曾经把中国的广州说得一无是处。面对世界其他民族的时候,笛福的欧洲中心主义表现得更为突出。实际上,鲁滨逊对欧洲人,即他心目中的"我们"中的人,是很慷慨的。比如说,他从海岛脱困以后,找到了那位曾经救过他、把他带到巴西的葡萄牙籍老船长,除了不用他归还400多个金币的旧债外,还决定每年送给这位已经退休的老船长100葡萄牙金币。老船长过世后,每年送给他的儿

---

① 李维屏《英国小说艺术史》,上海:上海外语教育出版社2003年,第63页。

子50个葡萄牙金币。另外,他还让人找到曾经多年替他保管财产的那位寡妇,送给她100英镑的现款,还答应以后继续照顾她。此外,他有两个在乡下的妹妹,虽然她们生活并不困难,他还是给她们每人寄了100英镑。可见,鲁滨逊并不是对谁都"自私和孤僻"。

当然,鲁滨逊的确是一个以自我为中心的人。他的慷慨,是在自我站稳脚跟后的慷慨,是在能够确保自己权益情况下的慷慨。在权益可能受到侵犯时,他是非常谨慎的。在荒岛上,他和星期五救下了后者的父亲和一个西班牙人。他表示可以让劫后余生的十几个西班牙人都到岛上来,以便一起造船,离开海岛。但是,他让回去的西班牙人首先签署保证书,保证服从鲁滨逊的领导,还要求其他西班牙人也签署同样的保证书,不得对他的领导地位提出挑战,若有人反对鲁滨逊,他们必须站在鲁滨逊一边。

鲁滨逊对西班牙人有一种矛盾心理。一方面,西班牙属于欧洲国家,西班牙人就应该属于"我们"中的人,所以,当他看到被野人抓来开人肉宴的俘虏中有一个白种人,毫不犹豫地决定把他救下来。但是,西班牙又是英国的老对手,英国就是打败了西班牙的无敌舰队才当上海上霸主的,两国之间的矛盾根深蒂固,不是轻易就可以消除的。因此,鲁滨逊对西班牙人的不信任,其来有自。尽管如此,只要他们不对鲁滨逊的权威构成挑战,不对他的利益构成威胁,他仍然很愿意帮助他们,和他们一起离开海岛。

鲁滨逊对因为水手长、二副等人叛逆而受害的英国商船船长的态度,和对待西班牙人的态度又有所不同。受到迫害的英国船长和大副等人与鲁滨逊来自同一个国家,自然更加应该算作自己人了,因此,看到有一群人把三个人送到岛上,鲁滨逊就有救他们的打算。自动过去与他们交谈,口称,"也许,你们想不到,在你们眼前的人,正是你们的朋友呢!"①因为同是英国人,自然有一种亲

---

① (英)丹尼尔·笛福《鲁滨逊漂流记》,前引书,第209页。

切感。尽管如此,在切实保护自己的安全和权益方面,他仍然一丝不苟。他表示愿意拯救船长等人,但要求对方答应两个条件:"第一,你们留在岛上期间,绝不能侵犯我在这里的主权;如果我发给你们武器,无论什么时候,只要我向你们要回,你们就得交还给我。你们不得在这岛上反对我或我手下的人,并必须完全服从我的管理。第二,如果那只大船收复回来,你们必须把我和我的仆人免费送回英国。"①

第一个条件的着眼点是自身的安全和权益,第二个条件是为了能够离开海岛,重返英国。主权的维护,对船的处置要求,都坚持了自己的权利;而对武器的拥有权和使用权的垄断、自身不受攻击的保证等,都是出于人身安全的需要。中国有句古话,害人之心不可有,防人之心不可无。这两个条件的提出,显示出鲁滨逊的谨慎立场。即使是自己的同胞,事关自身的安危,谨慎一点总是不会错的。况且,起来反叛船长的,也正是他自己的同胞,而且是原来他的手下。可见,在对自我构成威胁这点上,"我们"中的人并不比"他们"中的人更让人放心。船长的遭遇就是证明。

鲁滨逊给予英国人和西班牙人的待遇还是有区别的,虽然在谨慎方面并无二致。但英国人只需口头答应条件即可,而西班牙人则必须签署保证书才被允许上岛。最终因为有了这艘英国船,再也用不着西班牙人和他一起图谋离开海岛了。他不等西班牙人来到岛上就离开,也不到西班牙人居住的地方去接他们一起走,只是留下指令,允许他们留在岛上居住。可见与西班牙人比较,鲁滨逊更愿意相信英国人,与自己的同胞一起离开海岛。

鲁滨逊对待"我们"与对待"他们"的态度,更是泾渭分明。他曾经一度沦为摩尔人海盗头子的奴隶,后来他裹胁同为奴隶的摩尔少年佐立驾船出逃,在西非沿海的十几天逃亡生活中,两人曾经患难与

---

① (英)丹尼尔·笛福《鲁滨逊漂流记》,前引书,第211页。

共。他们曾一起抵御猛兽、一起打猎、一起寻找淡水。后来遇到一艘开往巴西的葡萄牙船只,船长把他们救到船上。一旦得救,鲁滨逊和佐立之间的关系立即起了变化,他和葡萄牙船长成了"我们",而佐立却属于"他们"的一员,共患难的伙伴关系,马上就变成了拥有和被拥有的关系:鲁滨逊成了佐立的主人,而佐立则被他以60个西班牙银币卖给了葡萄牙船长。在出卖佐立的过程中,鲁滨逊也曾犹豫了一下:"他又表示愿出六十西班牙银币买下佐立。这钱我实在不能接受。我倒不是不愿把佐立给船长,而是我不愿出卖这可怜的孩子的自由。在争取自由的逃跑过程中,他对我可谓忠心耿耿。我把不愿出卖佐立的原因告诉了船长,他认为我说得有理,就提出了一个折中的方案:这孩子如果成为基督徒,则十年后还其自由,并签约为凭。基于这个条件,我终于同意了,因为佐立自己也表示愿意跟随船长。"①

明知道"在争取自由的逃跑过程中"佐立对自己"忠心耿耿",也知道船长购买去后佐立会失去自由,他还是把佐立给卖了,只是卖出时良心稍稍有点不安,却毫不怀疑自己对佐立的所有权。反过来说,如果佐立声称对他有所有权,可以随意把他卖掉,不知道鲁滨逊会作何感想?而鲁滨逊和船长都把这种所有权看做是天经地义的,他们根本不把这个问题当作问题,而小说的读者也不觉得这件事有什么不妥,可见当时欧洲人的欧洲中心主义观念非常根深蒂固。佐立因为自己是摩尔人,就失去了话语权,失去了表达相反意见的权利。他能够表达的,只是自己愿不愿意跟随船长,而不是对鲁滨逊对自己所有权的合法性表示怀疑。辛辛苦苦地从摩尔海盗的手中逃出来,却又马上沦为另一个人的奴隶,而自己对此竟不能提出异议!如果他想要重新获得自由,还必须付出进一步的代价:十年为奴,再加上皈依基督教。就是说,除了十年的苦役外,佐立还必须接受"他者还

---

① (英)丹尼尔·笛福《鲁滨逊漂流记》,前引书,第29页。

原"处理,才能够成为一个自由的人。鲁滨逊从海岛归来后找了葡萄牙船长等人,却对佐立连提都没有提到,而这在他看来是非常自然的。

星期五既是一个肤色的他者,也是一个民族上的他者。在得到鲁滨逊信任以前,也经历了"去他者化"处理,还原为鲁滨逊自我的一部分,才得到信任的。

鲁滨逊梦见自己救了一个野人,后来果然看到和梦境相似的情景:有一个被带到海岛上来开人肉宴的野人突然逃跑,而后面只有两个人追赶。鲁滨逊看到他们已经远离开人肉宴的沙滩,就打死了两个追赶的野人,把被追赶的野人救了下来。因为现实与梦境如此相似,鲁滨逊觉得梦境是一种神示,自己是秉持上帝的旨意救人的。即使如此,鲁滨逊开头的时候对星期五也不信任。救下那野人后,鲁滨逊把他带回家,张罗给他衣服穿戴,并为他起名叫"星期五",因为是在星期五那天把他救下来的。但晚上睡觉时,鲁滨逊却仍然对星期五防备森严。他把星期五安置在内外两道围墙之间的帐篷里休息,使他不能偷袭自己。此外,他还把枪放在自己的床边,随时可以应付突如其来的袭击。当然,鲁滨逊后来自己承认,对星期五的防备根本就没有必要,"任何其他人都不可能有像星期五这样忠诚老实、听话可爱的仆人。他没有脾气,性格开朗,不怀鬼胎,对我又顺从又热心。他对我的感情,就像儿子对父亲的感情,一往情深。我可以说,无论何时何地,他都宁愿牺牲自己的生命来保护我。"① 其实,鲁滨逊对星期五的防备,是一个独自在荒岛度过了20多个年头的人的本能反应。丹尼尔·贝尔认为,文明有两层意义,第一层就是"为了安全"②。所以,对别人的本能防备,是不足为奇的,并不是"自私和孤

---

① (英)丹尼尔·笛福《鲁滨逊漂流记》,前引书,第169页。
② (美)丹尼尔·贝尔《资本主义文化矛盾》,赵一凡等译,北京:三联书店,2003年,第51页。

僻"使然。

星期五是加勒比人,他的民族有吃人肉的习惯。据他自己说,他们虽然吃人肉,但并不是什么时候都吃,更不是见人就吃。被吃的往往是战争中俘获的俘虏。抓住俘虏以后,会把俘虏分别带往不同的地方,杀了来开人肉宴。而在平时,一般是不吃人的。因此,有一艘西班牙商船沉没后,十来个劫后余生的西班牙人流落到吃人部落,但并没有被他们吃掉。相反,他们还收留了这些西班牙落难者,给他们提供粮食。星期五获救后,鲁滨逊首先要去掉的,就是他喜欢吃人这种"他性"。

以文明人自居的鲁滨逊,对吃人肉的行为当然深恶痛绝。当初知道野人来到他所在的海岛是为了开人肉宴的时候,鲁滨逊曾经义愤填膺,甚至打算把上岛来的野人斩尽杀绝。可是后来转念一想,又觉得不妥,换了思考角度:"这么多世纪以来,上天都允许这些人不断互相残杀而不惩罚他们,那我有什么权利和责任擅自将他们判处死罪,代替上天执行对他们的判决呢?这些人对我又究竟犯了什么滔天大罪呢?我又有什么权利参与他们的自相残杀呢?我经常同自己辩论:'我怎么知道上帝对于这件公案是怎样判断的呢?毫无疑问,这些人并不知道互相吞食是犯罪行为,他们那样做并不违背他们的良心,因而他们也不会受到良心的谴责。他们并不知道食人是违背天理的罪行而故意去犯罪,就像我们大多数人犯罪时一样。他们并不认为杀死战俘是犯罪行为,正如我们并不认为杀牛是犯罪行为;他们也不认为吃人肉是犯罪行为,正如我们并不认为吃羊肉是犯罪行为。'"①在这里,鲁滨逊已经用一种上帝对人类可能有的目光看待他自己和那些野人之间的关系了,因为此时他对于自己杀死那些野人的能力已经没有丝毫的怀疑,举棋不定的只是是否有必要或者应该这样做而已。

---

① (英)丹尼尔·笛福《鲁滨逊漂流记》,前引书,第138页。

古代中美洲有一个地方(在今墨西哥境内)是世界上最著名的吃人地方,那里的神殿垒了无数人骨头。能抓到俘虏就吃俘虏,抓不到俘虏,就吃祭太阳神的圣女。那些圣女是从小就挑选出来的,好吃好喝供养着,等到长成少女,在进行宗教大祭的时候,就杀死她们祭神,尸体从台阶上滚下来,就被人们分而食之。这些圣女活着的时候得到很好的照料,过着优裕的生活,死了也获得很高的荣誉。可是在外人看来,她们的命运是悲惨的。她们的优裕生活不就像我们以优质饲料养肥了牲口以便宰杀来吃肉一样吗?唯一不同的是,牲口被宰杀了也没有什么荣誉,而她们却被冠以"圣女"的虚衔而已。在外来人眼中,这些人吃人肉的行为是残忍而灭绝人性的。如果有人误入这个地方,其命运肯定要比劫后余生的西班牙人更惨,因为西班牙人流落的部落虽然吃人,却不是什么人都吃,而中美洲的那个地方,误入的外人几乎可以肯定会被俘虏并被吃掉。

可是,这些人为什么要吃人?据人类学者考察,他们吃人其实是事出有因的。因为当地的地理环境恶劣,人们对蛋白质的需求很难从捕获的动物或饲养的牲口中得到充足的补充。所以,他们的宗教、习俗都是满足人体这种需求的一种本能反应,时间一长就成了宗教和习俗。鲁滨逊所遇到的野人是不是也有这方面的原因就不得而知了。但是,从鲁滨逊所在海岛的自然资源看,人们身体的蛋白质需求还是有保障的。

不管野人们吃人出于什么原因,即使鲁滨逊能够换位思考,想得通不对野人实施攻击,把他们斩尽杀绝,但是,他绝对不允许星期五继续保持吃人肉的恶习。星期五不止一次地表现出吃人肉欲望,尤其是对于被鲁滨逊杀死、星期五亲手掩埋的两个野人尸体,更是恨不得挖出来吃掉。可是,只要他一表现出吃人肉的欲望,就会被鲁滨逊断然阻止。甚至设法让他明白,只要他敢再吃一口人肉,鲁滨逊就会杀死他。马洛在非洲河流上航行时,用同样的方法阻止食人生番吃人肉的愿望。鲁滨逊还教星期五吃熟羊肉。当吃上美味可口的烤羊肉的时候,星期五终于表示,"从此以后再也不吃人肉了。"①这样,通过威逼和让吃羊肉的软硬兼施手段,鲁滨逊终于成功地改变了星期五吃人肉的"他性"。

鲁滨逊本来虽然是基督徒,但并不虔诚。他对上帝的虔诚崇拜在很大程度上缘于一场大病。人是群居动物,单独落在一个陌生环境中,必然会感到恐惧;在这样的环境中又大病一场,其恐惧程度就更是常人所难以理解了。鲁滨逊就是这样,1659年9月30日流落到荒无人烟的海岛以后,刚刚对环境开始熟悉一点,在第二年的6月19日就患上了疟疾。一病就是半个月,到7月3日才得以痊愈。在这次大病过程中,鲁滨逊的恐惧最后转变为对上帝的敬畏和对自我的反思。反思的结果,是他躁动的自我向宗教教义靠拢,主动寻求上帝的指引,使本来分裂的自我趋向完整。心中有了上帝,精神上不再感到孤独,不再一味怨天尤人,因而对残酷的环境的畏惧也减少了。同时,因为自己成了虔诚的新教徒,才有资格对星期五进行宗教上的他者还原。

经过"去他者化"后,鲁滨逊对星期五实施进一步的"还原"改造,让他皈依基督教。星期五原来虽然有某种原始信仰,却没有真正意义上的宗教。星期五对上帝的接受,首先是基于某种类推认知过程实现的。星期五原来崇拜的神叫做"贝纳木基",据说住在某一座山上。部落的祭司才有权到那座山前向神祈祷,再通过他们把神的旨意传达给其他人。星期五听鲁滨逊告诉他,上帝住在比太阳还远的地方,通过比较得出结论:上帝比他们相信的贝纳木基更加神通广大,因为贝纳木基居住的地方并不远,但听不到他们的祈祷,非得让祭司到山里去不可。而住在比太阳还远的地方的上帝,却可以听得见人们在任何地方的祈祷,因而必定是上帝的神通大得多。这样,要

---

① (英)丹尼尔·笛福《鲁滨逊漂流记》,前引书,第172页。

他相信上帝就不算很困难了。

文化交流就像流水,总是从高处向低处流。两种文化的发展水平相差很远的时候,发展水平较低的,不难接受发展水平较高的文化。只有当一种文化的体系比较完善的时候,才不容易接受外来的文化。就鲁滨逊和星期五相比,前者代表欧洲近代文化,而后者代表的是一种原始的部落文化,两者之间的发展水平,自然不可同日而语。所以,在鲁滨逊的刻意教导下,星期五很自然地接受了基督教。

教会星期五使用枪支和工具,也是鲁滨逊对星期五"他者还原"的措施之一。这样,星期五不论在劳动中还是在作战中都成了一个不可多得的好帮手。尤其在和英国商船的叛逆者的战斗中,星期五还成了鲁滨逊的"副司令",连船长都要听从他的指挥。

让一个来自野人部落的星期五当"副司令",而不是由鲁滨逊自己的同胞、商船的船长来当,对于"我们"与"他们"的界限非常分明的鲁滨逊来说,是非同寻常的。但实际上,这也不足为怪,因为经过"去他者化"和"他者还原"以后,星期五实际上是鲁滨逊亲手造就的孩子,他曾不止一次地表示自己和星期五之间的父子之情的感觉。从另一角度看,自己的孩子就是另一个自我。所以,同胞虽亲,也比不上另一个自我。鲁滨逊之所以让星期五当"副司令",就可以理解了。

拯救主题也是《鲁滨逊漂流记》的一个特色。在笛福以前,曾经有过许多文学的和非文学作品宣扬"拯救"主题,最著名的要算班扬的《天路历程》。但这些作品关注的都是宗教意义上的"拯救",是对灵魂的救赎。鲁滨逊却以上帝的名义,对身处困境的世人进行拯救,这种拯救虽然也关注精神的人,但更注重物质的人。

鲁滨逊漂流到海岛后,首先进行的自我拯救是从物质生活拯救开始的。建立能够保障安全的家,而且狡兔三窟,连圈养山羊的地点都有两处,以防不测;种植粮食,造独木舟,制造衣服和各种用具,这一切,都是物质生活的自救措施。鲁滨逊灵魂上的自我救赎,虽然始于甫上岛之际,但真正的反思是在上岛一年以后,在一次大病中开始的。而他反思的内容,把不听父亲劝告、执意到海上冒险的冲动当作冒渎上帝的行为,在今天看来是违背资本主义冒险开拓精神的。但他的反思中有一点是值得肯定的,那就是找到了精神上的支柱,增强了自信心,使他不仅有信心自我拯救,而且如有必要,还有信心和愿望拯救别人。就是说,在上帝面前越是卑微,他的自身就越是充实,越有力量。随着信仰的笃定,鲁滨逊越来越和上帝趋同,预示着他自我救赎的过程的完成,因而可以担当起拯救者的责任了。

鲁滨逊对星期五的救赎始于一个梦,带有神示性质。但是,这一拯救也是首先从身体的救赎开始的。如果不首先把他从野人手中解救出来,灵魂的救赎就无从谈起。人救出来以后,鲁滨逊也首先从关心他的物质需要开始,给他穿衣服,教他吃熟食,使他从外观上和生活习惯上首先改变,去掉吃人肉等恶习,然后再从灵魂上进行救赎,使他皈依基督教。

对被俘虏的西班牙人和星期五父亲的解救,已经不需要神示,而是自己就可以决定了。这表明,鲁滨逊完成了由人向神转化的过程。作为人,他的能力有限,遇事会举棋不定;一旦戴上了神的光环,就可以威力无比,凭自己的意志决定别人的命运。虽然他一再否认自己的神性,但救世主的角色却是无可争辩的事实。对于那个被救的西班牙人,没有必要进行灵魂上的救赎,因为他是天主教徒,而鲁滨逊自己和星期五都是新教徒,虽然同属基督教,但具体信仰还是有区别的。在这方面,鲁滨逊并不强求统一,"在我的领土上,我允许宗教信仰自由。"①

在救西班牙人的过程中,鲁滨逊没能把岛上的野人全部消灭,

---

① (英)丹尼尔·笛福《鲁滨逊漂流记》,前引书,第 198 页。

有四个人逃了回去。鲁滨逊开始还怕他们会来报复,但星期五的父亲却告诉他,那些野人一定会把鲁滨逊他们当作"从天上下来消灭他们的天神或复仇之神"[①],他们枪口吐出来的火舌,会被那些野人当作闪电和霹雳。星期五父亲的话,是对鲁滨逊的神化描述。这种天神雷电的神化意象,后来在康拉德建构的库尔茨身上重现。

随着自信的增强,鲁滨逊在言语中也逐步显出主宰者的口吻来,"我的领土"、"我的主权"等带有主宰者权威的话语不时地挂在嘴边。同时也乐于在保障自己权益的基础上施惠于人。所以,看到三个英国人被押上岛上,他就立即想要帮助他们。当其中一人认为他是上天派下来救他们的时,他答道:"一切拯救都来自天上。"[②]这样的回答可以有不止一重意义。既可以认为鲁滨逊觉得上帝无所不在,人间的一切拯救都秉承了上帝的意志,上帝假手于鲁滨逊来救他们;同时也可以认为,鲁滨逊已经具有神性,上帝允许他按照自己的意志行事,来拯救这些落难的英国人。

帮助受害的船长等人制伏叛逆,是鲁滨逊的最佳选择。因为如果站在叛乱者一方,他们人多势众,未必把鲁滨逊放在眼内,甚至不愿意带他随船回英国。就算愿意带他们离开,鲁滨逊也不会有任何主动权。而帮助受害的船长,是一种施惠,得救者感恩戴德之余,鲁滨逊就可以完全掌握主动权了。

笛福的地理他者建构,是随着欧洲资本主义的殖民扩张应运而生的。这个地理他者注重实用,而不注重其浪漫气息,是一个可以征服的客体。鲁滨逊对这个地理他者的征服,是欧洲殖民扩张的理想化建构。民族他者的建构虽然不是新创举,但在地理他者为背景的民族他者,却写出了新意。他者建构下的拯救主题,也对后世影响深远。

---

① (英)丹尼尔·笛福《鲁滨逊漂流记》,前引书,第199页。
② (英)丹尼尔·笛福《鲁滨逊漂流记》,前引书,第209页。

第三节 拜伦与浪漫主义他者建构传统

靳晓静说,"在鲁滨逊形象建构中,有一点尤其值得注意。笛福让他笔下的鲁滨逊在岛上的生活涉及人类生活的许多方面,但有一点他却给排除在外,这便是性。一个男人,孤零零地生活在荒岛之上,没有'他人'。似乎性的问题被忽略了。在鲁滨逊长长的独自生活中,既没有有关性的回忆,亦没有幻想。"①的确,在《鲁滨逊漂流记》中,没有女性,没有爱情,当然也没有性。那是因为到笛福为止的宗教势力还非常强大,很多书写作品都是为宗教服务的。而笛福所写的小说又是一种比较新的文学体裁,没有多少前例可以借鉴,只好借鉴宗教说教一类的书写作品。所以,主人公的想象,都放在把自我向上帝靠拢上,而不敢放在性别他者的想象上,以免有伤风化。浪漫他者的建构,有待浪漫主义作家来开创。

在浪漫主义作家中,拜伦的他者建构独树一帜。在英国作家中,拜伦的情况很特殊。虽然是浪漫主义主要诗人之一,对于英国社会,他"本来属于'自己人',但又长期被视为异己分子"②,拜伦与英国社会主流格格不入,最后甚至愤而离开英国,一直到死都没有再回去过。因此,拜伦的他者建构的一个突出特点,是对英国严厉批评的态度。他的文化他者形象没有像笛福一样受到贬抑,反而常常被美化。另一个特点是浪漫性,几乎在所有他者的所在,都有浪漫的爱情。

一

对于英国主流意识形态,拜伦本身就是一个"他者"。他的"他

---

① 靳晓静《关于鲁滨逊的现代解读》,《当代文坛》2000 年第 4 期,第 52 页。
② 倪正芳《中国近 20 年来拜伦研究述评》,《娄底师专学报》2002 年第 3 期,第 41 页。

者性",和他的出身密切相关。拜伦出生于一个"易感情用事著称的贵族家庭"①,父亲是一个"狂放而不负责任的浪子;母亲是一个羸弱但感情用事的苏格兰女子"②。长相出众的拜伦继承了父亲的多情和母亲的敏感。虽然长相出众,拜伦却是一个瘸子。"据雪莱说,他对自己的瘸腿终生引以为憾并因此而愤愤不平,他所做的一切都因此而起。"③

有残疾的人,大多有自卑感。要强的,就会在各方面力图表现得不逊于常人,甚至比常人还要高明。而不争气的就会怨天尤人,自甘堕落。即使要强的能够在某些方面甚至各方面都表现得比正常人出色,其内心深处仍然会有抹不掉的自卑感。拜伦显然是一个强者,虽然腿有残疾,他却擅长体育,尤其是游泳。另外,他在学校的表现非常出色,是一个天然的学生领袖。可见,他是一个在什么地方都要出人头地的强者。

因为有残疾,身体的自由受到了限制,拜伦特别渴望自由。因此,在他的诗歌中,自由高于一切。他所崇尚的自由,是民族的自由和个人的自由。所以,它反对一切暴君,希望每个人都能够按照自己的自由意志生活,也希望每个国家、每个民族都不受外来的统治和奴役。在这点上,他与欧洲的殖民帝国扩张野心是格格不入的。他为暴君统治的阿尔巴尼亚而惋惜,为受到外族统治的意大利和希腊而哀伤。他甚至把帮助意大利和希腊独立的意愿付诸行动,亲自参加意大利烧炭党起义和希腊人反对土耳其侵略者的斗争。

因为有残疾,拜伦与正常人相比无疑会有先天的不足,所以比较容易同情弱者。本身属于弱者群体的人,有些人会因为自己的原因,

---

① 吴伟仁编《英国文学史及选读》(第二册),北京:外语教学与研究出版社,1988年,第25页。
② 陈伯香主编《英美文学选读》,北京:外语教学与研究出版社,1998年,第197页。
③ 陈伯香主编《英美文学选读》,前引书,第197页。

了解同样处于弱者群体的他人所面临的生理和心理问题,以及由此带来的生活上的困难,因而体恤处境和自己相似的人。有的人却相反,不仅不同情和自己处境相似的他人,而且还可能欺负他们,阿Q欺负小尼姑就是这种心态。阿Q虽然不是残疾人,但他显然是一个社会边缘人,在社会最底层挣扎以求生存。其扭曲的心态使他没有同情心,有的只是弱肉强食的丛林法则。拜伦是一个强者,虽有残疾,却事事不输于正常人。此外,他还是一个多愁善感的人,虽然感情用事,心地却不坏。因此才会对弱者抱有深切的同情。他同情被欺凌的民族,同情被压迫的穷人,同情在战争中幸存的孤女。当上上议院议员后曾经发表演说,抨击政府处死破坏机器的工人,还写了政治讽刺诗《编织机法案编制者颂》(*Ode to the Framers of the Frame-bill*),痛斥了针对工人的立法与警察机构。拜伦尤其同情有着灿烂的古代文明、如今却沦为异族奴隶的希腊,真是"哀其不幸,怒其不争"。

在同情弱者上,浪漫主义作家是一致的。拜伦和华兹华斯矛盾很深,经常在作品中互相攻击。在《唐璜》中,拜伦多次讽刺华兹华斯。而华兹华斯则把《唐璜》称为"那本无耻的书","并责怪《季刊》为什么不登文挞伐它"[①]。但是,在同情穷人这点上,他们却是一致的。和拜伦同情起来反抗的工人相比,华兹华斯更同情那些无助的社会边缘小人物。在1835年版诗集的后记中,华兹华斯一反谈论诗歌的习惯,竟专门讨论起英国当时刚通过不久的《穷人救济法修正案》,抨击该法案在救济穷人时强加的许多限制。他认为,"从人道主义观点看,宁可让10个不应获得救济的人领取救济,也不应该让一个应得救济的人得不到帮助,并因此使他放弃做人原则或者把力气用在不正当的事情上;使他被迫违法乱纪,或使他落到'叫天天不

---

① 转引自查良铮《〈唐璜〉·译本序》,(英)拜伦《唐璜》,北京:人民文学出版社,1980年,第22页。

灵,叫地地不应'的悲惨境地。"①

　　同样因为有残疾,拜伦对别人的攻击特别敏感。由于浪漫主义者喜欢根据自己情感行事,经常不顾及道德信条,尤其在男女关系上,他们经常为自己的情感所左右,所做的事情往往不考虑后果。比如,人们怀疑华兹华斯与自己的妹妹有超乎寻常的关系,因为他的妹妹罗斯在他结婚后精神失常了。雪莱和他的几个小姨子的关系都不纯洁;拜伦在这方面更是随心所欲。"从时间的先后来说,卡罗琳是拜伦勋爵的第一个情人,那么特里萨就是最后一个。当然期间他还不乏其他私情。玛丽·雪莱的继妹克莱尔·克莱蒙、他在威尼斯时房东的太太玛利安娜·塞格蒂、尖刻的意大利母老虎玛格丽塔·科格尼以及许多无关紧要的女人都和他有染。"②拜伦一个又一个地和女人发生关系,除了浪漫主义者共同倾向外,恐怕也有用女人来证明自己比正常人还强的用意。其实,情人多少别人都没有权利指责,但是,他和同父异母的姐姐奥古斯塔的关系,就成了英国保守派对他攻击的有力武器。

　　看到拜伦荒唐的私生活,当时有一个笃信宗教的安娜·伊莎贝拉·密尔班克小姐抱着"我不入地狱谁入地狱"的决心,要通过和拜伦结婚来改造他,1815年与拜伦结了婚。但是,这一"改造"显然不成功,仅仅一年后,安娜就回了娘家,再也不愿回到丈夫身边,并且声称拜伦有神经病。看到这个"异己分子"终于难以成为"我们的一员",英国主流社会对他进行了大肆攻击。在和安娜离婚的官司过程中,拜伦的律师竟然中途变节,由拜伦的辩护律师,变成了安娜的辩护律师。由于这个原因,拜伦后来恨透了所有律师。

　　对拜伦的攻击集中在他的私生活和道德问题上,使敏感的他再

---

① John Morley, ed. *The Complete Poetical Works of William Wordsworth*. London: Macmillan and Co. Ltd. 1928, p. 889.
② 周一兵编译《拜伦的意大利情人》,《世界文化》1996年第3期,第45页。

也招架不住,离婚后不久就于1816年4月25日离开了英国,从此再也没有回来。离开前,"他写道,'我觉得,如果关于我的一切流言飞语、飞短流长都是真实的,我就不配住在英国;如果这些流言飞语都是瞎编的,英国就不配让我居住。'"①

拜伦和英国主流社会的决裂,是西方文化阵营中的主流和异己意识形态之间的决裂,使拜伦游离于英国主流文化之外,他的诗歌在欧洲其他地方的影响超过在英国本身的影响。这使他的文化他者建构在某种程度上不拘一格,有时候可以从"他者"的角度考虑,比如,他可以在诗歌中从穆斯林角度出发,把基督徒称为"异教徒"。然而,拜伦只是西方主流文化的叛逆者,并不因此而与异族或其他宗教的"他者"同一。就是说,拜伦虽然游离了西方文化主流,敢于公开批评西方的行为,但是,他仍然没有逃脱文化这张网,没有脱胎换骨,他的骨子里仍然是西方基督教文化的一员。

对于西方,尤其是对于英国,拜伦持激烈的批判态度。英国名将威灵顿因为在滑铁卢打败了拿破仑而名声大振,无论是英国还是欧洲其他国家的保守势力都把铺天盖地的赞颂之词献给他,但拜伦对他却一点都不客气。在他的代表作《唐璜》中,毫不客气地揭露这位声誉正隆的"英雄":"我觉得在马里奈谋杀案件中/你对金纳德没信义——简直卑鄙/还有些类似行为不会给你/威斯敏斯特的灵牌带来荣誉。"②

拜伦所说的马里奈谋杀案是指1818年发生的一件事情。1818年2月11日,威灵顿在回他在巴黎所住的旅馆途中,有革命者意图谋杀他。在此之前,金纳德勋爵曾告诉英军参谋长这一可能性,被问及消息来源时,金纳德要求不追究提供消息的人并得到保证后,请马里奈来巴黎会见英国当局的代表。可是,英国当局背信弃义,在威灵

---

① 转引自刘炳善《英国文学简史》,郑州:河南人民出版社,1993年,第268页。
② (英)乔治·戈登·拜伦《唐璜》,前引书,第612—613页。

顿宴请金纳德的同时,英军却逮捕了马里奈,金纳德勋爵对此非常不满。

除了揭露威灵顿的背信弃义外,拜伦对威灵顿的所谓赫赫功勋进行了辛辣的讽刺:

> 你"杰出的刽子手呵"——但别吃惊,
> 这是莎翁的话,用得恰如其分,
> 战争本来就是砍头和割气管,
> 除非它的事业有正义来批准。
> 假如你确曾演过仁慈角色,
> 世人而非世人的主子将会评定;
> 我倒很想知道谁能从滑铁卢
> 得到好处,除了你和你的恩主?
>
> 我不会恭维,你已饱尝了阿谀,
> 据说你很爱听——这倒并不稀奇。
> 一个毕生从事开炮和冲锋的人,
> 也许终于对轰隆之声有些厌腻;
> 既然你爱甜言蜜语多于讽刺,
> 人们也就奉上一些颠倒的赞誉:
> "各族的救星"呀——其实远未得救,
> "欧洲的解放者"呀——使她更不自由。①

拜伦是一个意识形态"他者",不但敢于批判在整个欧洲都炙手可热的威灵顿,而且把批判矛头直指资本主义的真正主人——财阀。这样,拜伦实际上就把矛头指向了整个资本主义制度:

---

① (英)乔治·戈登·拜伦《唐璜》,前引书,第614页。

> 是谁掌握世界的枢纽？谁左右
> 议会，不管它倾向自由或保皇？
> 是谁把西班牙赤背的爱国者
> 逼得作乱？使旧欧洲的杂志报章
> 一致怪叫起来？是谁使新旧世界
> 或喜或悲的？谁使政客打着油腔？
> 是拿破仑的英灵吗？不，这该问
> 犹太人罗斯察尔德，基督徒巴林！
>
> 这些人和那真正慷慨的拉菲特
> 才是欧洲真正的主人。每笔贷款
> 不仅是一宗投机生意，而且足能
> 安邦定国，或者把王位踢翻。
> 连共和国都难逃：哥伦比亚股票
> 已有些卖给交易所的大老板。
> 连你银质的泥土呵，秘鲁！
> 都难免犹太人的折扣之苦。①

诗人的矛头指向资本主义的根本所在——资本本身。"犹太人罗斯察尔德，基督徒巴林"都是当时在欧洲势力很大的银行世家。诗人认为，搅乱欧洲政局的，不是曾经挥军横扫整个欧洲的拿破仑，而是这些财阀。他们不仅可以左右经济，而且可以左右各国的政客，让他们油腔滑调，言不由衷。这些财阀不仅在欧洲翻云覆雨，而且在世界其他地方也四处插手，作威作福。在哥伦比亚和秘鲁等拉美国家独立过程中，英国支持它们反对西班牙的独立斗争，但是却旨在对

---

① （英）乔治·戈登·拜伦《唐璜》，前引书，第748—749页。

这些新独立的国家进行经济上的控制,从中获取好处。

拜伦在《唐璜》中不止一次提到犹太人,而且基本上抱着敌视态度,可见西方对犹太人的民族偏见也影响了拜伦。莎士比亚的夏洛克是一个虚构人物,而拜伦诗中的"犹太人罗斯察尔德"则确有其人,那是一个经营跨国银行业的犹太家族当时在英国分支机构的大老板。拜伦把"犹太人罗斯察尔德,基督徒巴林"并列,表面上看没有民族偏见,但最后却单挑出"难免犹太人的折扣之苦",就可以看出拜伦并非没有民族偏见。在长诗的开头,诗人交代唐璜的出身的时候,就说过,"论家系代代是最正统的哥特/从未被摩尔或犹太血统所玷污"①。在第二章中,拜伦写道:"在债主之中就数犹太人缺德/他们借钱的方式真叫人不舒服"②。当然,犹太人在金融业上的成功,也是原因之一。拜伦对待其他民族或宗教信仰可以进行换位思考,但对犹太人是一个例外。

拜伦的意识形态叛逆心理,使他对当时欧洲的所有政要都不客气,主流意识形态越是褒扬的人,他就越是要贬抑:

> 关起那秃顶的暴徒亚历山大!
> 把那"神圣的三位"当黑奴卖掉!
> 要教给他们"己所不欲,勿施于人",
> 问问他们当奴隶是什么味道?
> 把每个高贵的玩火英雄关起来,
> 他们吞火不收费(因为给钱太少);
> 关起——不,不关国王,要关御花园,
> 不然又要浪费我们几百万元!③

---

① (英)乔治·戈登·拜伦《唐璜》,前引书,第15页。
② (英)乔治·戈登·拜伦《唐璜》,前引书,第155页。
③ (英)乔治·戈登·拜伦《唐璜》,前引书,第888页。

这里所说的"神圣的三位"指的是"神圣同盟"中的俄罗斯沙皇亚历山大一世、奥地利皇帝弗朗茨一世和普鲁士国王腓特烈·威廉三世等三人。欧洲各国在战胜拿破仑后,针对由于法国革命引起的波及整个欧洲的革命运动,在亚历山大一世的倡导下,上述三国建立了同盟,"根据基督教教义结成真正的、牢不可破的友谊关系。"①由于这个同盟要以宗教教条来反对人们争取自由的斗争,所以特别引起拜伦的反感,因为他觉得,"神圣同盟"的实质就是奴役人民,使人民变成他们的奴隶,所以拜伦建议把这几个"神圣同盟"的头目当黑奴卖掉。另一方面,拜伦似乎没有对黑奴买卖表示异议,大约觉得这是天经地义的事。虽然痛恨"神圣同盟"奴役欧洲各国人民,不愿见到欧洲人成为奴隶,却没有考虑过把黑人贩卖做奴隶是否不当。

由于不满欧洲政客的倒行逆施,拜伦实际上对欧洲的启蒙理性从根本上持怀疑态度,竟然提议把所有的正常人都关起来,让疯人来治理社会。他的这种对理性的质疑和对理性的"他者"——疯人——的换位思考,比福柯早了200多年:

> 关起全世界吧,但把疯人放出来,
> 其结果呢,你也许会吃惊地看到
> 世道照常运行,和如今自称为
> 头脑健全的人治理得不差分毫。
> 只要人类有丝毫理性,我就可以
> 证明这话绝不是胡诌;但在得到
> 那样的杠杆以前,唉! 我只好也
> 像阿基米德,掀不动这个世界。②

---

① 王绳祖主编《国际关系史》(上册),武汉:武汉大学出版社,1983年,第41页。
② (英)乔治·戈登·拜伦《唐璜》,前引书,第888—889页。

拜伦对"头脑健全的人"治理下的社会秩序的质疑,认为其治理结果与疯癫人可能的治理结果一样,显示了他对当时的社会制度极度不满,同时又无可奈何,觉得凭自己的能力很难动摇现存的世界秩序。他觉得,应该拥有一个足够长的"杠杆",才有可能改变现存的社会制度。拜伦是西方文化熏陶出来的一分子,他可以不满西方的社会经济制度,甚至恨不得把这种制度推翻。但是,他又觉得力不从心。他不像马克思等人,因为他所依靠的是个人的力量,而不是依靠某个阶级或阶层的力量达到自己的目标。

二

拜伦他者建构的特点是崇尚勇敢顽强、崇尚果断行动而看不起那些自甘受奴役而不敢起来反抗的人。穆斯林虽然是宗教他者,但拜伦对他们悍不畏死的精神表现出相当的敬意。此外,由于拜伦对欧洲的社会秩序感到失望,在把眼睛转向他者的时候,比较容易看到他者身上的优点,并用以与欧洲社会的缺陷作对比。

拜伦的长诗《唐璜》中的主人公是一个典型的"拜伦式英雄",其传奇性经历,使他有机会遇到许多"他者"。拜伦以唐璜的经历为线索,塑造了一个又一个"他者"形象。唐璜是一个年轻、漂亮而又有些任性的贵族子弟,才16岁就开始交上桃花运,惹了一身麻烦。引诱他的朱丽亚23岁,却嫁给一个50多岁的贵族。朱丽亚本来是唐璜母亲的朋友,常常和拜伦一起玩耍,不知不觉,两人的关系就变了味。这种畸形的恋情被朱丽亚的丈夫揭穿后,唐璜的母亲只好让儿子离家出游,希望他能够在游历过程中得到道德上的救赎。唐璜出游的船出了事,其他人都死了,唐璜却漂到一个海岛上,被一个海盗的女儿海黛所救,两人产生了真挚的爱情。但他们的爱情因为海黛父亲的归来而被画上了句号。唐璜被作为奴隶卖掉,而海黛却绝食而死。被出卖的奴隶中,男的和男的,女的和女的,一对对拴在一起,最后男女各剩下一人,唐璜就被打扮成女人,和另一个女的拴在一起。在一个奴隶交易场上,唐璜被土耳其皇宫里的一个太监买走,把他打扮成宫女送入宫中,意欲让他成为苏丹第四位皇后的玩物。因为当天晚上苏丹来宠幸,因而不能把唐璜留在寝宫,让他和其他宫女睡了一个晚上。因为怕事情泄露,皇后下令把唐璜偷偷处死。令她想不到的是,执行人没把唐璜处死,却带着他悄悄跑了。逃出皇宫后的唐璜参加了俄罗斯军队攻打伊斯迈的战斗,在战斗中表现出色,还在刀下救了一个穆斯林小女孩。战斗结束后,唐璜被派到俄罗斯首都报捷,得到叶卡捷琳娜女皇的赏识,被派往英国谈判一个秘密协定。长诗没有写完,到此打住,因为诗人忙于参与希腊争取独立的斗争,并最终为此献出了生命。

拜伦在长诗对英国进行了辛辣的讽刺。当唐璜奉俄罗斯的叶卡捷琳娜女皇之命,来到英国进行秘密外交活动的时候,刚踏上英国国土的唐璜,曾经对英国有过非常美好的幻想。可是,正当他沉浸在幻想之中,却被打劫的歹徒惊醒了:

> 我说到唐璜走下马车,从车后
> 沉思地走上山头,一路在思索
> 这个伟大国家的妙不可言,
> "呵,这才是自由神选中的住所!"
> 他赞叹道:"在这儿,人民的声音
> 是多么强大,无论是牢狱、枷锁、
> 或宗教审判都封不住他们的呼声,
> 每次会议或选举都等于新生。"
>
> "这儿有贞洁的妻子,纯洁的生活,
> 这儿人们同意付款时才付款;
> 如果说物价高昂,人们挥金如土,
> 那正表明他们的薪俸很可观。

>这儿法律是神圣不可侵犯的,
>这儿没有路劫,旅客都很安全,
>这儿——"一把刀打断了他的沉思:
>"瞎了眼的!拿钱来,不然就是死!"①

拜伦不愧为一个叙事能手,引文中最后两行的戏剧性变化,把前面唐璜对英国的美好憧憬一笔勾销。在唐璜的幻想中,非常赞赏资本主义制度所标榜的"自由"、"民主"等理念,认为人们可以在国家事务中当家作主,人民的声音都可以自由表达,议会的选举可以使国家机关不断地得到新生。唐璜还对英国的生活充满幻想,认为英国人的生活是一种有道德的幸福生活,贞洁的妻子,富有的居民,以及安定的法治社会秩序,这一切都是人们梦寐以求的。可惜,幻想毕竟只是幻想,残酷的现实是对英国的无情嘲弄。

无独有偶,在拜伦的成名作《恰尔德·哈洛尔德游记》中也有一个戏剧性的细节。在哈洛尔德游历过程中,因为碰到逆风,把船吹到阿尔巴尼亚境内的苏尔海岸,并在岸边触了礁,船上的人对苏尔人的印象和现实的对比,正好与唐璜在英国的经历相反:

>事情的发生是因为船儿遇着逆风,
>突然间触中了苏尔岸边的暗礁,
>那时救助无人,时间又刚在夜中,
>登陆固然危险,逗留却更加糟糕;
>船员们踌躇不决了好半天,
>担心那地方有歹徒,不太可靠,
>但最后还是决定上陆,只好冒险,
>因为土著既恨土耳其人,也恨西欧佬,

---

① (英)乔治·戈登·拜伦《唐璜》,前引书,第703页。

上去也许会尝到他们祖传的屠刀。

真是杞忧！苏里人热心招待,
领他们越过山冈,绕过危险的泥沼地,
他们没有卑微的奴才相,却更加和蔼,
生旺了炉火,为客人绞干潮湿的外衣,
斟酒劝饮,燃亮那慰人的灯光,
虽是家常便饭,却也尽他们所藏;
这样的行为确是难得的古道热肠,
让劳苦者得到休息,落难的受到安慰,
他们使好人感动,至少使坏蛋看了惭愧。①

哈洛尔德等人的遭遇和唐璜的遭遇刚好相反。唐璜的幻想是对英国先入为主的美好幻觉,觉得当时世界上最发达的资本主义国家应该是自由、民主的楷模,是人民安居乐业、过着幸福生活的榜样。不幸的是,冷酷的现实给了这个向往英国的西班牙年轻贵族当头一棒。哈洛尔德等人却相反,本以为来到了野蛮人居住的地方,不知道会有什么样的不幸等着他们。使他们喜出望外的是,苏尔人却热情地招待了他们,还给他们提供力所能及的帮助。

这里的对比是强烈的。苏里人被哈洛尔德等西欧人认为是"野蛮人",认为他们既恨土耳其人,又恨西欧人,胆战心惊地担心会被他们杀死。从苏里人所唱的歌谣的歌词看,他们的确够得上"野蛮"的称号。"我们尽情掠夺,放火来把房屋焚烧/杀死那有钱人,而把美人儿都放掉。"②虽然如此,从他们的歌谣中还可以看出,苏里人属

---

① (英)乔治·戈登·拜伦《恰尔德·哈洛尔德游记》,杨熙龄译,上海:新文艺出版社,1956年,第89页。
② (英)乔治·戈登·拜伦《恰尔德·哈洛尔德游记》,前引书,第93页。

于伊斯兰教,所以才会崇拜穆罕默德。此外,他们还讴歌一个叫阿里的土耳其首领,可见他们并不见得真的恨土耳其人。从他们对哈洛尔德等人的热情招待来看,认为他们"恨西欧佬"的说法,也是没有多少根据的。本来以为可能趁火打劫的苏里人,却出乎意料热情地帮助遇到困难的外乡人,"让劳苦者得到休息,落难的受到安慰"。而刚来到最发达的资本主义国家的唐璜却遇到了抢劫的歹徒,拜伦的褒贬就一目了然了。哈洛尔德觉得,船只触礁这样的不幸,很能体现出一个民族的价值取向:"坏人会趁火打劫,在那种灾难的时辰/但他们却竭力款待,多么诚恳/换了更'文明'的人,决不会这么殷勤/如果是他的同胞倒可能袖手旁观/世态炎凉,有几个人的良心经得起考验!"①

虽然给"文明"一词加了引号,显然拜伦并不想否认西欧人比苏里人,或者比阿尔巴尼亚人更文明这一在当时作为共识的事实。拜伦质疑的是这种"文明"本身的价值,尤其在人道主义上的价值。拜伦把"文明"与"良心"对立起来,"文明人"的良心经不起考验,对同胞的困难都袖手旁观,对外乡人的态度就更加可想而知了。可见,"文明"是以牺牲人类的良知为代价的。同样的观点在康拉德小说中也时有反映。

这是一个悖论。随着人们拥有的财产的增加,对财富的追求欲往往也会增强,而且,随着社会化生产的发展,人们可以越来越多地从社会取得生活所必需的物质资料,彼此之间的直接依赖程度下降,这势必削弱人们的道德水平,减少人们对于他人的关注,对同胞的灾难袖手旁观就不可避免了。反而是那些不那么"文明"的人,由于他们在生活中对于其他人的依赖较多,因而对他人的关注也比较殷切,对他人的难处也更愿意伸出援助之手。两相比较,就可以看出文明的代价了。如果人的物质生产水平提高,不能促进人们彼此间的友

---

① (英)拜伦《恰尔德·哈洛尔德游记》,前引书,第88页。

善关系,而是使人的关系恶化,这样的"文明"的价值是很值得怀疑的。

这是一个非常现实的问题。"文明"是不是一定会和"良心"相对立?是不会也有这样的可能性,即随着人们物质与精神生活水平的提高,大家可以拥有更多的手段来彼此关心、互相帮助?在中国目前来说,就是"物质文明"和"精神文明"是否能够同步发展?或者说,其中一个方面的发展是否必然会妨碍另外一方?比如说,中国舆论崇尚"见义勇为",但当代西方并不特别推崇"见义勇为",而更愿意"各司其职"。就"抓小偷"这样的事而言,警察因为职责所在,义不容辞;但对于其他人来说,就没有一定要行为的义务。这究竟是社会进步还是人性的退化?

浪漫的爱情是拜伦和其他浪漫主义者他者建构的一个重要贡献。在《唐璜》中,主人公所到之处,几乎都有浪漫的爱情等着他。他是因为情孽被迫离家出游的,而与他产生恋情的朱利亚本身就有"他者"的因素,因为她身上有摩尔人血统。由于年代久远,摩尔人血统在朱利亚身上,只留下了一对黑眼珠作为标志。拜伦不执著于血统的纯洁性,甚至认为血缘上的距离对后代的品质有好处,反而是近亲结婚,在拜伦看来只有坏处:"本来在这类事情上,等级最严/一般的嫁娶总是在近亲以内/娶着堂妹——不,甚至姑姑,侄女/虽然也繁殖,对品种总归不利。"①在欧洲,人们的伦理观念与中国不同。在中国,娶自己的堂妹、姑姑或侄女都是不可想象的,而在当时欧洲的贵族中,这反而是血统纯洁的象征。拜伦对于血统与品种关系的看法,更符合现代的科学发现。

当然,拜伦是以一种戏谑的手法来描写朱利亚的血统"他者性"的。在他的笔下,一方面,由于血统的杂交,使西班牙最丑的一族长出了焕然一新的后代,男的不再矮小,女的不再丑陋。更生下了像朱

---

① (英)乔治·戈登·拜伦《唐璜》,前引书,第39页。

利亚这样魅力四射的女人。可是,拜伦最后又加上了一句:"据说,朱利亚祖母所生的子女/出于私情者多于合乎法律。"①这等于在说,朱利亚与唐璜私通,是有其家族渊源的。就是说,拜伦似乎试图把朱利亚的私情,归结到她的"他者"血统上去。这是拜伦欧洲中心主义文化意识的不自觉流露。

唐璜遇到的第一个完全意义上的"他者"是海黛。唐璜出行的船在海上遇到风暴,被大浪打坏并沉没,船上的人分乘小船逃生。在逃生过程中,食品吃完后,甚至出现了吃人的闹剧。这些文明人吃起人来也很"文明",通过抓阄来决定谁将被杀死吃掉。结果唐璜的老师不幸抽中死亡之签,被放血而死,分而食之。鲁滨逊的星期五所在地的土著人也曾经吃过人肉,康拉德笔下也有食人生番,但他们毕竟是被欧洲人认为野蛮的民族。拜伦让这些"文明"的欧洲人,以"文明"的方式吃掉自己的同类,其讽刺之辛辣可见一斑。唐璜不忍心吃自己的老师,拒绝分享。吃了人肉的人大部分都口吐白沫,相继死去,剩下小部分。最后小船在一个海岛岸边触礁时也全部报销了,只剩下唐璜独自游到岸边并被海浪冲到海滩上,昏了过去。在海滩上救了唐璜的,就是海黛。

海黛的父亲是希腊人,早年当过渔民,后来却干起了海上抢劫、谋财害命、贩卖军火等犯罪勾当,而且异常成功,积攒了好几百万的不义之财。在海岛上建了一所豪华住宅,"雕饰都极野蛮,倒也金碧辉煌。"②这个海盗头子只有一个独生女儿,自己罪恶累累,海黛却非常善良。

无论从什么角度看,海黛对唐璜都是一个"他者",从语言、民族到信仰。希腊的语言与欧洲主要国家的语言,如英语、法语、德语、西班牙语等,都相去甚远。英国人说到自己茫然无知的东西时,有时就

---

① (英)乔治·戈登·拜伦《唐璜》,前引书,第40页。
② (英)乔治·戈登·拜伦《唐璜》,前引书,第186页。

会说,"It's all Greek to me.(我对此就像对希腊语一样一无所知。)"可见希腊语和英语之间的差别之大。英语、法语、德语、西班牙语等欧洲主要国家的语言同属于拉丁语系,彼此之间虽有差异,却远远比不上与希腊语之间的差异。唐璜被海黛救起来后,首先遇到的也是语言的隔阂。海黛觉得对唐璜有说不完的话,可惜的是,唐璜连一个字都没听懂。唐璜显然是一个好听众,虽然听不懂,也带着非常感兴趣的神情聆听,使海黛感觉到没有白说。好在他们的爱情并不一定需要语言才能沟通,有时候一颦一笑,就胜过千言万语:"因为眼睛说了,语言显得多余。"①

海黛也是民族意义上的"他者"。虽然希腊曾经有过辉煌的古代文明,而古希腊文明是欧洲文化两大源头之一。但是,在拜伦时代的希腊,已经和古代希腊截然不同。当时的希腊是在土耳其的统治之下。土耳其在当时占统治地位的宗教是伊斯兰教,从莎士比亚时代开始就被看作宗教信仰上的"他者",奥瑟罗奉命到塞浦路斯岛,就是为了防备土耳其人的入侵。既然希腊当时在土耳其的统治下,以基督教和伊斯兰教历史上的积怨以及这两种宗教的排他性,显然不会允许希腊人信别的宗教。当然,海黛的父亲是否信教也难说,因为他是一个无恶不作的海盗头子,除了杀人抢劫外,很难想象他能够虔诚地信仰某种宗教。因此,他更可能是一个野蛮人,从他住宅装修的风格看,也表现出野蛮人的风格。令人可怕的是,他是一个掌握了当时先进战争手段的野蛮人。父亲如此,海黛当然不可能是一个基督徒了。尽管诗人没有明确说明海黛的宗教信仰,但她的婢女、他父亲的老奴等人诅咒发誓时所操的语言(阿美尼亚、希腊、土耳其语等),在当时却没有以基督教为占统治地位的宗教,这也从一个侧面证明海黛不可能是基督徒。

海黛的父亲是一个海盗头子,是社会秩序所不能容忍的"他

---

① (英)乔治·戈登·拜伦《唐璜》,前引书,第197页。

者"。他杀人越货、贩卖军火,从文明的社会秩序看,哪一条都是死罪。因为在海上作案,他所扰乱的不仅是某一个国家的秩序,而是扰乱了国际秩序。当然,海黛没有参与她父亲的罪恶勾当,但不管怎么说,她都是一个海盗的女儿,如果有因果报应,这报应也可能落到她的身上。

海黛这个他者起码在长相上没有遭到报应,属于那种年轻男子梦寐以求的追求对象:

> 他的这个独生女儿名叫海黛,
> 是东方岛上最富的继承人,
> 而且她又很美,她的一颦一笑
> 比起她的嫁妆来更令人倾心,
> 她的芳龄不及二十,却出落得
> 像一株秀丽的树,婀娜动人;
> 这期间她拒绝了几个求爱者,
> 倒学会了如何对意中人允诺。①

海黛拥有作为一个女人所梦寐以求的一切:巨额的财富,美丽的容貌,如花的芳龄。有了这些本钱,几乎可以让任何男人拜倒在石榴裙下。还有很重要的一点,她不轻易被追求者打动,就是说,她对爱情是专一的。在海滩上救下奄奄一息的唐璜后,马上就爱上了这个外乡人。她也知道,如果自己那唯利是图的父亲发现唐璜的存在,是不可能放过这个外来的年轻人。但她不能自已,不可救药地爱上了唐璜。结果,当她的父亲从海上回来,把唐璜堵在了女儿的房间后,马上把这个胆大包天的外来他者抓起来卖到奴隶市场去,给这对年轻人纯洁的爱情画上了句号。倔强的海黛从此拒绝进食,最后香

---

① (英)乔治·戈登·拜伦《唐璜》,前引书,第186页。

销玉殒。

如果说海黛是情的化身,土耳其苏丹皇后就是"欲"的代表。

唐璜被海黛的父亲卖给了奴隶贩子,拿到奴隶市场去出售。被一个"又老又黑、非男非女"①的太监买走,鬼鬼祟祟地从旁门弄进了土耳其苏丹的皇宫。原来,太监是苏丹皇后的心腹,苏丹娘娘在奴隶市场闲逛的时候碰到并看中了唐璜,就命令老太监把唐璜买回去。于是,唐璜被打扮成宫女的模样送到了皇后娘娘的面前。苏丹娘娘一贯颐指气使,予取予求。她对自己的魅力非常自信,认为每个男人都应拜倒在她的石榴裙下。所以,她对唐璜说的第一句话是:"基督教徒,你能爱吗?"②

这一句苏丹娘娘自认为很客气、很得体的问话,实际上是赤裸裸的肉欲表现。这里的"爱"不是普通意义的爱,甚至不是爱情的爱,而是"做爱"的"爱"。这位苏丹娘娘虽然长得魅力四射,但由于苏丹皇宫里的宫女有1000多人,她的欲望得不到满足,把唐璜买来,就是为了发泄肉欲的。唐璜当然也领会了她的"爱"的含义,冷冷地回答,"囚笼的鹰不肯配对,我更不能/侍候一个女苏丹的色情的梦。"③

爱情本来应该是浪漫的,但被别人囚禁起来,强迫作为发泄肉欲的工具,就没有什么浪漫可言了。可以看出,唐璜的不满,不是针对女苏丹的容貌,而是针对对方这种求爱方式。如果在身为别人阶下囚的情况下答应了对方的要求,就是出卖了自己的灵魂去作别人泄欲的工具。唐璜也是贵族出身,一身傲骨更不是一般人能够比拟的。所以,尽管苏丹娘娘百般挑逗,也未能使他就范。可见,诗人崇尚浪漫的爱情,是诸如唐璜和海黛之间的纯洁爱情,而不认可只有肉欲、

---

① (英)乔治·戈登·拜伦《唐璜》,前引书,第265页。
② (英)乔治·戈登·拜伦《唐璜》,前引书,第410页。
③ (英)乔治·戈登·拜伦《唐璜》,前引书,第415页。

没有真情的所谓"爱情"。

其实,唐璜对土耳其苏丹娘娘的回答,是唐璜傲骨的表现,更是拜伦基督教徒骄傲的表现。拜伦本身对基督教也许有诸多不满,但他毕竟是在基督教文化的熏陶下长大的,不可能脱出这张文化的网,在下意识中并不甘心让一个基督徒以阶下囚的身份,成为一个"他者"女人的玩物。更何况,唐璜是在被迫改扮成宫女的情况下被带到苏丹娘娘跟前的。这种改装表面上只是服饰的改变,实际上是一种主体——客体身份的转换。从后现代角度看,性别身份的被置换,是一种阉割行为;文化身份的主客体颠倒,是文化阉割行为,因此,长期觉得欧洲,尤其是西欧,是世界中心的西方文化,在下意识中不允许这样的主客体置换。西方文化在传统上是一种男性文化,在两性关系上总是以男性为主体、以女性为客体的。而唐璜所遇到的情况是,不仅在基督教/穆斯林的关系上被颠倒了主客体关系,而且在男女关系上被颠倒了主客体身份,本来起主导作用的男性,却变成了被玩弄的对象,而且这种玩弄是在绝对不平等的条件下进行的。所以,无论从什么角度看,拜伦都不可能让唐璜屈服于女苏丹的压力而变成她的面首。这是拜伦基督教文化中心意识的不自觉流露。

苏丹娘娘是"欲"的化身,她购买唐璜的唯一目的是满足自己的肉体需要。这种有"欲"无"情"的关系,是不可能持久的。一旦条件改变,就是这种关系的终结。所以,当她得报当晚苏丹要来她的宫室宠幸于她的时候,就让唐璜和其他宫女住在一起。因为出乎意料,管理宫女的头目没有为唐璜准备好住处,只好让他和另一个宫女睡在同一铺床上。到了半夜,也许那个宫女发现了什么不对劲的地方,突然惊叫了起来。虽然那个宫女马上掩饰说是做了噩梦,还是把同一室内的十多个宫女都惊醒了。第二天,苏丹娘娘得知这一情况后,马上翻脸无情,下令把唐璜秘密处死。购买唐璜的太监想要为唐璜说情,这位在苏丹1500多位妻妾中排列第四、而且最得宠爱的娘娘却破口大骂:"你懂得什么爱情感情的,蠢材!"①由于对苏丹娘娘反复无常的反感,这个太监没有执行命令,而是和另一个被派去执行命令的宫女带着两个同时买回来的奴隶——唐璜和约翰逊——一起逃出了苏丹皇宫,来到了战火纷飞的伊斯迈。

由于在伊斯迈攻坚战中的出色表现,他被司令官派去向叶卡捷琳娜女皇陛下报捷。在宫殿上,女皇陛下对这个年轻英俊的军官一见钟情,"女皇往座下瞧,小伙子往上看/于是他们爱上了;她爱他的优美/他的脸蛋,和他的——天知道什么!"②唐璜和女皇之间的浪漫故事,与他和土耳其苏丹娘娘之间的关系又有不同。和苏丹娘娘的关系是一种屈辱的关系,所以他一口回绝了对方的求爱,或者说强迫的爱欲。而俄罗斯女皇对他的宠信,是一国之君给予臣子的特殊恩典,是一般人求之不得的。他们虽然也是不平等的关系,但不是以一方失去自由为代价获得的回报。此外,女皇宠信臣子虽然有点让人难为情,毕竟比苏丹娘娘的偷情要光明正大多了。还有一点,女皇对于自己的宠臣非常慷慨,而苏丹娘娘则是一个翻手为云、覆手为雨的反复无常的恶毒女人,唐璜决不是她下令秘密处死的第一个人。

拜伦的他者建构充分发挥了浪漫主义的崇尚情感的特点,让主人公在"他者"环境中享受温馨的爱情,经历作为阶下囚的浪漫。其取向基本上是以基督教西方文化为中心,建构起让西方人心动的美好他者形象,给后来西方人到"他者"世界去追寻浪漫、追寻财富提供了强大的动力。

总而言之,英国文学的他者建构源远流长。莎士比亚建构的外来他者,把西方文化作为具有强大吸引力和非凡威力的文化力量,而且把这种文化优越性作为不言自明的真理,奠定了后来他者文化探索的基调,康拉德等人的他者文化探索就是按照这一基调起舞的。

---

① (英)乔治·戈登·拜伦《唐璜》,前引书,第494页。
② (英)乔治·戈登·拜伦《唐璜》,前引书,第645页。

笛福的地理和种族他者则是一首西方殖民主义的赞歌,为西方的殖民探索和统治提供了合法依据,其中西方人和土著人的文化落差,也为康拉德时代的他者建构树立了参照系,康拉德的种族他者在文化上的落后程度,尤其非洲民族文化与欧洲人的差距,也和笛福的建构如出一辙。拜伦继承了游记中他者建构的手法,让主人公走出去感受他者,其垄断话语权的手法和以他者建构批评西方文化的批判态度,都在康拉德手中得到不同程度的发扬光大。

第四节 帝国罗曼司与康拉德他者建构

一

帝国罗曼司是英国维多利亚时代和爱德华七世时代广为流行的一种传奇故事,描写西方白人在非西方地区的冒险和英雄主义经历和业绩。这种故事有一定的模式,满足自己不能到海外去冒险和淘金的成年读者的需求,也满足未成年读者的需求。而那些未成年读者中有许多人会由于帝国罗曼司的鼓舞,长大后自己有可能亲身到海外去谋取财富和荣誉。致力于帝国罗曼司写作的主要有巴伦廷(R. M. Ballantyne)、马利亚特船长(Captain Marryat)、亨茨(G. A. Henty)、金斯顿(W. H. G. Kingston)以及哈加德(H. Rider Haggard)等人。有时候还把吉卜林和斯蒂文森(Robert Louis Stevenson)小说也归到帝国罗曼司之列。

帝国罗曼司的建构模式是一种固定的脸谱化建构模式,小说中通常都有英雄人物建构、土著好人,即经常称为"高贵野人(noble savage)"、土著坏人等模式化人物的建构,土著坏人又以男女不同而分为"返租野人(atavistic native)"和"巫婆"及"致命女人"等类型。

帝国罗曼司中的英雄毫无例外地都是欧洲白种男人、基督徒,大多身材高大、勇力过人,智慧超群。否则,就必然有过人之处,比如枪法如神等。

在精神方面,帝国罗曼司的英雄以欧洲中世纪的骑士精神武装自己,以优越于非西方人的智慧和体能在西方以外的地区从事帝国事业,寻找宝藏、拯救当地的芸芸众生、拯救美人、创立属于自己的世外桃源式的乐土,或者获得大批宝藏以后满载而归。作为英国绅士的榜样,帝国罗曼司提倡以中世纪骑士为楷模。吉鲁亚德(Mark Girouard)总结了骑士精神:

> 根据狄格比的论述,骑士突出的美德包括:相信并信赖上帝、豪爽、具有高度的荣誉感、自立、值得信赖、对朋友和上司忠贞不贰、不尚奢华、彬彬有礼、谦虚、友善、尊重妇女……高度荣誉感包括:决不食言、不撒谎、不当间谍、不屈膝求生等。自立还包括不趋炎附势,值得信赖,包括胸襟宽广。绅士不掩饰自己的感情,总是提前警告对手以示公平。对朋友的忠诚就要完全信任朋友。①

哈加德认为,一个真正的绅士应该向英国海军军官看齐,"我曾经在一两页前问过,绅士是什么?现在我可以回答这个问题了:皇家海军军官就是标准的绅士。总体而言,我不排除其中也会偶尔有个别害群之马的可能,但我认为,宽阔的大海铸就了他们的性格,来自上帝的海风把他们洗心革面,把他们心中的痛苦吹走,使他们变为男人的楷模。"②比较而言,中世纪绅士的标准比较具体,哈加德的标准则比较笼统,没有说明英国皇家海军军官的美德有些什么具体内容,但一般认为真诚、勇敢和团队精神对于海军来说是非常重要的。军

---

① 转引自 Linda Dryden. *Joseph Conrad and the Imperial Romance*. Hampshire and New York: Palgrave Press, 2000, p. 18.
② H. Rider Haggard. *King Solomon's Mines*. Hertfordshire: Wordsworth Classics Press, 1998, p.12.

人就应该勇敢无畏、有团队协作精神,而对于海军尤其重要,因为军舰上的官兵都在同一条船上,团队协作精神关系每一个人的生死。同样,真诚对于不仅要与敌人搏斗,还必须与大海风浪搏斗的海军官兵来说,也显得比其他人更重要,因为如果没有真诚相见,就很难团结一致,共同面对随时都可能出现的危险。所以,中世纪骑士精神和现代皇家海军军人的精神在实质上是一致的。

帝国罗曼司作家就是根据上述绅士精神来塑造冒险英雄的。这些英雄总是身强力壮,勇武过人。在与非西方人敌对的时候,总能够凭着过人的体力和非凡的勇气战胜对手。帝国罗曼司对故事主人公体能的要求,直接影响到英国学校教育体制,许多学校都非常强调体能的训练和团队精神,因而非常重视体育课。"板球场代表了战场,被认为是训练帝国年轻骑士的理想场所。"① 实际上,有的学校的体能训练远远超出了作为一般正常的教育机构职能范围。比如,吉卜林少年时代就读的南海公学就是一个训练未来帝国公仆的地方,在那里,"每一个学生都是被折磨、被侮辱的对象"②。在校学生面临一种两难选择,或者给高年级的学生当仆从,以自由交换某种程度的安全;或者硬着头皮坚持尊严。如果他选择尊严和自由,等着他的是没完没了的折磨。"这种教育模式鼓励学生学会应变和服从,而不是遵守纪律条件下的自立与合作。"③

英雄就要有英雄的事业,在帝国罗曼司故事中就是帝国事业,包括寻宝主题、拯救主题两大方面。寻宝主题是一个古老的主题,在帝国罗曼司中带有其独特的特点:寻宝的地点往往在他者的土地上;拯救除了传统意义上的英雄救美外,还有拯救土著人的主题,主要从暴君统治下把土著居民拯救出来,这样,主要的坏蛋就很可能是当地的

---

① Linda Dryden. *Joseph Conrad and the Imperial Romance*. Ibid., p. 27.
② John A. McClure. *Kipling & Conrad: The Colonial Fiction*, Ibid., p. 15.
③ John A. McClure. *Kipling & Conrad: The Colonial Fiction*. Ibid., pp. 15-16.

暴君或者其他有势力的人物。

为了完成英雄的使命,帝国罗曼司的主人公在和他者相遇的时候,常常会把自己神化,最好让土著匍匐在自己脚下。比如,在《所罗门王的宝藏》中,科多明一行穿过沙漠到达库坎纳斯,第一次遇到当地人的时候,就声称他们来自天上的星星,刻意在土著人心目中把自己塑造为神的形象。由于突然与土著人遭遇,其中一个白人(古德船长)个人卫生只搞了一半:刮掉了一边的络腮胡子,另一边还留在脸上,下身只穿着短裤,没穿长裤,裸着白生生的两条腿。凑巧的是,古德船长嘴里是一副假牙。于是,这个只有半边脸上长着毛的家伙,一会把假牙从嘴巴取出,露出红红的牙床,一会又装回牙齿,像变戏法一样,把土著人吓得目瞪口呆。最后,科多明指着远处的一只公羚羊,对那些土著人说:

"看到那只公羚羊了吗?"我指着远处一只公羚羊说,"告诉我,有没有肉眼凡胎的人能够站在这里,只凭一声响声就可以杀死它?"

"不可能的,老爷。"那老家伙答道。

我不动声色地说,"我就能做到。"

老家伙笑着回答,"这不可能。"

我举枪瞄准。那公羚羊个头很小,如果打不中,也是可以原谅的。但我却知道,这次却万万不能打偏了。

那羚羊一动不动地站在那里。我深深吸了一口气,慢慢地扣动扳机。

"砰!"公羚羊突然跃起,"啪!"的一声摔在岩石上,一命呜呼了。①

---

① H. Rider Haggard. *King Solomon's Mines*. Ibid., p. 83-84.

接着,科多明又对这些土著人说,如果谁不相信,也可以站在羚羊原来的位置,他照样可以从这么远的距离杀死他。吓得他们再也没有人敢不相信他们是神而不是人了。正是借助这种"神"的身份,才使他们得以在巫猎活动中保护和他们一起来的"高贵野人",化名厄姆博帕、真名叫伊格诺斯的土著王子。

帝国罗曼司英雄的两大帝国事业使命都可以从《所罗门王的宝藏》中体现出来。就拯救主题而言,他们成功地帮助伊格诺斯打败了残暴的塔拉,夺回了王位,同时废除了一年一度的巫猎活动,引入西方的司法制度,须经审判才能给人定罪。巫猎是塔拉与巫婆格古尔实施的一项制度,每年举行一次,由巫婆格古尔装神弄鬼,然后在参加活动的人群中寻找"叛逆",格古尔指处,上至高官贵族,下至平民百姓,都会被立即处死。每次巫猎被处死的无辜多达数百人。科多明、古德船长以及亨利爵士亲历的那次巫猎,被处死的达 300 多人。后来,经过一场血腥的搏斗,打败了塔拉。亨利爵士用斧头斩下了塔拉的脑袋,使伊格诺斯顺利登上了宝座。就寻宝主题而言,科多明等人成功地进入了所罗门宝藏,从中拿到了价值不菲的宝石。这些宝石被分为三份,古德只把其中一小部分拿出去兑现,金融界就"建议我们在一段时间内逐步出售,免得在市场引起轩然大波。"①

拯救主题和寻宝主题在康拉德小说中也有反映,不同的是,帝国罗曼司英雄们最终得遂所愿,而康拉德小说主人公们却经常以悲剧收场。吉姆对帕杜森居民的拯救成功一时,最终也随着吉姆的死去而烟消云散了。林嘉德船长的冒险活动不仅没有找到想象中的宝藏,甚至连自己都变成了身无分文的穷光蛋了。

此外,"帝国军官必须能够抵御'土著化'的诱惑"②,这是一种对白人种族的忠诚。在帝国罗曼司中,纯正的英国血统是英雄人物

---

① H. Rider Haggard. *King Solomon's Mines*. Ibid., p.223.
② Linda Dryden. *Joseph Conrad and the Imperial Romance*. Ibid., p.27.

必不可少的条件,这是他们种族优越论的必然结果。不仅如此,为了保持纯正的血统,他们还必须能够抵御土著美女的诱惑。在帝国罗曼司中,混血就是堕落,是"土著化"的标志。因此,虽然古德船长爱上了土著姑娘福拉塔,作者却不让他们有情人终成眷属,而是让福拉塔在与格古尔的搏斗中死去,以此来保持白人血统的纯正。

正如琳达·德莱顿所说,"总之,帝国罗曼司英雄是英格兰的理想帝国儿子:通过他们的冒险活动,证明其本身及其种族的优越性;其最终的胜利上演着19世纪英国的帝国主宰意志。"①

二

对于土著人的塑造,帝国罗曼司分为两种,一种叫做"高贵野蛮人(noble savage)",②是西方人拯救与教化的对象,或者是西方人的盟友和帮手,如《所罗门王的宝藏》中的伊格诺斯在科多明等人的旅途中是一个好帮手,在登上宝座后对他们寻找所罗门宝藏所能够提供的便利更是必不可少。他们的特点是愿意承认白种人比他们优越,并且乐于向他们看齐。康拉德《吉姆爷》中的华里斯、《卡莱恩:一段记忆》中的卡莱恩等,就是遵循这种模式塑造的。

另一种人叫做"返祖土著人(atavistic native),拒绝文明的指引",③是帝国罗曼司小说土著人中的坏蛋,是主人公成就帝国事业的阻力,是被征服和杀戮的对象。这种人大多身有残疾,相貌丑陋。比如,英发度形容塔拉时说:"塔拉,上千妻子的丈夫,库坎纳斯至高无上的首领,大道的主人,敌人闻风丧胆的克星,黑人艺术的爱好者,数十万武士的领袖。独眼的塔拉,浑身黝黑,令人望而生畏。"④这副尊容看起来当然非常孔武有力,是一个天生的武士,却是一个独眼

---

① Linda Dryden. *Joseph Conrad and the Imperial Romance*. Ibid., p.36.
② Linda Dryden. *Joseph Conrad and the Imperial Romance*. Ibid., p.37.
③ Linda Dryden. *Joseph Conrad and the Imperial Romance*. Ibid., p.37.
④ H. Rider Haggard. *King Solomon's Mines*. Ibid, p.85.

龙。可以想见,他之所以拥有那么多的妻子,大多是屈服于他的权势而不是出于爱情。他生性残忍,作为一个部族的君主,不体恤治下的臣民,反而视人命为草芥,对部族实行恐怖统治,尤其是他与格古尔狼狈为奸的巫猎活动,更是搞得军民人等人人自危。同时又欺软怕硬,一见面他就想杀死外来的科多明等人,但在亲眼看到科多明开枪打死一头牛后,慑于他们的能耐,不得不放过他们。在巫猎时,格古尔从人群中挑出了伊格诺斯,要以叛逆罪名处死,而在科多明等人出面后与之对抗后,只好草草收场。

无独有偶,康拉德小说《阿尔迈耶的愚蠢》中,被琳达·德莱顿称为"天堂里的毒蛇"①的巴巴拉契就像塔拉一样,也是一个独眼龙,似乎独眼、残缺不全成了土著坏蛋的标志,"火光照亮了他那黝黑、满脸麻点的宽大脸庞,大嘴唇上沾满了蒟酱,就像一道正淌着鲜血的又大又深的伤口。明亮的火光反射在他的独眼中,一瞬间显出凌厉的神色,随着一瞬即灭的火光一晃而逝。"②巴巴拉契在康拉德《阿尔迈耶的愚蠢》和《海隅逐客》中出现,是一个一生当海盗的坏蛋,到头来投靠了拉肯巴,帮助后者以阴谋诡计夺取了当地的控制权,同时也夺取了本来由阿尔迈耶等西方人控制的贸易垄断权。

巫婆型人物也是土著坏蛋形象。《所罗门的宝藏》中的格古尔是一个典型的例子。她首次出场就引起了白人的关注:

> 国王小心翼翼地接过步枪平放在脚边。此时,我注意到一个精瘦干枯、猴子一样的身影从暗影中手脚并用地爬了出来,爬到国王座位旁却站直了身体,把覆在脸上的毛皮取下,现出一张最非同寻常、最古怪的脸来。这显然是一张岁数很大的女人的

---

① Linda Dryden. *Joseph Conrad and the Imperial Romance*. Ibid., p. 90.
② Joseph Conrad. *An Outcast of the Islands*, Wiltshire, UK: Routledge/Thomas Press, 1995. p. 47.

脸,萎缩得和周岁婴儿的脸相差无几,由无数又深又黄的皱纹构成。在这无数皱纹中有一条深陷的裂缝算是嘴巴,裂缝下是突出的下巴。脸上似乎没有鼻子,要不是两只又大又黑的眼睛,闪着狡黠的光芒,在雪白的眉毛下像停尸房里的珍珠一样一闪一闪的,整张脸看上去就像一张干尸的脸。脑袋光秃秃的,泛着黄色,一伸一缩,活像一条眼镜蛇头。①

这个面貌丑陋的巫婆见到科多明等人后发出骇人听闻的预言:"血!血!血!血流成河!到处都是血!我已经看见了,我已经闻到了,我已经尝到了——咸咸的血!火红的血从地上流过,火红的血变成血雨从天而降!"②没有人知道这个怪物活了多少岁。她自己说,"我有多少岁了,知道吗?你们的爷爷认得我,你们爷爷的爷爷的爷爷的爷爷也认得我。我见过白人,知道他们想要什么。"③人们知道的是,她被赋予了生杀予夺的权力。她和塔拉臭味相投,对塔拉倒也算得上忠心耿耿。在塔拉作困兽之斗的时候,这位前国王身边已经没有一个士兵跟着,上千个老婆也没有一个人跟在他的身边,可格古尔却仍然跟着他。直到最后,她仍然仇视科多明等白人。她虽然被迫把这些白人带进了所罗门宝藏所在的山洞,却趁他们不注意的时候把重达30吨的石门放了下来,妄图把进洞的人一网打尽。在门边的土著女孩福拉塔勇敢地与格古尔搏斗,被巫婆杀死,但这个巫婆终于因为晚了一步未能逃脱,被沉重的石门压成了肉酱。

对土著坏蛋的丑化,是帝国罗曼司的他者建构策略之一。实际上,即使是土著好人,其形象也不能与白人相比。即使身高6英尺3吋的伊格诺斯,也只是"最棒的土著人"④而已,而且,对他的正面描

---

① H. Rider Haggard. *King Solomon's Mines.* Ibid, p. 104.
② H. Rider Haggard. *King Solomon's Mines.* Ibid, p. 105.
③ H. Rider Haggard. *King Solomon's Mines.* Ibid, p. 105.
④ Robert D. Hamner. (ed) *Joseph Conrad: Third World Perspectives.* Ibid., p. 38.

写是以白人作为参照标准的,说他的皮肤"只是有点黑",反过来说,就是发黑的皮肤显得丑陋,只有像白人一样的肤色才有美感。亨茨在《到南美大草原去》中更是直言不讳地说,南美的印第安人与北美人比较是一个劣等民族,"他们通常身材矮小而瘦削,头发又长又黑。他们都是扁平脸,颧骨突出,面带黄铜色,通常非常丑陋。"①这与马洛说非洲的黑人丑陋有相似的心态。不同的是,康拉德曾经亲身到过非洲,对非洲人印象式描写虽然有点离谱,却并非无源之水。而亨茨则被德莱顿指为闭门造车,说他"显然对南美印第安人知之甚微"②,原因是他把北美印第安人的穿戴张冠李戴安到南美印第安人的身上,"这反映出印第安人在他的心目中是多么的无足轻重。"③

把土著坏蛋说成坏事做绝,同样是一种建构策略。塔拉无疑是一个暴君,巫猎就是他草菅人命的证据。每年一度的巫猎都杀死几百人,无疑很残暴。但是,与科多明等白人支持下伊格诺斯的政变相比,几百人被杀就显得不那么重要了。这场战争,"有两万多人,即差不多有五分之一库刊纳军人死于非命。"④正应了格古尔的预言:"血!血!血!血流成河!"奇怪的是,对这样的大规模屠杀,这些白人,或者说小说的作者,却不觉得有什么不对。康拉德和哈加德在加之于土著坏蛋身上的话语也有所不同。哈加德的土著坏蛋并不为自己的行为辩护,而巴巴拉契却被康拉德赋予了话语权,对自己的行为进行有力的辩解,同时对欧洲来的白人进行控诉。林嘉德船长问他是否在生气的时候,巴巴拉契回答说,"我算什么,怎么敢对白人生气?没有力量和你们较量,生气又有什么用?你们白人把所有的一

---

① George Alfred Henty. *Out on the Pampas: or The Young Settlers*, London: Hodder & Stoughton, 1917. p. 213.
② Linda Dryden. *Joseph Conrad and the Imperial Romance*. Ibid., p. 206, Note 11.
③ Linda Dryden. *Joseph Conrad and the Imperial Romance*. Ibid., p. 206, Note 11.
④ H. Rider Haggard. *King Solomon's Mines*. Ibid., p. 170.

切都夺走了:土地、海洋,还有打击力量!这海岛上什么东西都没给我们留下,只留下了你们白人的公正,而你们白人的公正是不知道生气为何物的。"①通过巴巴拉契的话语,康拉德让非西方人有机会为自己申辩,为本民族被西方主宰的命运鸣不平。

西方人通过推翻他者土地上现有的统治者,不仅换上亲西方的人担任国家领导人,而且把西方的制度也引进去,甚至直接插手他们的当地事务。科多明等人要求伊格诺斯引入西方的司法制度,根本没考虑是否合适的问题。同样,林嘉德船长也把自己的意志强加给土著人,自己认为是为了土著人好,究竟自己的意志是否别人需要的,那不是他想考虑的问题。资本主义制度和意识形态的输出,使用武力或其他手段干涉别人的内政,直到今天仍然是西方人处理他者问题的惯用手段。

引诱英雄堕落的女性叫"致命女人(femme fatale)"②,是集美女与毒蛇于一身的性感女人,对英雄具有极大的诱惑力,可以使英雄失去雄心壮志,变成一个无能的懦夫,把他变得土著化。哈嘉德小说《她》中的阿耶莎就是一个致命女人的典型。在康拉德小说中,《海隅逐客》中的艾莎也属于这种类型。很明显,艾莎的建构是受了帝国罗曼司致命女人模式的影响,"甚至艾莎的名字都可以让人想起哈加德早些时候的作品。"③在客观上,艾莎的确起到了一个致命女人的作用,被巴巴拉契等人利用去引诱威廉斯,使后者背叛了有恩于自己的林嘉德船长,成了三潘统治者更替的帮凶。由于威廉斯的背叛,林嘉德船长丧失了在当地的贸易垄断权,因而他的代理人阿尔迈耶的地位被阿拉伯人阿卜杜拉所取代。虽然威廉斯在这场权力斗争中起的作用至关重要,事成以后却被拉肯巴等人一脚踢开,再也不予

---

① Joseph Conrad. *An Outcast of the Islands*, Wiltshire, UK: Routledge/Thomas Press, 1995. p. 229.
② Linda Dryden. *Joseph Conrad and the Imperial Romance*. Ibid., p.94.
③ Linda Dryden. *Joseph Conrad and the Imperial Romance*. Ibid., p.94.

理睬。因此,林嘉德船长骂他说,"你不是白人也不是黄种人,因为你的良心给狗吃了,所以你没有颜色。"①船长把他留在他赖以躲避的地方,让他自生自灭。结果,在他的葡萄牙妻子找来时,妒火中烧的艾莎失手枪杀了他。在这个意义上,艾莎的确是一个致命女人。但在康拉德笔下,艾莎更是一个受害者,一个被人利用的悲剧人物。为了让威廉斯背叛林嘉德船长,巴巴拉契对艾莎威逼利诱,要她引诱威廉斯,事成后却过河拆桥,再也不管她和威廉斯的死活。枪杀威廉斯以后,她自己也疯了,阿尔迈耶收留了她,变成了妮娜身边丑陋不堪的保姆,可谓生不如死。

康拉德小说几乎是对帝国罗曼司所有方面的颠覆。在英雄建构方面,康拉德笔下几乎没有真正的英雄。康拉德小说中的西方白人虽然仍有一些能够叱咤风云的人物,但大部分都是无能之辈。在帕杜森风云一时的吉姆曾经是一个逃兵,在可能面临危险的时候,和其他白人水手一起,不顾帕特纳号上800多名乘客的死活,抛弃他们自己逃命。而他在帕杜森的辉煌也是短命的。《诺斯托罗莫》虽然以小说中的一个人的名字命名,他的名字在当地也的确有英雄的称号,但到头来他却变成了一个妄图独吞一船银子的小人。即使在马来群岛让海盗闻风丧胆、在土著人中享有崇高声誉的林嘉德船长也名过其实,给人一种夸夸其谈却没有什么真实本领的感觉。在巴巴拉契和拉肯巴以及阿卜杜拉互相勾结,夺取了三潘的领导权,同时也剥夺了林嘉德公司贸易垄断权的时候,他虽然想恢复自己的权益,到头来却发现自己有心无力,无可奈何。此外,林嘉德不仅没有给阿尔迈耶带来财富,连他自己探险回来时也变成了一个身无分文的穷光蛋。为此,康拉德还遭到《海峡时报》一位署名"C·G"的读者来信责难,说生活中的林嘉德船长"积累了不少财富","终其一生,林嘉德船长

---

① Joseph Conrad. *An Outcast of the Islands*, Wiltshire, UK: Routledge/Thomas Press, 1995. p. 276.

从来都不是一个身无分文的冒险家"①。可以说,康拉德小说中的主人公几乎没有能够像帝国罗曼司的英雄那样扬眉吐气的。库尔茨也许是一个例外,能够成功树立起一种超人的形象,但他这个超人不像其他英雄那样造福土著人,反而是一个杀人不眨眼的恶魔。至于如康内里尔斯、斯坎博格等人的猥琐与卑鄙无耻,海斯特的优柔寡断,拉祖莫夫的罔顾道义,都与英雄的称号相去甚远。在优柔寡断、懦弱无能的阿尔迈耶身上,集中体现了帝国英雄梦的破灭。虽然他经营的林嘉德公司也曾经有过辉煌时期,却在与阿拉伯人的竞争中节节败退,终于一败涂地,最后贫困潦倒,生活的各方面都彻底"土著化"了。到头来还在一个名叫金昂中国人(Jim-Eng)的诱惑下抽起了鸦片,终于潦倒而亡。阿尔迈耶没有遵循帝国罗曼司的种族纯洁的模式,他的妻子是一个马来祖鲁(Zulu)族的女人。阿尔迈耶在当地事务中败给了土著人巴巴拉契,在贸易竞争中又败给了阿拉伯人,显示出白人的无能,给"白人优越论"打上了问号。他的身上,英雄气概已经荡然无存了。

在土著坏蛋建构方面,康拉德也没有遵循帝国罗曼司的模式。康拉德笔下的土著人坏蛋,如阿朗拉扎、身上有阿拉伯人血统的阿卜杜拉父子以及最典型的巴巴拉契等人,都不是简单的坏蛋,更不是任人宰割的无能之辈。阿朗拉扎面对强大的吉姆,并不急于一争长短,而是耐心等待机会,以便一举成功。终于,通过暗中为被围困的绅士布朗一伙海盗送去食物,使他们得以苟延残喘,加上吉姆本身所犯的错误,他成功地除去了吉姆这个眼中钉。阿卜杜拉父子在与阿尔迈耶争夺贸易控制权中咄咄逼人,步步紧逼,最后把阿尔迈耶逼上了绝境。即使典型的坏蛋巴巴拉契在白人面前也趾高气扬。他对林嘉德船长的讽刺挖苦,真是痛快淋漓。

康拉德小说中的致命女人和巫婆式女人有时候合二为一,由致

---

① Robert D. Hamner. (ed) *Joseph Conrad: Third World Perspectives.* Ibid., p.32.

命女人演变为巫婆型女人。曾经被威廉斯由衷地称赞"真漂亮"的艾莎以其性感和魅力征服了威廉斯,是一个典型的致命女人,但打死威廉斯后却很快变成了一个老巫婆,成了一个"驼背的干瘪老太婆"①。此外,无论是巫婆型女人还是致命女人,在康拉德小说中,她们在很大程度上是受害者而不是主动作恶害人的角色。她们可能上当受骗,做出客观上损害别人的事,却不会像格古尔的巫猎那样,主动去害人。即使最后选择投靠拉肯巴的阿尔迈耶夫人,也没有做什么真正对不起阿尔迈耶的事。

---

① Joseph Conrad. *An Outcast of the Islands*, Wiltshire, UK: Routledge/Thomas Press, 1995. p. 366.

第二章　康拉德种族他者建构

　　康拉德是他者文化建构的集大成者,在他的笔下,既有以欧洲为背景的外来他者,也有地理他者上的他者种族和民族,还有游记式的他者建构。在康拉德他者建构中,与西方人差距最大的是种族他者。所谓种族他者,指非白人民族,包括非洲人、亚洲的马来人和中国人以及南美洲的哥伦比亚人等。这些他者建构的特点是话语权的不对称性、人体外貌描写在视觉效果上的差异化以及其行为的古怪和不可理解性。同时,种族他者建构也是康拉德表现其对西方人的帝国殖民事业表现出批判态度的理想方式。

　　康拉德的作品是时代的要求,也是他自己双重主体矛盾的产物。作为时代的要求,他必须服从"白人优越论"这一前提,所以他笔下的种族他者总是无论在知识水平上还是外貌长相上都无法与西方人比拟,以此证明西方人对殖民地的统治与"拯救"的合法性和必要性。但是,出生于已经沦为别国统治下的波兰的康拉德,由于其祖国也是帝国扩张的受害者,更因为他的父亲的缘故,康拉德一家更是波兰蒙难的直接受害人,因而在他的作品中体现出来的是和哈加德、吉卜林等人作品完全不同的风格,始终对殖民主义扩张保持一种批判态度,有时是相当激烈的批判态度。

第一节　地理他者建构

　　所谓地理他者,指的是康拉德小说中西方地域以外的地理概念。

康拉德的地理他者建构继承了笛福的传统,但更符合帝国主义的殖民目的。鲁滨逊征服的是一个无人海岛,而康拉德小说中的地理他者虽然也常常给人以与世隔绝的感觉,但都不是无人地带。这样,包括地理他者和其中的土著居民,都是西方人征服和拯救的对象。这一概念包括诸如马来群岛、非洲、南美洲等欧洲与北美以外的地理背景环境。对于西方人来说,地理他者是一种诱惑,是财富和资源的来源,是西方人征服他者的理想环境,也是西方人心目中拯救其他种族、表现英雄主义的理想场所。

一

随着西方帝国主义的殖民扩张,帝国版图越来越大,对地理他者的征服越来越多,对地理他者的知识越来越多,西方的地图也经历了一种"从寓言地理到军事地理的转变"①。寓言地理是想象性建构,不需要任何事实根据;而军事地理的地图却要求尽量准确,来不得虚构,因而在这种地图上经常有许多未经探索的空白地带,反映在地图上也是一处处的空白。康拉德小说对地图的这些空白非常感兴趣。他从小就向往对未知事物的探索,可以说,他的天性中就具有帝国主义殖民扩张所需要的冒险与征服精神。他在《个人纪录》中写道:"那是在1868年,大约九岁的时候,我曾经看着一幅非洲地图,把手指按在非洲大陆那些仍然空白有待填补的地方,以一种如今已经荡然无存的毋庸置疑的豪气对自己说,'长大后我要到那里去。'"②同样的性格被康拉德赋予给四部小说的叙述人马洛。在《黑暗的心脏》中,马洛表示了如出一辙的想法:"要知道,当我还是个小孩的时候,我就对地图特别感兴趣。我瞅着地图上的南美洲,或者非洲,或

---

① Con Coroneos. *Space, Conrad, and Modernity*. Oxford New York: Oxford University Press, 2002. p. 27.

② Joseph Conrad. *A Personal Record. A Conrad Argosy*. Garden City, New York: Doubleday, Doran & Company, Inc. 1942. pp. 675-676.

者澳大利亚,一看就是几个小时,脑子里想象着探险事业的无限壮丽和荣耀,想着想着便出了神。那时,地球上还有不少空白点。每当我在地图上看到一处特别诱人的地方时(实在它们看来都一样),我便用手按着它,并且说,'我长大后,一定到那里去。'"①与马洛的想法比较,康拉德小时候的冒险愿望同样的强烈,缺少的只是把到非洲去的愿望扩大到地球上所有的空白点的雄心,也不具备马洛那种自觉的对冒险辉煌的向往。

康拉德地理他者建构是帝国话语的一部分,同时也是对帝国话语批评的一部分,又是他对人类心灵反思的一部分。作为帝国话语一部分,他的地理他者凸显出来的是荒蛮、原始和充满诱惑力的原始状态,为西方人对它的占领制造理论依据;"所谓对土地的征服,大多数情况下,意味着从与我们肤色不同或比我们鼻子稍扁的那些人那里抢过来"②作为帝国话语批评一部分,他的地理他者具有像人类一样的报复愿望与能力,对西方殖民主义的行为方式提出质疑;作为人类心灵反思的一部分,他的地理他者对人的诱惑,可以激起人们心灵最黑暗部分的反应,使人堕落而终致无可救药。

与地理他者有关的作品,占了康拉德主要小说的大部分,如有关非洲的《黑暗的心脏》、《进步前哨》(*An Outpost of Progress*),关于马来人世界的马来人三部曲(《阿尔迈耶的愚蠢》(*Almayer's Folly*)、《海隅逐客》(*An Outcast of the Islands*)、《救援》(*The Rescue*))和《吉姆爷》以及一些短篇小说,与南美洲有关的《诺斯托罗莫》等。

赛义德非常重视"从地理的角度探索历史经验",③其关注焦点在于帝国主义对地理疆域的占有和统治,从土著居民和宗主国以及

---

① (英)约瑟夫·康拉德《黑暗的心脏》,王金玲译,前引书,第199页。
② (英)约瑟夫·康拉德《黑暗的心脏》,前引书,第198页。
③ (美)爱德华·赛义德《文化与帝国主义》,李琨译,北京:三联书店,2003年,第7页。

西方来的移民角度关注统治与被统治之间的权力话语关系。实际上，他在《文化与帝国主义》一书中对"帝国主义"的界定就是："在我这里，'帝国主义'一词指的是统治遥远土地的宗主中心的实践、理论和态度。几乎永远伴随'帝国主义'而来的'殖民主义'，意味着向边远土地上移民。"①

在赛义德的文化研究中，地理他者本身没有"性格"，没有多少象征意义。在康拉德小说中，地理他者具有非常丰富的象征意义，其本身具有独立的"性格"：荒蛮、肆无忌惮、充满诱惑力而又有极强的报复心理。在《黑暗的心脏》中，主人公所航行的那条非洲河流（虽然在小说中没说是什么河，但人们一般都认为那是康拉德到过的刚果河）被马洛比喻为一条蛇："那条河就在那里——像蛇一样诱人——致人死命。"②康拉德使用了"蛇"的意象，把刚果河比作诱惑人类始祖的魔鬼，以诱惑人类堕落作为报复上帝的手段。在弥尔顿（John Milton）的《失乐园》（*Paradise Lost*）中，那条诱惑人类祖先的毒蛇，实际上是因为对上帝造反而被打下地狱的大天使。这位大天使本来有很大权威，却不满上帝的统治，一气之下发动拥护自己的天使公然造反，最终被上帝打下地狱深渊。为了报复上帝，他逃出地狱，变成一条蛇对上帝按照自己的模样创造出来的人类展开诱惑，使夏娃和亚当先后偷吃了禁果，犯下了不可饶恕的罪行，终于被上帝赶出了伊甸园。康拉德的意象关键在于"诱人"和"致人死命"，这个意象是活生生的，它不但能觉察到人类的行为，而且具有耳语的能力。对于库尔茨所做的一切及其可能的下场，大自然早就了然于胸，"然而，那里的荒野老早就发现了他的毛病，并且对他的肆无忌惮的侵略行为给予了可怕的报复。我想，荒野在他耳边低声告诉过他，对他说了些自己尚不知道的有关他的事情——看来，那荒野的耳语具有不

---

① （美）爱德华·赛义德《文化与帝国主义》，前引书，第9页。
② （英）约瑟夫·康拉德《黑暗的心脏》，前引书，第203页。

可抗拒的蛊惑力。它在他的身体内大声回响着,因为他的身子已经是空心的了……"①

马洛认为,荒野的诱惑是库尔茨堕落的重要因素。"我有意想打破那种蛊惑力——荒野的那种深沉无声的蛊惑力——似乎正是这种诱人的魅力,力图通过唤醒忘却的野蛮本能,让他回忆起曾经如愿以偿的魔鬼般的强烈欲望,将他拉进它的无情的怀抱中去。我相信,正是荒野的这种魅力,驱使他来到森林边,走进丛莽中,向堆堆篝火的火光,向隆隆的擂鼓声和奇异符咒的嗡嗡念诵声奔过去;也正是荒野的这种魅力,引诱着他的无法无天的灵魂,超越了人的欲望所能容许的限度。"②

从"唤醒忘却的野蛮本能"和"也正是荒野的这种魅力,引诱着他的无法无天的灵魂,超越了人的欲望所能容许的限度"等语可以看出,马洛,或者说康拉德,觉得西方文明的优越性是不言而喻的,他们从野蛮走了过来,进入了高度文明的阶段。由于文明的引导,人们逐渐忘记了野蛮的冲动及其残暴。走进非洲的这条河流,马洛似乎在进行一次逆时间的旅行,由文明社会回溯人类曾经走过的足迹,进入原始的荒蛮时期,进入了一种太初的混沌状态。在康拉德看来,这种太初状态并不适合文明人居住。它唤醒人们已经忘却的野蛮行径,唤起人们本能的贪婪,使人们因为追求欲望的满足而肆无忌惮地弱肉强食,不择手段地巧取豪夺,因而堕落到万劫不复的深渊。康拉德还煞费苦心地把马洛的非洲之旅比作到地狱的旅行。在他的象征意象中,比利时的首都是一座"坟墓城"③。马洛出发前到公司总部办理手续时遇到的两个不断织着黑毛衣的女人,仿佛是两个地狱入口的守护使者,指引着人们走向地狱的通道。女人织毛衣的意象与

---

① (英)约瑟夫·康拉德《黑暗的心脏》,前引书,第 281 页。
② (英)约瑟夫·康拉德《黑暗的心脏》,前引书,第 294 页。
③ (英)约瑟夫·康拉德《黑暗的心脏》,前引书,第 302 页。

死亡有关,使人不禁想起狄更斯(Charles Dickens)《双城记》(*The Tale of Two Cities*)中的德伐治夫人(Madam Defarge)。德伐治夫人也在织毛衣,在毛衣上编织死亡名单,把她在法国大革命时所认得的法国贵族阶层中的人都编织到毛衣中去。她编织的毛衣把许多人送上了断头台。所以,非洲这个黑暗中心的意象,决不是令人喜爱的地方。它的诱惑力,它的不怀好意的性格,是一种堕落和报复的力量。库尔茨病入膏肓的时候,就是荒野报复实现之时,"那是荒野的胜利时刻,是一种入侵和报复的冲击"①。

《黑暗的心脏》是艺术创作,把非洲塑造成任何意象都无可厚非。小说作者尽可以把库尔茨的堕落归咎于这个黑暗心脏的诱惑。但是,作为文化研究,把人们堕落的原因归咎于大自然就显得不公平了。其实,正是西方文化造就了库尔茨这样的狂人。在科学理性逐步取得主宰地位的背景下,西方部分相信进化论的人认为,人类可以通过进化不断地提高自身的素质和能力,超越人类的局限,获得神所具有的力量。但库尔茨没有把它所获得的力量用于造福人类,而是用于满足自己的私欲。"进化论的观点表明,传统观念中认为人类为上帝所赋予特权应该到达的辉煌使命,通过进化过程同样可以达到:如果说人类在进化之初不是万物之灵,他们也已经经历了长时间的进化过程,走了很远的路才获得了今天的成就。那么,只要他们继续艰苦努力,不断进化,未来的成就是不可限量的。"②

基于进化理论,高级生命是从低级生命形态进化而来的,而人类又是所有生命形式中走在进化前列的最高级生命形态。由此出发推论,可以知道生命形式具有从最高级的人类到最低级的单细胞生命等多层次结构,世界上丰富多彩的生命形式,是进化过程中各种不同

---

① (英)约瑟夫·康拉德《黑暗的心脏》,前引书,第306页。
② Ian Watt, Ideological Perspectives: Kurtz and the Fate of Victorian Progress. *New Casebooks: Joseph Conrad.* Elaine Jordan ed. London: MacMillan Press Ltd. 1996. p. 33.

阶段的证明，是物竞天择规律留下的印记。在"适者生存"的规则下，无数生命形态被淘汰，由新的、更加适合环境的新物种取而代之。而有的物种则因为自身的适应能力或者繁殖能力而得到发展进化，一步步由低级向高级生命形态发展。这种理论使得高级形态的生命对低级形态生命的掠夺变成了合乎情理、天经地义的自然法则。

达尔文社会主义者把自然界的进化理论应用到人类社会中，以西方习惯的单向思维方式认为，人类的进化也必然会经历同样的进化过程。西方社会的进化之路，也是其他民族进步的必由之路。其他民族不是发展模式不同，而是进化程度落后于西方各民族。这样就为西方帝国主义的殖民实践提供了理论依据。在进化进程中走在前列的人类群体，主宰和帮助落后的群体，是天经地义的。同时，占领和主宰地理他者本身，就是占领者优越的证明。沃特说，"同样的进化论模式的观点也成为殖民扩张意识形态的理论依据。通过占领与控制地球上大多数土地本身，欧洲各民族就可以显示自身是最适合于在世界上生存的民族；因此，各种经济、政治和宗教体制的输出，对于世界上其他民族向更高级生存状态进化是非常必要的。"①因此，在诸如斯宾塞(Herbert Spencer)和基德(Benjamin Kidd)等社会达尔文主义者看来，世界上的民族由于进化阶段不同而有高低之分，达尔文(Edward Darwin)自己也曾经谈及高级和低级种族的话题。社会达尔文主义者普遍认为，"白人之所以能够成为世界的主宰，是其自身先天优势的结果。"②

康拉德写作《黑暗的心脏》的时候正是社会达尔文主义者在西方大行其道的时期，白人种族优越的理论得到普遍认同。他们甚至进一步认为，只要人类继续进化，将来就有希望超越自身的局限，进

---

① Ian Watt, Ideological Perspectives: Kurtz and the Fate of Victorian Progress, Ibid., p. 34.
② Ian Watt, Ideological Perspectives: Kurtz and the Fate of Victorian Progress, Ibid., p. 34.

化为神,具备神才能够拥有的全知全能的能力,以人类自身取代上帝原来的地位。因此,西方人可以成为人类其他民族的神,对他们实行统治,拯救他们的肉体和灵魂。正是这种当上帝的愿望,塑造了库尔茨这样的殖民主义者。把库尔茨看作一个达尔文社会主义者一点也不过分,而且,他是一个没有同情心、不怀善意的达尔文社会主义者。他为"肃清野蛮习俗国际社会组织"起草过一份作为该社未来工作指南的报告,简直就是一份社会达尔文主义者的宣言书。他在报告中开宗明义地写道:"我们白人,按照我们已经达到的发展水平,我们必须以一种神人的身份出现在他们(指野人)的面前——我们和他们接触,要显示出如同上帝所具有的那种伟大。"①实际上,库尔茨在土著人心目中的神的形象,以及他的武器的雷电形象,在笛福的鲁滨逊身上都曾经出现过。比较起来,库尔茨比他们更渴望变成神,面目也更加狰狞可怕。

库尔茨希望变成神,但康拉德却让他变成了魔鬼。英国19世纪一位著名诗人丁尼生在一首诗中欢呼人类进化伟大成就的同时,提议让"猿"和"老虎"死去。作为荒蛮时代的代表,"猿"和"老虎"不仅具有其内涵所包含的意义,而且具有人类兽性一面的含义。就库尔茨在非洲的所作所为而言,他不是在拯救非洲土著居民,而是在对他们进行野蛮的屠杀和统治。在那份报告中他甚至要对野蛮人实行灭绝政策,"把这些畜生统统消灭"。②库尔茨身上的"猿"和"老虎"不仅没有死去,而且在非洲没有约束的条件下暴露得更加充分。可见,他在非洲发展的不是人类文明进步的一面,而是捡回而且强化了人类兽性的一面。就是说,在想要当上帝欲望的驱使下,库尔茨不是进化了,而是堕落了。

库尔茨的塑造反映了康拉德的矛盾和忧虑。康拉德显然也相信

---

① (英)约瑟夫·康拉德《黑暗的心脏》,前引书,第268页。
② (英)约瑟夫·康拉德《黑暗的心脏》,前引书,第268页。

进化论,但对于进化论支持下的帝国主义事业是有顾虑的,有时甚至是不以为然的,因为他出生的波兰就是帝国扩张的牺牲品,被列强强行瓜分了。这是康拉德永远的伤痛。而作为一个归化的英国公民,他又不好对西方的殖民政策说三道四。他身边的朋友有不少是"帝国主义的强烈反对者"①。康拉德借马洛的话对殖民征服进行了调侃,"要进行征服,你只需有暴力就行。只要你有征服别人的暴力,一切便没有什么值得吹嘘的。你的所谓力量,仅仅是由于别人软弱而形成的偶然现象。为了能捞到想得到的东西,不惜煞费苦心,巧取豪夺。这只是一种依靠暴力的抢劫,大规模地入侵屠杀,而且还有人盲目地干下去——对那些对付黑暗的人来说,这样干似乎是天经地义的。所谓对土地的征服,大多数情况下,意味着从与我们肤色不同或比我们鼻子稍扁的那些人那里抢过来。这种行径,如果你仔细研究一下,并不是一桩光彩的事情。"②

明知道对他者的征服"不是一桩光彩的事情",康拉德英国公民的身份却使他不能公开反对,所以,他只好借马洛的话语进行调侃,借大自然的"性格"力量进行报复,使库尔茨能够圆的只是一个魔鬼的噩梦,而不能圆他做神的美梦。而且,连恶魔的噩梦都不可能长久地做下去,大自然的报复使正值壮年的库尔茨病入膏肓,最终一命呜呼。这是康拉德双重身份本能的调和。

从今天的观点看,进化论关于"物竞天择"、"适者生存"的法则,用以解释大自然的优胜劣汰是适用的。但是进化论过分强调了生命形态彼此之间斗争的一面,忽略了的大自然的多样性和相互依存的一面。现在全人类的共识是,必须注意保护大自然物种的多样性,尽量保持生态平衡,才有利于人类自身未来的发展。库尔茨正是一个

---

① Ian Watt. Ideological Perspectives: Kurtz and the Fate of Victorian Progress. Ibid., p. 36.
② (英)约瑟夫·康拉德《黑暗的心脏》,前引书,第198页。

没有节制地向大自然、向他认为的低级种族索取的典型。他的贸易商品是象牙,这就意味着对大象的屠杀。大象虽然无论是身体还是力气都比人类大得多,但却没有人类那种运用工具和武器的能力,所以根本不可能在与人类的较量中获胜,而只有被屠杀的命运。用不着欧洲人所掌握的先进武器,非洲土著居民就足以对大象展开屠杀。有了从欧洲来的武器,大象的命运就更加悲惨了。土著人通过杀戮大象获取象牙,库尔茨则通过使用暴力从土著居民手中掠夺象牙,都遵从了弱肉强食的丛林法则。但是,大自然却不是人类可以任意宰割的弱者,如果作为进化链中最高层的人类一味对比自己低级的生命形态予取予求,就会破坏整个大自然的生态平衡,就会遭到大自然无情的报复。从这个观点看,康拉德的塑造具有自己的性格的大自然,是一种很有前瞻眼光的艺术形象建构。

康拉德的黑非洲地理他者对人类的报复,仅限于对库尔茨个人的报复,这与今天生态意义上的大自然报复是不同的,因为生态学意义上的大自然报复是针对所有人类,至少是针对某个地区包括人类在内的所有生命形态的报复。亚马孙流域丛林面积的减少、臭氧层的破坏等,其后果都需要全人类共同承担。中国北方每年的沙尘暴,受害的是在其范围内的所有生命形态。这类灾害是不会只针对个人的。

但是,如果我们把库尔茨先生看做欧洲殖民主义者的一个代表,其形象具有一种象征意义,非洲大自然的报复就不是针对个人了。其实,马洛也暗示了库尔茨的某种欧洲人象征的身份。他提到,库尔茨的名字是一个德国名字,而他为之工作的公司总部设在比利时。不仅如此,"生前的库尔茨曾经在英国受过部分教育,而且——他倒是爽直地说出了自己的心里话——他的同情选准了对象。他的母亲是半个英国人,他的父亲是半个法国人。可以说,整个欧洲为库尔茨的成长出过力。"[1]在这个意义上,库尔茨代表了西方在非洲的殖民

---

[1] (英)约瑟夫·康拉德《黑暗的心脏》,前引书,第267页。

主义者,代表了向大自然无度索取、甚至不惜使用暴力巧取豪夺的那部分殖民主义者。荒野对他的报复,就是对西方殖民主义者的报复。

二

康拉德的地理他者有一个共同特点,给人以时间和空间的隔绝感。经常有某种地理上或心理上的屏障把这些地方与世界上的其他地方隔开,而与世界的联系往往通过水上的交通途径,有时是大海,有时是河流。《黑暗的心脏》是由河流经大海与世界上其他地方联系的,《阿尔迈耶的愚蠢》和《海隅逐客》发生在同样的地理环境背景中,也通过河流与大海跟外面的世界沟通。而且,其中的河流成了故事主人公命运角逐的场所。《吉姆爷》也是一个除了河流与大海和外界联系外几乎与世隔绝的地方。《救助》、《胜利》与《诺斯托罗莫》的背景是面向大海的陆地,前两部小说实际上发生在岛屿上,后一部小说故事背景则有山脉把苏拉科与其他地方隔开。即使是《流浪汉》(*The Rover*)和《间谍》一类以欧洲为背景的地方,也给人一种与外界隔绝的感觉。《间谍》虽然发生在当时最发达的国家的首都伦敦,但小说中所描写的人物都是社会边缘人物,其生活环境与繁荣的都市伦敦似乎没有什么关系,给人以一种压抑的时间和空间的感觉。

康拉德的地理他者各有各的"性格",是一种活生生的艺术形象。与《黑暗的心脏》一样,《诺斯托罗莫》的苏拉科作为地理他者也对人具有诱惑力,使人堕落,使人失去正常的情感。苏拉科的魅力在于圣·汤姆银矿所能够产生的源源不断的巨大财富,引得各方面势力都虎视眈眈,恨不得马上据为己有。连一直被当地人誉为英雄的诺斯托罗莫本人也未能经得住银矿生产的银锭的强大诱惑力,终于堕落成一个妄图把一船银锭占为己有的小人。他本来是一个很热心于英雄行为的人,喜欢被别人崇拜,喜欢被当成明星的感觉。因此,明知道那些银锭与自己并没有多大关系,他还是不顾风险,欣然和德考得一起把这些银锭用船运到大伊莎贝尔岛藏起来。收藏好以后,由于德考得不是一个游泳健将,他一个人返回以报告任务的完成,把德考得独自留在了大伊莎贝尔岛上。

诺斯托罗莫的转变发生在他回到苏拉科的时候。回到苏拉科后,小说中有一段相当富于象征意义的描写。象征着诺斯托罗莫的新生,只可惜他的新生没有把他带进一个更崇高的境界,相反,这一新生是他开始堕落的象征。一回到苏拉科,他就痛痛快快地睡了一觉,"他高卧于山阴的怀抱,睡在皎洁的月光中,在椭圆形的码头与半圆形的开阔的海湾之间延伸的陆地,他孤寂地静静睡着,熟睡得犹如已经死去一般。"①他睡得那么死,连天上飞的秃鹫都以为他是一具死尸,飞下来想要美餐一顿。"死"的意象意味着那位颇有英雄气概的诺斯托罗莫的死亡,而他的醒来,却意味着一个贪婪小人的诞生。

他醒来时看到的是战争过后一片苍凉景象,没有人影,只有一只秃鹫在旁边耐心地观察着他,在他身上"寻找死亡和腐败的迹象"②。"腐败"一词暗示了诺斯托罗莫身上即将发生的堕落。醒来以后想到的,是觉得自己从前的一切都好像一场梦,觉得维奥拉对他说过的话很有道理,"王公贵族们,财主老爷们把人民置于贫困和服从的地位,把人民当作他们的狗,去为他们战斗,为他们猎取猎物。"③言下之意,他诺斯托罗莫以前都只是被高尔德等人利用的一条狗。他感到自己被出卖了。由于他考虑的问题成了穷人与富人之间的物质利益关系,认为自己原来追求虚名而没落下实质上的好处,成了别人的工具,所以觉得这个世界对自己很不公平。因而这次象征性死亡与

---

① Joseph Conrad, *Nostromo*. New York: The New American Library of World Literature, Inc. 1960, p. 330.
② Joseph Conrad, *Nostromo*, Ibid., p. 331.
③ Conrad, Joseph. *Nostromo*, Ibid., p. 332.

新生"就这样完成了他由一个神话英雄向物质的人的转变"①。因此,这次历险归来后的酣睡醒来,虽然他自己宣称"我还没死","但堕落的迹象也已出现,正如诺斯托罗莫很快就会发现的一样"②。

正因为他对自己物质上所能够获得的利益感到不满意,对于物质诱惑的抗拒力就显得非常脆弱。后来他重返大伊莎贝尔岛的时候,发现留在那里的德考得已经不见了。原来,他受不了孤独的折磨,从收藏的银锭中拿了四块,把自己沉到海里自杀了。苏拉科没有人知道这些财富还在,都以为已经沉到海里了。所以,这些银锭的存在,诺斯托罗莫成了唯一的知情人。正因为没有别人知道,他才敢于决定把这批财富据为己有,为了不引起别人的怀疑,他决定把这些银锭分期分批地兑现,"慢慢地富起来"③。

实际上,高尔德等人也不算亏待诺斯托罗莫。因为在运走银锭和回来后去搬取救兵所表现出来的英勇行为,他获得了一条船的奖励。而这条船则正好为他不断地到大伊莎贝尔岛取出银锭,运去换成现钱提供了方便。战乱过后,人们在大伊莎贝尔岛建立了一个灯塔,诺斯托罗莫与守灯塔的维奥拉关系密切。维奥拉的两个女儿都爱上了他,于是,他借口找维奥拉一家,经常到大伊莎贝尔岛上去,趁机会把银锭偷运出来换成现金。但是,在后来的发展中,维奥拉却因为误会他是来引诱自己女儿的另一个人而开枪打伤了他。在生命垂危的时候,诺斯托罗莫要求见高尔德夫人,想把自己把银锭据为己有的真相告诉她。他想说,自己把那批银锭据为己有的理由,是因为银锭中少了四块,害怕回来解释不清楚。这听起来很荒唐。他和德考得被派去运银锭,原来计划是运出去兑现的,但却在海上遇到了军阀的一条军用船只,幸好是在黑夜,虽然差点没被撞沉,却幸运地没被

---

① Daphna Erdinast-Vulcan, Nostromo and the Failure of Myth. *New Casebooks*: *Joseph Conrad*. Ed. Elaine Jordan. London: MacMillan Press Ltd. 1996, p. 139.
② Daphna Erdinast-Vulcan, Nostromo and the Failure of Myth, Ibid., p. 139.
③ Joseph Conrad. *Nostromo*. Ibid., p. 400.

军用船只上的人发现。要想远程运输实在太危险了,诺斯托罗莫才决定把这些银锭运到大伊斯贝尔岛藏起来。试想,在那样危险的情况下,不要说只是少了四块银锭。就算损失再多一些,也是可以理解的,根本用不着为短少四块银锭伤脑筋。所以,所谓解释不清的借口,实在不算高明。

当然,诺斯托罗莫最终还是把这样蹩脚的借口在临死前告诉了高尔德夫人,可是因为她对于银锭的事根本不感兴趣,此事也就不了了之。动乱过后,苏拉科宣布建立独立的国家,圣汤姆银矿就是这一政权的支柱,源源不断的财富从银矿流出,已经不在乎那点运出去的银锭了。可是,对于高尔德夫人来说,丈夫经营的银矿生产出来的巨大财富,并没有给她带来幸福。相反,却带来了丈夫对家庭和爱情的日渐淡漠,使这位高贵而风采依然的夫人终日郁郁寡欢。于是,她开始憎恨这座银矿,一听到和银矿或其产品有关的事就头痛。所以,当莫尼金医生告诉她,垂死的诺斯托罗莫想见她,可能与运出去的银锭的下落有关时,她显得很不耐烦,说,"那些银锭不是已经丢失了吗,难道还不算完?没有那些银锭,我们财富已经够多了,多得可以让世界上每一个人都过得非常悲惨,不是吗?"[1]因此,当诺斯托罗莫最后想要告诉她银锭收藏的地点时,她根本不想听,宁愿让这些财富永远消失。

在浪漫主义者的笔下,大自然大多是可爱的,而经过人工修饰过的自然,反而给人不自然、不可爱的感觉。但是,在康拉德笔下的自然大多与人类存在某种对立的特征。他的地理他者对于外来者来说,就像一个小心翼翼的保卫自己固有权益的人,诱使闯入者堕落,一旦时机成熟,就会毫不犹豫地对他们实施报复。正如诺斯托罗莫一样,和他一起执行运送银锭的德考得与大自然的关系也是不融洽的。和诺斯托罗莫一样,他对于苏拉科的政权更替也不放

---

[1] Joseph Conrad, *Nostromo*. Ibid., p. 441.

在心上。实际上,他甚至对于当地的政治生活持嘲讽态度。他从欧洲来到苏拉科,本来根本没打算待下去,但由于爱上了多娜·安东尼娅,才留下来当了一名记者。可是,他却像鬼使神差似的,竟欣然和诺斯托罗莫一起,在叛军即将来临的时候,接受运走银锭的任务。后来,由于他们的船被叛军的军用汽艇撞坏,只好把银锭收藏在大伊莎贝尔岛的一个天然洞穴中。德考得不像诺斯托罗莫那样是个游泳健将,在船只损坏的情况下不能和诺斯托罗莫一起回去,留在了大伊莎贝尔岛等候。可是,由于诺斯托罗莫被派去搬救兵,不能像他原来所说的那样一两天就回来接他,忍受不了大伊莎贝尔岛冰冷的寂寞的德考得竟然在口袋里装了四块银锭,把自己沉到海底去了。

　　如果当地居民的传说可信,《吉姆爷》中的帕杜森恐怕是康拉德小说中唯一对外来人不抱敌意的地理他者。按照土著居民的传说,帕杜森对吉姆的到来是欢迎的,因为潮水也因为他的到来而提前了两个小时。而在吉姆慷慨赴死的时候,帕杜森的景象也流露出一种惋惜,"帕杜森的天空血红而空阔,像裂开的血管在流淌。胭脂色的巨大太阳躲在林梢后,天空下的森林阴森惨淡,令人望而生畏。"①要知道,康拉德的地理他者大多是怀有恶意的,像帕杜森天空出现的流血的象征,预示着小说主人公的命运,这是很少见的。

　　帕杜森的友好性格与康拉德对吉姆的建构有关系。除了马来三部曲外,吉姆是康拉德长篇小说中塑造的与土著居民关系最为密切和融洽的形象。而且,吉姆的英雄主义行为,使当地居民从中得到好处,在他统治时期,再也不必忍受不良商人谢里夫的剥削和贪得无厌的头人阿朗拉扎的掠夺了。吉姆对当地人没有恶意,帕杜森对吉姆也报以善意,这与中国人的天人合一观点相符合,难怪《吉姆爷》得到中国人的青睐,成为康拉德最早被介绍到中国的作品之一,而且是

---

① Joseph Conrad. Lord *Jim*. Ibid., p. 272.

唯一有超过一个译本的康拉德长篇小说。

康拉德小说的地理他者大多对人,尤其是对外来的闯入者持仇视态度,既是因为西方文化传统中的二元对立世界观把大自然看做是人类的对手,是人们征服的对象,同时也是为了以地理他者作为反观欧洲的借鉴,作为欧洲的对照面,一方面可以展示欧洲文明的优越,另一方面也警示欧洲人,他们的文明进步来之不易,如果处理不当,还是可能回到黑暗的史前混乱状态的。

第二节 非洲人建构

一

康拉德作品中与非洲人有关系的作品主要有《进步前哨》和《黑暗的心脏》,前者是短篇小说,后者是中篇小说。至于《"水仙号"上的黑水手》(The Nigger of the "Narcissus")中的惠特虽然被称为"黑鬼",却与种族关系不大,因为小说中主要描写惠特的存在对于船上所有水手的心理影响。惠特并没有什么行动,却仅仅以他得了重病将死的存在,影响着水手们的集体无意识,而这种影响与他的肤色没有多少关系,所以本书不把《"水仙号"上的黑水手》放到非洲人建构中进行论述。

《进步前哨》讲述了一个欧洲人在非洲开设的贸易站里发生的故事。贸易站有两个欧洲人,站长凯亦兹和他的助手卡利尔。站上还有一个担任翻译的土著人马可拉,另外有一些打杂的土著雇员。两个欧洲人在一个完全陌生的环境中亲密相处,"凯亦兹和卡利尔手挽着手走着,好像在黑暗中的孩子那样紧挨在一起。"① 他

---

① (英)约瑟夫·康拉德《进步前哨》,吴钧陶译,《康拉德小说选》,上海:上海译文出版社,1985年,第4页。

们与以高必拉为首的土著人相处得也不错,公司提供的粮食不及时或者不敷消耗时可以从村子里购买到相应的食品。他们在非洲的主要贸易是象牙,马可拉却自作主张把贸易站上雇用的非洲雇员与奴隶贩子交换了象牙,引起了高必拉等土著人的反感,不再给他们提供粮食,也拒绝与他们来往。随着食品的减少,他们盼望的公司供应船又遥遥无期,使他们越来越坐卧不宁。他们试图与土著人联系没有结果,用其他办法补充食品的努力也告失败,最后为了一点糖起了争端,凯亦兹开枪杀死了卡利尔,接着自己也开枪自杀了。

《黑暗的心脏》讲述英国人马洛的非洲之旅。马洛虽然是英国人,派遣他到非洲去的却是一个比利时公司。听说非洲有一个船长的空缺,马洛千方百计地谋求得到这个职位,在他的姨妈帮助下终于如愿以偿。去非洲的路上,他看到了殖民者许多令人发指的暴行和荒谬行径,同时也听到了许多关于一个名叫库尔茨的贸易站长的传奇故事。库尔茨是一个内陆贸易站的主持人,在象牙贸易中,他一个站所能够获取的象牙,比公司所有其他贸易站象牙的总和还要多。马洛在公司设在非洲的总站中修好了船只,开着船沿河而上,一路上看到的是一派史前的荒蛮景象,临近库尔茨的贸易站时还遭到了土著人的袭击,他的土著人舵手因此而丧生。后来他用汽笛的声音把土著人吓跑才没有遭受更大的损失。与一个俄国流浪汉的一席谈话使他对库尔茨有了更进一步的了解,同时也了解到他们遭受土著人的袭击实际上是出于库尔茨的授意。终于到达库尔茨的贸易站,他亲眼看到了被库尔茨杀死并安放在围墙柱子上的土著人的人头,听到了更多有关库尔茨无法无天的暴行,见到了已经病危的库尔茨。虽然库尔茨不愿意离开非洲,马洛还是执意将他带走。库尔茨病死在途中,临死前把一些文件和与未婚妻来往的信件托付给马洛。马洛回到比利时,见到了天使般的库尔茨的未婚妻,不忍心把真相告诉她,只好用欺骗的手段保持库尔茨在他未婚妻心目中的美好形象。

二

早在《黑暗的心脏》问世的时候,就有评论家告诫读者,说康拉德并没有攻击殖民主义、扩张主义或者帝国主义。文学评论家兼出版商加涅特(Edward Garnett)则认为,康拉德描绘了一幅欧洲人以前从未见过的黑暗图景,剥开了欧洲殖民者的伪善面目。这种针锋相对的争论一直持续下来,在近年的文化研究中这一争论有更趋激化的趋势。"尼日利亚小说家齐努瓦·阿切比谴责康拉德是'血腥的种族主义者',这一观点遭到南非作家姆法雷尔(Ezekiel Mphalele)的驳斥,他认为,康拉德是为数不多的'能够有效地描绘白种人以外种族形象'的白人小说家之一。"①一位斯里兰卡人把康拉德与马克·吐温等反种族主义作家相提并论。可以看出,即使同为非洲人的阿切比和姆法雷尔在这个问题上也持针锋相对的观点。而同样来自第三世界的斯里兰卡评论者则对康拉德的反种族主义态度持完全肯定的观点。可见这一论争是康拉德小说研究主要课题之一。同时也证明了康拉德他者建构主题的现代研究价值。笔者认为,从他者建构的角度进行系统的研究,有可能揭示康拉德小说的双重话语,给康拉德他者话语一个全面的诠释,给关于康拉德殖民主义、帝国主义话语和对之批评话语之间的争论提供一种新的视角。

在中国,关于康拉德殖民主义话语的批评也不少。殷企平说,"从后殖民主义批评的角度切入,是近年来解读《黑暗的心脏》的时髦做法。"②傅俊、毕凤珊力图指出"康拉德在有力批判殖民主义的同

---

① Andrea White: Conrad and Imperialism, *The Cambridge Companion to Joseph Conrad*, J. H. Stape ed. 上海:上海外语教育出版社,2000 年, p. 179.
② 殷企平《〈黑暗的心脏〉解读中的四个误区》,《外国文学评论》2001 年第 2 期,第 148 页。

时亦捍卫了支撑殖民主义的西方意识形态"①的双重性质。她们得出结论说,"尽管康拉德在对待殖民主义的态度上表现出一定的矛盾性,但他对殖民主义的揭露是走在其同时代作家前列的,具有相当的超前性。后来在全球抗议比利时在刚果地区殖民扩张的丑恶行径这一运动中,他的作品起到了不可估量的积极作用。同时,他的创作不论在主题上还是技巧上都影响了后来的许多作家,并为前殖民地国家的反殖民主义文学创作奠定了基础。"②比较而言,殷企平是为康拉德辩护最强有力的中国学者。他列举了小说中两大类殖民主义批判话语的细节,"第一类有助于区别土著黑人和入侵白人(外来移民)。在康拉德的笔下,那些外来移民大都面目可憎。且不说嗜血成性的库尔茨,即使其他许多外来移民,也都像马洛遇到的埃尔多拉多探险队队员们那样,其'唯一的欲望便是从这块土地里抢走所有的宝'。他们不仅对黑人如凶神恶煞,而且彼此之间也尔虞我诈,勾心斗角。相形之下,那些黑人的形象要可爱得多。"③他觉得,"马洛褒谁贬谁,爱谁恨谁,已经不容争辩了"④。接着,他又列举了另一类细节,是区别马洛与库尔茨的细节,认为库尔茨是一个残暴的殖民主义者,而马洛却一直对殖民主义持批判态度。他争辩说,"这些细节是对西方殖民主义的揭露。马洛从非洲之行的开头到结尾,看到的都是欧洲殖民主义者对非洲土著的欺压、掠夺、奴役,乃至残害。作品中,这类细节比比皆是。"⑤他得出的结论是,"如果我们对这两类细节给予足够的重视,就不可能简单地说马洛的非洲腹地之旅的实质是探索所谓的人类的共同本质,而应该说是探索殖民主义者的罪

---

① 傅俊、毕凤珊《解读康拉德小说中殖民话语的矛盾》,《外国文学研究》2002 年第 4 期,第 95 页。
② 傅俊、毕凤珊《解读康拉德小说中殖民话语的矛盾》,前引刊,第 95 页。
③ 殷企平《〈黑暗的心脏〉解读中的四个误区》,前引刊,第 145 页。
④ 殷企平《〈黑暗的心脏〉解读中的四个误区》,前引刊,第 145 页。
⑤ 殷企平《〈黑暗的心脏〉解读中的四个误区》,前引刊,第 145 页。

恶本质。换言之,马洛探索了人的精神世界不假,但是这里的'人'决不是抽象意义上的人。"①

殖民主义话语只是殷企平论文话题之一,故王丽亚在与之磋商的文章中没有就某一个话题的结论提出质疑,而是就殷文的理论支撑提出疑问,认为"该文将一些阐释行为形容为'生搬''硬套'某一种理论,恰恰在对待作品阐释与批评理论两者关系上走入了误区。"②因为王丽亚主要不是从分析《黑暗的心脏》文本入手,所以殷企平在回应中说,"《误区》一文所反对的不是后殖民主义、解构主义和女权主义等片面出场的理论本身,而是有关学者在解读《黑暗的心脏》时生搬硬套这些理论,这难道有错? 即便有错,王女士也应该在具体阅读《黑暗的心脏》的基础上来证明有关学者并没有生搬硬套上述理论。令人费解的是,王文通篇没有一处引用《黑暗的心脏》一书,而是在大谈批评理论与实践活动之间的关系之后,据以断定本人对该书的解读有误。"③殷企平非常重视对文本细节的阅读与分析,笔者不否认殷企平所分析的细节的殖民主义批判话语性质,但对于他得出的一边倒的结论,认为尚有磋商的余地。同样是细节,阿切比却列举了一些作为殖民主义话语的细节。笔者将以并置法把两种话语有代表性的细节列举在一起,说明康拉德小说殖民主义话语的双重性,即殖民主义话语与殖民主义批评话语并存的事实。

首先,关于马洛对黑人的描述,殷企平引用了一段划桨黑人的描写来证实黑人的可爱,在这里不妨把这段话前后多引用一点来看其双重话语性质,"偶尔从岸边驶过来一条船,给人们一种短暂的接触现实的机会。划桨的都是黑人,从老远就能看到他们的白眼珠闪闪

---

① 殷企平《〈黑暗的心脏〉解读中的四个误区》,前引刊,第 146 页。
② 王丽亚《批评理论与作品阐释再认识——兼与殷企平先生商榷》,《外国文学》2002 年第 1 期,第 78 页。
③ 殷企平《由〈黑暗的心脏〉引出的话题——答王丽亚女士的质疑》,《外国文学》2002 年第 3 期,第 63 页。

发光。他们喊叫着、歌唱着、浑身上下大汗淋漓;他们的脸像是奇异可笑的面具——这些家伙;可是他们也有血有肉,有一股蛮劲,一股强烈的活动能量,像沿着他们的海岸激起的波涛一样的自然、真实。他们在那里并不需要什么人的许可。看看他们真使人感到莫大的安慰。"①

　　毫无疑义,这段引文中划船的黑人给马洛以真实感,把他从"一种毫无知觉的虚幻"②中拉回现实,使他觉得一种安慰。他们虽然"自然、真实",但他们的样子却不见得非常令人愉悦。在马洛自己驾驶船只从公司在非洲的贸易总站向内地进发时所遇到的黑人,用了"也"来表示某种暗含的含义。"最使你激动的还是那种认为他们——像你我一样——也具有人性的想法——想到我们的远祖也是这样狂野和忘情地嚎叫,真是令人激动不已。要说丑陋,一点不错,是够丑陋的"③。这里引用的地方,被齐努瓦·阿切比一再引用,以说明康拉德对非洲人的"非人格化"④描写,进而证明康拉德是一个"彻头彻尾的种族主义者"⑤。马洛说非洲人"也"具有人性,实际上是对他们身上的人性表示某种程度的怀疑。在对他者种族的文化建构中,康拉德是区别对待的。康拉德建构了非洲人、马来人、中国人、阿拉伯人以及南美人等种族他者形象,凡属于种族上的他者在康拉德小说中的描写都有不同程度的变形或者说"丑化"。非洲人的外貌往往不是整个人的描写,而只是其中某一部分的展示,如皮肤、眼睛、四肢等。

---

① (英)约瑟夫·康拉德《黑暗的心脏》,王金玲译,前引书,第209页。
② (英)约瑟夫·康拉德《黑暗的心脏》,前引书,第209页。
③ (英)约瑟夫·康拉德《黑暗的心脏》,前引书,第245页。
④ (尼日利亚)齐努瓦·阿切比《非洲的一种形象:论康拉德〈黑暗的心灵〉中的种族主义》,《后殖民批评》,(英)穆尔-吉尔伯特等编,杨乃桥等译,北京:北京大学出版社,2001年,第188页。
⑤ (尼日利亚)齐努瓦·阿切比《非洲的一种形象:论康拉德〈黑暗的心灵〉中的种族主义》,前引书,第188页。

再来看一看殷企平两次引用以证明康拉德的殖民主义批评话语的那段话,仔细分析起来,其中同样包含了双重话语的意蕴,"不过,苍天作证!这些拿人——我说的是人——当畜生一般使唤的恶人,都是些强大的、贪婪的、红眼睛的魔鬼。"①毫无疑义,把那些草菅人命的殖民主义分子叫做"魔鬼"是对殖民主义者的尖锐批评。他们之所以能够为所欲为,是因为他们强大,因而可以恃强凌弱。马洛的评判标准与中国文化锄强扶弱的倾向是一致的,因而他的批评容易在中国人心目中产生共鸣。然而,西方文化虽然也不乏对弱者的同情,但他们更崇尚强者为尊的规律,更何况康拉德所处的时代正是进化论盛行的时代。如果有两个男人为一个女人打架,中国女人很可能选择被打败的一方,而西方女人则更可能做出相反的选择。因此,在西方文化中,强者就是可以恃势凌人的理由;反之,弱者被欺负虽然不能说是咎由自取,起码也在情理之中。最有意思的是马洛对非洲人的"人"的属性的一再强调,恰好说明了他对非洲人作为"人"的属性的疑虑心态,因为他在不止一处不把非洲人叫做"人",把他们叫做"黑色的物体"②、"疾病和饥饿的黑色阴影"③、"怪异而自由的东西"④等等。就是说,对于非洲人是否与自己属于同样的人类,马洛在理智上是没有疑义的,但在下意识中却不知不觉地保留了一份疑虑。所以,他必须不断地提醒自己,才能确认非洲人的"人"的属性,是和自己同样的人类。一再强调,正是这种确认的下意识流露。对非洲人属性的疑虑,就是对欧洲人优越性的确认,只有比别人优越,才有理由对他者种族进行殖民统治,西方的殖民主义扩张才具有合法性。所以说,康拉德虽然批评殖民主义者的暴行,却没有对殖民主义的合法性提出质疑,相反,还有意无意宣扬了西方种族的优越

---

① (英)约瑟夫·康拉德《黑暗的心脏》,前引书,第213页。
② (英)约瑟夫·康拉德《黑暗的心脏》,前引书,第214页。
③ (英)约瑟夫·康拉德《黑暗的心脏》,前引书,第214页。
④ (英)约瑟夫·康拉德《黑暗的心脏》,前引书,第245页。

性,客观上成为殖民主义的共谋者。

　　王金玲把"devil"和"monster"都翻译为"魔鬼"是不够准确的。康拉德用前者指那些"强大的、贪婪的、红眼睛的魔鬼"①,即欧洲来的殖民主义者;后者用于带出非洲人的形象,"我们对那些戴上了镣铐的魔鬼早已屡见不鲜了,不过,在那里——在那里你却能见到一种怪异而自由的东西,这不像是人世间的东西。"②在英语中,"devil"是相对于"God(神)"而言的,康拉德用来指西方来的殖民主义者,其中包含了一种宗教和道德的评判。"monster"则经常用于指某种对人类非常陌生的怪物,尤其是洪荒时代遗留下来的怪物,如西方文学中的"龙"等动物。这类怪物可能会对人类社会造成危害,是人们,尤其是英雄们征服或杀死的对象,却不涉及宗教或道德评判。因此,"devil"可以翻译为"魔鬼",而"monster"则应该译为"怪物"才比较准确。马洛把比利时的殖民主义者指为"魔鬼",是对他们不顾黑人的死活、残暴地虐待他们、把他们活活累死的恶行的批判;把非洲人与"怪物"相联系,则指向其原始野蛮的一面。这和马洛把非洲之旅比作到原始世界去旅行是一致的,"沿着那条河溯流而上,不啻回到最原始的世界里去作一次旅行:那时鸿蒙初开,大地上到处繁衍滋长着丛莽林木,一棵棵参天大树便是世上的帝王。"③

　　"戴上了镣铐的魔鬼"(应该是"怪物")是马洛早些时候看到的被镣铐锁在一起在比利时殖民主义者逼迫下修筑铁路的非洲人,而那些"自由"的怪物则是仍没有沦为奴隶的非洲人,他们的行为和呼叫声都不容易为西方人所理解,只是在马洛心中激起对自己远古祖先的某种想象和心灵回应。如果说"怪物"的形象被马洛用来表示某种西方人缺乏了解的人类族群,船上的司炉工则是经过了某种驯

---

① (英)约瑟夫·康拉德《黑暗的心脏》,前引书,第213页。
② (英)约瑟夫·康拉德《黑暗的心脏》,前引书,第245页。
③ (英)约瑟夫·康拉德《黑暗的心脏》,前引书,第241页。

化的个体,"每隔一会儿,我还得去照看一下负责司炉的那个野人,他是个经过改良的标本。他会烧立式锅炉。他就在我下面。说句实话,看他时会使人油然产生一种联想,好像你是在看一只腿上穿着短裤,头上戴着插着羽毛的帽子,用两条后腿走路的狗。"[1]"怪物"指向无法理解、无从沟通的状态,而"狗"则是驯化动物,是人类,在这里指的是西方来的文明人类,可以把握的动物。人可以饲养、驯化和使用它,它也因此而变得对西方人有了使用价值。从"怪物"到"狗"是一种转变,向着可以理解和沟通方向发展的转变。这种变化显示着西方人对非洲人的把握,也表现了对非洲黑人的教化的行之有效,进而加强了西方人对非洲殖民主义统治的合法性。他们会说,你看,我们在非洲的殖民主义实践并不仅仅是为了谋取利益,也是为了对那些尚未开化的民族进行教化,引导他们走上经济发展和技术进步的文明之路。

其次,库尔茨与马洛之间的区别也不见得像殷企平说的那样泾渭分明。若果真如此,马洛为什么对公司经理等人把他归到与库尔茨是同一类人而不置一词?当一个人独自为尊而又缺乏有效的监督的时候,道德成了阻止他为所欲为的唯一力量。但是道德没有强制力,靠的是他自己的自觉性,这在很多情况下是靠不住的。库尔茨是一个贸易站的站长,公司设在非洲的贸易总站很难对他实施有效的监督。而且,为了能够我行我素,库尔茨还有意阻拦外界的人到达他的贸易站,使自己长期处于缺乏监督的地位。作为一个船长,马洛所处的地位与库尔茨是非常相似的。而且,当船只在海上或者在其他洲的河流上行驶时,他不必刻意逃避监督就可以按照自己的意愿行事。实际上,按照马洛的说法,他自己也曾经按照环境的要求采取过相应的行动,他说,"你知道,我倒不是心肠特别软,我也曾奋击过、抵御过——我必须出击以求自卫——这是赖以生存的唯一途径——

---

[1] (英)约瑟夫·康拉德《黑暗的心脏》,前引书,第247页。

每当干起来也会不顾一切,只按照自己不慎闯入的那种生活的要求去干。"①可见,必要的时候,马洛也会像库尔茨一样毫无顾忌地按照自己的意愿,以自己认为合适的方式去行动,其中恐怕也包括了杀人放火、挑战法律。马洛干过些什么,他自己没有说。但是,谈到他自己和库尔茨之间的差别时,他说,"一点不假,他迈出了他的最后一步,他已经跨过了那个边沿去了,而就在这时,我却被允许抽回我那犹豫不定的脚步。也许两者之间的整个区别就在于此。"②马洛还觉得,库尔茨临死前发出的"真可怕呵!真可怕呵!"③的喊声,表示"他对自己的灵魂在这个地球上所从事的冒险事业做出了结论。"④马洛觉得库尔茨的低沉的喊声比他自己的总结要好,所以马洛才会"到最后一直忠于他"⑤。实际上,不仅是马洛,而且包括所有的殖民主义者,与库尔茨比较,都不过是五十步笑百步而已。"库尔茨不是一个假道学,他不会为那些假惺惺的委婉辞令所动。他也不见得比别人坏到哪里去——这一点经常为学界所忽视。他曾经为了一时的痛快而杀人,但被他杀死的人和被别人为了经济利益和技术进步所驱使而活活累死或者由别人处死的人,都不过是一死,没有什么两样。"⑥休维特(Douglas Hewitt)总结说,"除非我们认为个体犯下的恶行比集体所犯下的恶行更恶劣,否则就不会认为他和其他人有多少区别。"⑦可以看出,作为西方一员的马洛,在对非洲人的描写上,或者说在对非洲人的文化建构过程中,仍然难以避免西方意识形态的影响,"我认为,作者不是机械地为意识形态、阶级或经济历史所驱

---

① (英)约瑟夫·康拉德《黑暗的心脏》,前引书,第213页。
② (英)约瑟夫·康拉德《黑暗的心脏》,前引书,第302页。
③ (英)约瑟夫·康拉德《黑暗的心脏》,前引书,第300页。
④ (英)约瑟夫·康拉德《黑暗的心脏》,前引书,第300页。
⑤ (英)约瑟夫·康拉德《黑暗的心脏》,前引书,第302页。
⑥ Douglas Hewitt. *English Fiction of the Early Modern Period 1890-1940*. London and New York: Longman Inc. 1988, p. 33.
⑦ Douglas Hewitt. *English Fiction of the Early Modern Period 1890-1940*. Ibid., p. 33.

使;但是我相信,作者的确生活在他们自己的社会中,在不同程度上塑造着他们的历史和社会经验,也为他们的历史和经验所塑造。"①

阿切比还指责康拉德在语言能力上对非洲人的不公平:"显然,康拉德不可能赋予非洲的'这些未开化人'以语言能力,那些人不是说话而是发出'粗鲁的模糊不清的声音'。"②阿切比还对整篇小说进行了统计,结果是,非洲人只获得过两次说话的机会。除了宣告库尔茨死讯外,唯一一次说话机会,却是为了表达其吃人的愿望。殷企平曾经引用了马洛"我毕竟没有亲眼看到过他们谁把谁生吃掉"③来证明把那些非洲人说成"吃人生番""只不过是道听途说罢了"④。虽然没有看到这些人吃人肉,但从他们获得的语言表达机会看,他们的确可能会吃人。而且,马洛的土著人舵手在黑人的进攻中被杀死后,马洛还怕他被同伙吃掉,迅速地把他的尸体丢到河里去。可见,虽然没有亲眼看到他们吃人,马洛对他们可能吃人这一点是确信无疑的。

与其说康拉德剥夺了非洲人的语言能力,不如说他剥夺了非洲人的话语权。虽然他听不懂,但马洛并没有说非洲人不具备语言能力。在土著人进攻轮船的时候,马洛听到舵手对岸上土著人叫喊。作者不给非洲人说话的机会,是为了能够更加便利地按照自己的想象对非洲人进行文化建构。康拉德在话语权的赋予方面独树一帜,按照其文化建构的便利决定赋予某些人以话语权,剥夺另一些人的话语权。使用小说叙述人来把握作品的结构不是康拉德的发明,艾米莉·勃朗特的《呼啸山庄》就是利用叙述人把握小说结构的好例

---

① (美)爱德华·赛义德《文化与帝国主义·前言》,李琨译,北京:三联书店,2003年,第17页。
② (尼日利亚)齐努瓦·阿切比《非洲的一种形象:论康拉德〈黑暗的心灵〉中的种族主义》,前引书,第186页。
③ (英)约瑟夫·康拉德《黑暗的心脏》,前引书,第243页。
④ 殷企平《〈黑暗的心脏〉解读中的四个误区》,前引刊,第149页。

子。但是利用小说叙述人把持话语权,在康拉德之前还没见到。总体来说,属于种族他者的人,很少能够在康拉德小说中获得话语权。他的种族他者建构涉及非洲人、亚洲的马来人和中国人以及个别南美洲土著人。其中除了马来人拥有相对平等话语权外,其他人在大多情况下都是失语的。没有话语权,想替自己辩护都不可能。比如说,那些传说中的吃人生番是否真的会吃人,在没有亲眼目睹的情况下谁都无法肯定。如果这些人拥有平等话语权,也许能够为自己辩解。但他们没有平等的话语权,获得极少的说话机会却加强了他们会吃人的印象。尽管马洛对此有怀疑,他仍然抱着"宁可信其有,不可信其无"的想法,迅速处理了被打死的舵手的尸体,"我早已下定决心,如果我死去的驾驶员要被吃掉的话,那也只能让鱼去吃掉。活着的时候他是一个非常次等的驾驶员,现在他死了,他兴许已经变成了头等诱惑,说不定还会惹起一场大乱子。"①马洛显然怕那些"食人生番"会因为争夺死者的尸体而引起麻烦。对于这个土著舵手的死,马洛也有某种怀念之情,"也许你觉得,为一个死去的野人表示怀念之情未免太奇怪了,他的生命的价值不过像撒哈拉沙漠中的一粒沙子。不过,你们想没想,他做过一些事情,他驾驶过船;我和他共事了好几个月——他是一个帮手——一件有用的工具。"②可以看出,马洛和其他西方人一样,带着一种居高临下的态度看待非洲人。他把这位死去的舵手直接叫做"野人",认为他的生命价值只相当于世界上最大的沙漠中的一粒沙子,根本没有价值可言。他之所以在某种程度上怀念他,不过是因为他是"一件有用的工具"。如果那个"野人"只是马洛看到的岸边又叫又跳的人群中的一员,对马洛和其他西方殖民主义者没有使用价值,他的死去是否能够激起马洛的一丝怀念之情就很难说了。对他们来说,是否有用比是否自然真实要

---

① (英)约瑟夫·康拉德《黑暗的心脏》,前引书,第270页。
② (英)约瑟夫·康拉德《黑暗的心脏》,前引书,第269页。

更有价值。所以,即使马洛用了褒义词"自然、真实",也未必是真正的赞扬。

笔者是在肯定康拉德殖民主义批判话语基础上论述他的话语的双重性质的,所以,不苟同一边倒的结论不等于赞同阿切比"康拉德是个彻头彻尾的种族主义者"①的观点,只是觉得不应忽略康拉德小说中殖民主义话语的一面。沃特发现,"康拉德最亲密的朋友都是帝国主义的激烈反对者"②,以此观之,康拉德也有可能对帝国主义持反对态度。为什么在他的小说中会有双重话语呢?休维特也提出疑问,"如果马洛在小说开头不久就已经知道殖民主义过程令人发指的恶行,他为什么还会继续为那些殖民主义者工作?"③沃特的话似乎正是为了回答休维特的问题的:"我们不应该忘记,在19世纪没有人对西方人对其他大洲的政治渗透提出过异议,有不同意见的只是这种渗透应该采取什么方式而已。"④就是说,当时人们产生疑虑的只是针对殖民过程而不是针对其目的,即没有人提出殖民主义是否应该实行,而是如何实行的问题。

这是一个带根本性的问题。马洛不可能超越其所处的时代,他虽然了解到殖民主义的恶行,对殖民主义产生了疑虑,仍然不由自己地为那些殖民主义者服务。由此出发,就可以继续追问,康拉德的他者建构想要达到什么目的,他的殖民主义批评话语针对的是什么?殖民主义话语针对的又是什么?各自的性质是怎么样的?对这些问题的回答,就可以对康拉德殖民主义话语的是与非的问题有比较全

---

① (尼日利亚)齐努瓦·阿切比《非洲的一种形象:论康拉德〈黑暗的心灵〉中的种族主义》,前引书,第188页。
② Ian Watt. Ideological Perspectives: Kurtz and the Fate of Victorian Progress. *New Casebooks: Joseph Conrad*. Elaine Jordan ed. London: MacMillan Press Ltd. 1996, p. 35.
③ Douglas Hewitt: *English Fiction of the Early Modern Period 1890-1940*. London and New York: Longman Inc. 1988, p. 37.
④ Douglas Hewitt: *English Fiction of the Early Modern Period 1890-1940*. Ibid., p. 36.

面的了解。

　　康拉德所处的时代是一个文化转型的时代,由于科学发现的冲击,尤其是进化论的冲击,西方经历了前所未有的信仰危机。基督教认为,上帝按照自己的模样创造了人,让人作为万物的主宰。西方人进一步推论,上帝把西方人作为其选民,去向其他民族传播上帝的福音。英国人罗德斯(Cecil Rhodes)于1887年立了一份遗嘱,把未来的财产留给某种学会,其宗旨是"把美洲、非洲及其他前途光明的地方增加到上帝选定的民族盎格鲁-撒克逊民族的版图上。"①"让某些基督教徒感到震惊的是,达尔文学说暗含了对'创世纪'的否定以及对人类特有的灵魂的否定(如果灵魂存在的话,根据达尔文的原理,它就已经存在于变形虫之中了)。"②早些时候,赖尔(Charles Lyell)在19世纪30年代的地质学研究发现对当时意识形态观念的挑战仅次于达尔文即将于19世纪50年代发表的进化论,而达尔文进化论的发表,对基督教构成了致命的打击。沃特说,"人类本来认为,在上帝为他们创造的宇宙中,人是最重要的。而这一来却把他们的这一信念彻底粉碎了。达尔文以后,人们在回过头去追溯其源泉时,看到的不是神创造的亚当,而是一连串偶然的演变,经过进化而来的高级猿猴。"③基督教在西方的至高无上地位受到了严重的动摇,"毫不奇怪,不久尼采就宣告上帝的死亡,夏尔·贝玑惊恐地注视着西方历史上首次出现没有耶稣的世界。许多生活在19世纪最后几十年的人认为,这个问题令人非常痛苦。"④其实,达尔文的挑战还不仅止于基督教,而且对道德观念也构成了严重的挑战。如果把达尔文主义

---

① Ian Watt: Ideological Perspectives: Kurtz and the Fate of Victorian Progress. Ibid., p.34.
② (美)罗兰·斯特龙伯格《西方现代思想史》,刘北成、赵国新译,北京:中央编译出版社,2005年,第325页。
③ Ian Watt: Ideological Perspectives: Kurtz and the Fate of Victorian Progress. Ibid., p.32.
④ (美)罗兰·斯特龙伯格《西方现代思想史》,前引书,第342页。

引入人类社会,就会得出"强权就是公理"的结论,"因为社会达尔文主义可以用同样的原理对战争进行判断"①。这样一来,除了强弱之分,就没有了是非之别。人们不禁会追问,"在达尔文主义的世界里还可能讲什么道德价值吗?"②

面对信仰危机,西方人必须以新的方式应对挑战。克里斯托弗·戈格威尔特(Christopher Gogwilt)写道:"西方这个概念的历史不长,大约出现于(19世纪与20世纪)世纪之交,由欧洲帝国扩张和民主政治危机等综合因素带来的。康拉德小说长期以来被认为是对现代性综合危机的一种回应,但我认为,他的回应正好说明了这种危机并非西方文化危机,而正是对这一危机的回应促成了西方文化这一概念的产生。"③康拉德的回应是小说艺术形象的创造,塑造出在失去信仰的条件下人们的各种心态。没有了上帝,人们就会想方设法创造某种上帝的替代品,有些人就尝试自己当上帝的滋味,库尔茨就是其中之一。库尔茨具有西方文化背景,而且接受过良好的教育,掌握了当时的先进科学知识,并且用西方的先进武器装备武装起来。他不是用已经掌握的知识和技能造福人类,而是以之君临非洲,当起称霸一方的魔王。俄国小流浪汉说起库尔茨与非洲土著人的关系时说,"他是带着雷和电到他们那里去的,你知道——类似这样的东西他们从来没见过——而且非常可怕。他能使人感到非常可怕。你不能拿衡量常人的尺度来看待库尔茨先生,不行,不行,绝对不行!"④库尔茨在一份为"肃清野蛮习俗国际社会组织"起草的报告中,明白无误地表达了他自己想要当神的愿望:"我们白人,按照我们已经达

---

① Walter E. Houghton: *The Victorian Frame of Mind, 1830-1870*, New Haven & London: Yale University Press, 1957, p. 209.
② (美)罗兰·斯特龙伯格《西方现代思想史》,前引书,第325页。
③ Christopher Gogwilt. *The Invention of the West*. Stanford, California: Stanford University Press, 1995, p. 1.
④ (英)约瑟夫·康拉德《黑暗的心脏》,前引书,第278页。

到的发展水平,我们必须以一种神人的身份出现在他们(指野人)的面前——我们和他们接触,要显示出如同上帝所具有的那种伟大。"①可惜他的所谓伟大不是要拯救那些落后的非洲人,而是要"把这些畜生统统消灭掉!"②在临死前,他念念不忘的是:"'我的未婚妻,我的象牙,我的贸易站,我的河流,我的——'一切都是他的。"③马洛对于库尔茨的贪婪和无所顾忌大吃一惊,因为只有万能的上帝才能够说一切都属于他,其他人是没有这样的权利的。他觉得库尔茨简直不知天高地厚,不知道自己究竟是属于谁的,因而认为他不能够成为创造一切的神,而是成了坐头把交椅的魔王。马洛和库尔茨的观点是有区别的。马洛认为人的能力毕竟有限,不可能取代万能的上帝,所以才会说库尔茨"重要的是知道他是属于谁的"④。马洛认为库尔茨沦入了魔道,因而有许多黑暗的势力在等着他,就好像魔鬼等着浮士德博士的灵魂。"马洛吓坏了,库尔茨在临死前也吓坏了,因为他们突然领悟到,库尔茨因为环境使然,竟然得以无所顾忌地滥用19世纪思想的终极目标:问题不在于上帝的消失,而在于人类试图取代上帝。很多人认为,人类进化的终极飞跃,就是跃上人类亲手让上帝腾出来的金光闪闪的宝座:而库尔茨的下场却显示,这一飞跃实际上可能是堕落和走回头路,回到黑暗之中。"⑤

库尔茨对待在发展水平上比自己落后的人类种群的态度是一个带根本性的问题。近代以来,西方在经济和科学技术发展方面遥遥领先于世界其他地方,这是不争的事实。在康拉德时代,西方更是一枝独秀。中国在历史上曾经长期领先于世界其他地方,但限于发展

---

① (英)约瑟夫·康拉德《黑暗的心脏》,前引书,第 268 页。
② (英)约瑟夫·康拉德《黑暗的心脏》,前引书,第 268 页。
③ (英)约瑟夫·康拉德《黑暗的心脏》,前引书,第 266 页。
④ (英)约瑟夫·康拉德《黑暗的心脏》,前引书,第 268 页。
⑤ Ian Watt. Ideological Perspectives: Kurtz and the Fate of Victorian Progress. *New Casebooks: Joseph Conrad*. Elaine Jordan ed. London: MacMillan Press Ltd. 1996, p. 43.

条件的限制,中国与世界其他地方的交往,无论是规模还是广泛程度,都不能与现代西方与其他地方的交往相比,不容易据以判断对待比较落后种群的态度。况且,康拉德并不了解中国,更不要说了解中国历史。因此,对发展水平不如自己的族群和生命形式的态度,他只有以西方人为标本进行检验。库尔茨就是康拉德笔下的这样一个标本。在今天看来,所有的生命形式都具有其存在的权利。尤其是人类的某一种群,不能因为其发展水平比较低就剥夺其生存权利。但是在当时的欧洲,不少人并不是这样想的。尤其是把进化论的"物竞天择,适者生存"的原理引入人类社会,把优胜劣汰作为衡量物类生存能力的标准,使高级生命对低级生命的剥夺合法化,"人们成功以后,会非常高兴地把自己借以攀登的梯子踢掉。"①但今天我们知道,如果人类不善待比自己低级的生命形式,最终毁灭的会是人类自身。比较发达的人类族群,更没有理由按照自身的意愿随意处置发展中的族群。库尔茨的形象具有普遍意义,并不是"抽象地谈论人性"②。康拉德让库尔茨以正当壮年的年纪而得病身亡,没有让他的残暴统治继续下去,显示出作者对西方殖民主义方式的批判态度,也表现出其对人类是否能够取代上帝持否定态度,"在《黑暗的心脏》中,康拉德与世纪之末的各种各样心理社会假设唱反调,重申人类的一种需求,正如加缪(Camus)所说的那样,'要想做人,就要拒绝做神。'"③拒绝做上帝,就是承认人类能力的局限性,承认生命的有限性,尊重自己的生命,进而尊重比自己落后的族群人类的生命,甚至尊重一切形式的生命。所以,马洛对库尔茨滥杀黑人的暴行才会深恶痛绝,"什么叛乱分子! 接下去还会加上些什么新的罪名呢? 过

---

① Ian Watt: Ideological Perspectives: Kurtz and the Fate of Victorian Progress. Ibid., p. 39.
② 殷企平《〈黑暗的心脏〉解读中的四个误区》,前引刊,第 144 页。
③ Ian Watt.: Ideological Perspectives: Kurtz and the Fate of Victorian Progress. Ibid., p. 45.

去把他们叫做什么敌人,什么罪犯,什么劳工——现在又把他们叫做叛乱分子。"①

没有上帝的创造,就必须在进化论的框架内寻求依据,以证明人类,首先是西方人,的确在进步,而且已经进展到相当先进的程度。要证明这一点,最佳的捷径就是通过比较,在非西方人反观之下体现出西方的文明和进步。阿切比说:"由于某些可以用于细致的心理分析的原因,西方人似乎为自己文明的不稳定而焦虑不安,因此,他们急需用非洲来不时地与其比较以取得心理平衡。如果文明日益发展的欧洲,不时地回过头来瞧一眼仍然处在原始野蛮时期的非洲,当然,它会更有信心地更充满感情地说,'看在上帝的份儿上我前进了!'"②在《黑暗的心脏》和其他与种族他者相关的小说中,康拉德从西方比其他地方在经济上和科学技术上先进这一点出发,强化了西方优越的印象,西方优越又给殖民主义者征服和统治他者世界提供了合理依据。赛义德引用了法国人哈曼德(Jules Harmand)的一段话就是证明:

> 那么,就必须把下列事实当作一项原则和出发点来接受:种族与文化的等级是存在的。我们属于高等民族和文化。还要承认,优越性给人以权力,但反之也附有严格的义务。征服土著的基本合法性在于我们对自己优越性的信心,而不仅是我们在机器、经济与军事方面的优越性,还有我们的道德优越性。我们的尊严就存在于这种优越性上,而且它加强了我们指挥其余人的权力。物质力量不过是达到这个目的的手段。③

---

① (英)约瑟夫·康拉德《黑暗的心脏》,前引书,第282页。
② (尼日利亚)齐努瓦·阿切比《非洲的一种形象:论康拉德〈黑暗的心灵〉中的种族主义》,前引书,第192页。
③ 转引自(美)爱德华·赛义德《文化与帝国主义》,前引书,第20页。

哈曼德把征服其他民族的合法性归之于西方的种族与文化的优越性，而康拉德的他者建构显然给人以西方优越的印象。白人可以肆无忌惮地奴役甚至屠杀土著人，土著人则仍然处于荒蛮时期，看不到真正意义上的反抗。当然，库尔茨杀死的人被冠以"叛乱分子"的罪名，是否真正反叛白人是值得怀疑的。休维特说他"为取乐而杀人（he has killed for pleasure）"①。且不说他是否为取乐而杀人，整篇小说唯一描绘非洲人反抗的是马洛前任船长被土著人打死一事，其实也很难说属于真正意义上的反抗。那位盛气凌人的船长因小事与当地人发生口角，就对当地人大肆鞭笞。被他毒打的人的儿子实在看不过眼用长矛捅了他一下，意外杀死了他。为了这件事，全村所有人举村迁移，"一股脑儿跑进森林躲了起来"②。这一事件暴露了西方殖民主义者的专横霸道，同时也显示出西方人与非洲土著人的实力对比简直不成比例，所以这一偶然事件的结果是整个村子的人都被迫逃难，反过来印证了西方人的强大和非洲人的弱小。更重要的是，这种强弱对比不仅仅是实力上的，而且是精神上的。非洲人根本没有反抗的意愿，偶然杀死一个白人就感觉到大祸即将临头，赶快逃跑避祸。这与有组织的反抗是不可同日而语的。可见，康拉德的殖民主义话语在于把西方的优越性当作是不争的事实，而且有意无意地加强人们的这种印象，客观上为殖民主义征服与统治提供了合法依据。

与此同时，康拉德小说中也充满了对殖民主义批评的话语，几乎针对了殖民主义在非洲的每个环节。从漫无目标胡乱开炮的法国战舰，到"唯一欲望便是从这块大地里面抢走所有的财富"③的埃尔多拉多探险队，到贸易站上"用极其笨拙的方法背后互相攻讦，互相要

---

① Douglas Hewitt. *English Fiction of the Early Modern Period 1890-1940*. Ibid., p. 33.
② （英）约瑟夫·康拉德《黑暗的心脏》，前引书，第202页。
③ （英）约瑟夫·康拉德《黑暗的心脏》，前引书，第236页。

阴谋来打发日子"①的众人,再到"本身就是一种深不可测的黑暗"②的库尔茨,都是马洛讽刺的对象。尤其是康拉德为马洛设计的死亡归宿,更是一种命运反讽,显示出康拉德的殖民主义批判话语。可以看出,马洛讽刺的是殖民主义过程中的种种荒谬和残暴行为,但没有对殖民主义合法性的根本问题提出质疑。换句话来说,他有疑问的不是是否应该推行帝国的殖民主义扩张,而是应该如何进行的问题。

综上所述,康拉德的非洲人建构是一种双重话语的建构。他对白人"不仅对黑人如凶神恶煞,而且彼此之间也尔虞我诈,勾心斗角"③的描写是批判性的描写,而对黑人的变形描写与之相比较则有过之而无不及。黑人的丑陋主要在形体,白人的丑陋则主要在内心。当然,黑人也有内心丑陋的情节,比如说,马洛等白人找的脚夫在路上就开了小差"扛着搬运的东西走了——一次地道的抗命叛逃"④。马洛公开批评殖民主义者的荒谬行径和残暴行为,却又在无意中显示了西方人的先进和非洲人的野蛮和落后,客观上为西方帝国的殖民主义扩张制造合法依据,其小说文本在批判殖民主义的同时,也成了殖民主义同谋者。

三

康拉德还采取话语权剥夺的方式,使非洲人根本没有为自己辩护的机会。非洲人只能够通过欧洲人的话语在小说中生存。齐努瓦注意到《黑暗的心脏》中的非洲人只获得过两次话语权,一次表示要吃人,另一次是宣告库尔茨的死亡。在《进步前哨》中,虽然高必拉原来和贸易站的欧洲人过从甚密,但他却一次直接说话的机会都没有获得,因而他对于欧洲人的感觉,只能靠小说叙述人来转述,是否

---

① (英)约瑟夫·康拉德《黑暗的心脏》,前引书,第226页。
② (英)约瑟夫·康拉德《黑暗的心脏》,前引书,第299页。
③ 殷企平《〈黑暗的心脏〉解读中的四个误区》,前引刊,第145页。
④ (英)约瑟夫·康拉德《黑暗的心脏》,前引书,第220页。

真是他的本意无从查证。反而是用土著雇员换取象牙的马可拉曾经获得话语权,为自己出卖土著雇员以换取象牙辩解。非洲人没有机会为自己的行为做任何解释,他们行为意义的产生就只好全部依赖于欧洲人的阐释。而马洛在阐释过程中又常常故意模棱两可,使得这些他者显得更加神秘。比如说他们在岸上鼓掌跺脚的意义,"是欢乐、是恐惧、是忧愁、是挚爱、是英勇、还是愤怒——谁知道呢?"①从西方的二元对立思维看,越是神秘的东西越可怕,因而也越能够激起西方人征服的欲望。所以,虽然在康拉德笔下的非洲人从外貌到行为几乎一无可取之处,但是仍然能够引起欧洲人的兴趣,其中对神秘事物的征服愿望是一个不可忽略的因素。

康拉德使用叙述人以自己的印象讲述故事,这是康拉德他者建构的一种手法。因为叙述人经常以自己的印象、凭自己的好恶对所发生的事情进行评论,而这些评论在许多情况下是经不住推敲的,这样就会不断地激起读者的怀疑,促使读者参与到小说意义的共构中来。不仅如此,康拉德这样做等于把对事情的判断权利从叙述者手中,交到读者的手里。如此一来,康拉德也可以与西方殖民主义话语保持距离。

康拉德小说创新点之一就是话语权赋予策略的技巧。传统的小说叙事大抵有两种,由万能叙事人叙述和以第一人称叙述。万能叙事人站在超然的位置以全知全能的身份进行叙述,这个叙事者往往不是小说里的主人公,叙述起来比较方便,甚至连故事中人物的内心世界都可以知道得一清二楚并叙述出来。所有的人物基本上都被赋予话语权,有时候可以看到十分犀利的辩驳。莎士比亚戏剧中就有不少被人们至今津津乐道的精彩对白。比如,作为种族他者的夏洛克与巴萨尼奥的针锋相对的对白就经常为人们叹为观止。

---

① (英)约瑟夫·康拉德《黑暗的心脏》,前引书,第246页。

巴萨尼奥:难道人们对于他们所不喜欢的东西,都一定要置之死地吗?

夏洛克:哪个人会恨他所不愿意杀死的东西?

巴萨尼奥:初次的冒犯,不应该就引为仇恨。

夏洛克:什么!你愿意给毒蛇咬两次吗?①

另一种传统叙事方式是以第一人称叙事,包括书信体的第一人称叙事。传统的第一人称通常就是故事的主角,通过故事主人公的视角进行叙事。同样,这种叙事方式对于话语权的赋予也没有特别规则,与主人公打交道的人物基本上都有同等的话语权。

美国作家,如马克·吐温,在写到黑人话语时,会以独特的拼写形式表现黑人因为种族、教育背景等原因造成的不规范发音和语法使用上的错误。但他笔下语言不规范的不是只有黑人,像哈克贝利·芬这样的小流浪汉。在语言使用上也有不规则的地方,比如他经常以第一人称叙事,却使用第三人称单数的动词形式(如:I says)。不规则的程度比诸如吉姆这样的黑人要好些而已。后来的美国黑人作家沿用了马克·吐温的语言使用方式,有些还更进一步,如使用"Me thinks"代替"I think"。不仅动词误用了第一、第三人称单数,而且本来应该使用主格的主语也用了宾格来替代。占着主语的位置而不敢使用主格,恐怕就不仅仅是语法错误的问题了,其中可能还有自卑心理作怪。虽然语言使用规则上有不同,但他们都没有剥夺故事中人物的话语权。

就叙事视角而言,艾米莉·勃朗特的《呼啸山庄》的叙事形式是个例外,故事分别由叙事人和叶卡捷琳娜的女管家叙述。小说的叙事人可以说是一个外围叙事人,和康拉德的马洛有些相似。这个外围叙事人主要叙述故事的开头和结局,中间部分是由女管家叙述的。

---

① (英)威廉·莎士比亚《威尼斯商人》,前引书,第140页。

外围叙事人对故事的卷入程度不如马洛深,他基本上没有行动,而马洛是直接卷入到故事主人公的生活中去的。虽然艾米莉·勃朗特的叙事视角和她所处的时代相比相当超前,但她仍然没有在话语权上做文章。她的人物基本上都拥有平等的话语权。当然,她的小说不涉及种族他者,这和康拉德是不同的。在康拉德小说中,不涉及种族他者的时候,也基本上不存在被剥夺话语权的问题。如《间谍》中除了残疾人斯迪威话语不多外,其他人都有平等的说话机会。某国驻英国大使馆的工作人员弗拉迪米尔的话语还相当犀利。以好口才著称的间谍维尔洛克在他的面前"几乎像猫爪下的老鼠一样可怜,常常结结巴巴说不出话来"①。

除了马来三部曲以及早期涉及马来群岛的短篇小说外,康拉德涉及民族他者与地理他者的小说中,话语权是以种族划分为赋予原则的。拥有话语权的是欧洲人,而种族他者和地理他者的人是很少有话语权的。所以说,在话语权的赋予方面,康拉德是一个绝对的西方中心主义者。或者说,是一个地地道道的种族主义者。

在客观上,这样的处理有利于康拉德叙事方式的充分发挥。康拉德的主要作品摒弃了传统的叙事方式,采用全新视角进行叙述。通过把话语权赋予特定的人物,能充分发挥叙事人的主观感受和推理,增强作品的感染力。另一方面,是要充分挖掘叙事人的听觉和视觉等感官对事物的把握。在文化他者研究中,从权力与话语之间的关系看,"看"和"被看"、"说"和"被说"是一种非常重要的研究角度。"看"与"听"是康拉德所特别着重提倡的。"我所致力的任务是,以文学创作的形式让你听到,让你感觉到——而最重要的是,让你看到。"②只是他当时还没有意识到"被看"和"被说"等概念。但

---

① 陆建德《间谍·序》,康拉德《间谍》,张健译,北京:外国文学出版社,2002年,第6页。
② Joseph Conrad. Preface to *The Nigger of the "Narcissus"*, in *A Conrad Argosy*, New York: Doubleday, Doran & Company, Inc. 1942, p.82.

是在写作实践上,康拉德却在赋予话语权利方面表现得非常突出。康拉德早期小说与传统小说一样,各方面基本上都拥有话语权。但是,从《黑暗的心脏》出版(1899年)开始,他的叙述人发生了变化,话语权的赋予也同时发生变化。此前出版的小说中,除了《进步前哨》外,其他作品大多与马来群岛有关,而话语权的赋予还基本上是传统的方式。当然,《进步前哨》已经初露话语权赋予的端倪,那里的黑人除了翻译外,都是失语的。《黑暗的心脏》出版后,在他与种族他者有关的小说中,欧洲人以外的人物,很少有话语权。

从叙事者、小说的人物和故事中超脱出来,把叙事交给直接和间接的叙事人,有利于康拉德保持他者建构的亲外和仇外两个极端的平衡。以叙事人的欧洲中心主义的"仇外"建构来回应欧洲从他者身上寻找自身发展道路正确性的依据,同时利用自己的超然地位从整体上对欧洲人在殖民地的所作所为进行嘲讽以表现自己的批判态度。随着进化论逐步得到普遍认同,科学理性在欧洲取得了主流地位,以物种进化为理论依据的科学理性对宗教的冲击,构成了欧洲自文艺复兴以来最重大的思想危机。欧洲人本来是以"上帝选民"的身份自居的,但是,进化论推翻了"神的创造"理论,"上帝选民"失去了理论根据。因此,他们迫不及待要寻找他者,在他者的身上验证自身发展道路的正确性。"他们急需用非洲来不时地与其比较以取得心理平衡。如果文明日益发展的欧洲,不时地回过头来瞧一眼仍然处在原始野蛮时期的非洲,它会更有信心地更充满感情地说,'看在上帝的份儿上我前进了!'"①其实,西方寻找的不仅是非洲人,而是非西方世界以外所有的人,以他们身上体现出来的落后、原始状态来说明,从进化论角度看,西方的道路也是正确的。康拉德的他者建构就包括了马来人、非洲人、中国人等。与他同时代的福斯特和吉卜林

---

① (尼日利亚)齐努瓦·阿切比《非洲的一种形象:论康拉德〈黑暗的心灵〉中的种族主义》,前引书,第192页。

的印度人建构,也是这种努力的一部分。福斯特关注不同民族间的文化误读,关注种族之间的相互理解;吉卜林则被认为是欧洲中心主义的积极鼓吹者。

从叙事者、小说的人物和故事中超脱出来,把叙事交给直接和间接的叙事人,还有利于康拉德对殖民主义过程中的暴行保持批判态度。

《进步前哨》的标题本身就是一种讽刺。在康拉德年代,"进步前哨"是西方用于殖民帝国的一个常用语,按照其正常释义,康拉德用这个术语做小说标题,"可能让他的同代读者期望看到一篇为大英帝国殖民事业张目的故事"①,但康拉德写的却是一篇讽刺西方殖民主义的小说。实际上,这篇小说最开头定的标题是《一个进步的牺牲品》,后来改为《两个进步的牺牲品》,是以小说主人公的遭遇为标题的。最后却改为《进步前哨》,一个具有讽刺意味的标题。把一个主要做象牙买卖、后来竟无意中参与了罪恶的奴隶贸易的贸易站美其名曰"进步前哨",把这个术语的罪恶一面表现得淋漓尽致。当然,康拉德时代的象牙贸易是合法的,西方人对象牙的追求就好像对黄金的追求一样,所以非洲沿海直到如今还有诸如"黄金海岸"、"象牙海岸"等名称。但是,从今天的角度看,象牙贸易本身就是不道德的。与从地下开采的黄金不一样,象牙是长在动物身上的。象牙买卖意味着大量捕杀大象。对于人类来说,象牙主要被用来制造装饰品,没有多少实用价值。为了人类的享受而对同属自然生命一部分的大象进行大肆捕杀,这种行为是违背大自然的和谐的。康拉德不可能站在今天的角度看象牙贸易,但是,他把贸易站的主要交易定为象牙,在今天看来都是对"进步前哨"的讽刺。

---

① Gail Fraser. Conrad's Irony: "An Outpost of Progress" and *The Secret Agent*. *Joseph Conrad Critical Assessments* (vol. II). Ed. Keith Carabine, East Sussex: Helm Information Ltd. 1992, p.174.

象牙贸易已经是一种讽刺,为了获得象牙而把人作为交换的商品就更具讽刺意味。当然,奴隶贩子可以不把黑人当人看,北美的种植园主等奴隶主也不把他们当人看。在运输途中,那些被贩卖的黑人被拥挤地关在船的底舱,很多人没等运到美洲就死去了。到了美洲,奴隶主在市场上买卖奴隶就像买卖牛马等牲口一样要看牙口。甚至于奴隶的性关系,也被奴隶主称为"配种"。奇怪的是,对于女奴隶,奴隶主却要保留初夜权,在这点上他们给予这些女奴隶某种"人"的待遇,因为他们显然不会要求母马或者母牛一类牲口的初夜权。美国在1860年就废除了奴隶制,康拉德的《进步前哨》出版于1898年,奴隶贸易早就不再合法了。当然,《进步前哨》的背景时间不明,也可能是奴隶贸易还可以合法存在的时候,但作为一个开明、有良知的作家,他对奴隶贸易持批判态度是必然的。这也和康拉德身份的双重主体相符合。作为西方的一员,征服世界,对他者进行殖民统治是他无法回避的选择;而作为波兰的儿子,作为帝国扩张的直接受害人,对殖民主义过程中的暴行的批判也是合理的。比较而言,对殖民道路的肯定与对过程中的暴行的否定,证明康拉德首先是西方殖民主义的维护者,而在维护的同时又有力地暴露其残酷与荒谬的一面。

所以说,康拉德的非洲人建构总体上按照西方殖民主义要求进行,把非洲人模糊化、变形化,强调其原始野蛮的一面。虽然野蛮,他们对欧洲来的殖民主义者没有半点反抗行动,这使得西方人的殖民主义有了合法的外衣,可以美其名曰为了非洲的进步,为了加速非洲人的进化。由于其原始野蛮,有必要对他们进行教化;而他们在西方人面前的驯服,使得这种教化成为可能。另一方面,康拉德以非洲人在殖民主义者的统治下的悲惨遭遇,显示出作者对殖民主义者在殖民开发过程中表现出来的种种暴行所持的批判态度。但这种批判并没有触及殖民扩张的合理性、必要性和可行性,因而没有触及帝国主义的根本利益,也没有从根本上改变康拉德作为西方一员的基本立场。他所批判的是殖民过程中产生的问题,是应该如何进行、而不是该不该进行殖民扩张的问题。

第三节 马来人建构

一

康拉德与马来人打交道比与其他非西方种族都多,所以他的马来人建构作品也比较多。长篇的有马来三部曲(《阿尔迈耶的愚蠢》、《海隅逐客》、《救援》)、《吉姆爷》、《胜利》等,中短篇的更多,如《卡莱恩,一段记忆》、《走投无路》、《青春》等,都与马来人建构有关。这些作品除了《吉姆爷》外,其他的在今天评论界得到的论述都不是很多。

马来三部曲是康拉德早期作品,《阿尔迈耶的愚蠢》和《海隅逐客》是作者的处女作和第二部小说,分别于1895和1896年出版,《救援》虽然迟至1920年才与读者见面,却早在1898年就开始动笔了,其创作构思和风格与前两部相似,人物、事件也互相关联。这三部小说往往被排除在康拉德主要作品之外,认为是康拉德的写作技巧成熟以前的作品。康拉德在写作这些小说时,还没有让叙事人来把持话语,使用的仍然是传统的全能叙事者来叙述的方式。虽然在叙事人方面不像后来的小说那样,但在叙述的时间上却从一开始就显示出康拉德与传统小说的不同。《阿尔迈耶的愚蠢》并不按照时间先后顺序来讲述,而是按照作者的便利进行。阿尔迈耶来自葡萄牙,年轻而朝气蓬勃的他得到林嘉德船长的赏识,让他管理林嘉德公司,一面贸易,一面还做一些救济当地贫民、灾民的好事。与此同时,林嘉德船长还把一个在战争中救出的土著女子嫁给了阿尔迈耶。阿尔迈耶夫妻两人从一开始就没有什么幸福可言,虽然生下了女儿妮娜,夫妇俩却越来越形同陌路,最后发展到分开居住,阿尔迈耶在公司大厦旁边造了一间小屋,让妻子一个人住在里面。妮娜被送到新加坡接受西方式教育,却遭到纯种西方人的冷眼,被他们的冷言冷语所伤。回到父母身边后,妮娜遇到了戴恩。两个年轻人相爱了,最后妮娜不顾阿尔迈耶的反对,跟着戴恩走了。失望之余的阿尔迈耶一把火烧毁了公司大厦,境况更是每况愈下,逐步发展到一日三餐都无以为继的潦倒境地,还跟着一个中国人抽起了鸦片,最终潦倒而亡。

从时间上来说,《海隅逐客》与《阿尔迈耶的愚蠢》有部分重叠。同样来自葡萄牙的少年威廉斯从打杂的船上逃了出来,遇到英国来的林嘉德船长。威廉斯的聪明伶俐得到了林嘉德的赞赏,把他介绍给自己的一位朋友胡迪格,并得到胡迪格的重用,甚至把自己的女儿嫁给了他。但是,威廉斯滥用聪明,挪用了公司的公款。胡迪格一气之下把他赶出了公司,原来对他百依百顺、被他欺负的妻子也突然翻脸,把他赶出了家门。威廉斯在潦倒中,被林嘉德船长找到,把他带到阿尔迈耶管理的林嘉德公司。他本来就看不起阿尔迈耶,而阿尔迈耶也害怕比自己聪明能干的威廉斯的到来可能妨碍自己的地位,因而刻意给他难堪。后来,他无意中邂逅了海盗的女儿艾莎,在艾莎的怂恿下,他背叛了林嘉德,带领阿尔迈耶贸易对手的人偷渡了只有林嘉德亲近的人才知道的暗道,发动政变,打倒了和林嘉德关系密切的土著酋长。林嘉德找上门把他臭骂了一顿,却没有动手处置他。后来他的原配妻子找上门,妒火中烧的艾莎开枪打死了威廉斯。

《救援》讲述林嘉德船长的闪电号救援一艘豪华游船的故事。一艘豪华游艇在避难者海岸附近搁浅,派出小艇到处找人救援,正好碰上了林嘉德的闪电号。因为他的马来朋友哈希姆和伊玛达兄妹在那里避难,而他正在密锣紧鼓地实施着帮助这对兄妹恢复他们失去的统治地位的计划,林嘉德船长不愿意别人插手其中,虽然他的闪电号吨位不够,还是决定自己去救援这艘搁浅的游艇。故事发展越来越复杂,最后游艇开出来了,而他千方百计弄来帮助哈希姆兄妹的一船军火却被他们兄妹俩引爆,游艇和闪电号互换了大副后分道扬镳。

马来人的建构与非洲人建构有共同之处,也有不同的地方。共同的是无论非洲人还是马来人在进化程度上都落后于欧洲人。虽然如此,他们在康拉德建构中有质的区别。马洛曾经为非洲人也属于人类而惊叹,表现出其对于非洲人也和自己一样属于人类的惋惜和惊讶,同时也多少包含了一丝怀疑的成分。虽然康拉德笔下的马来人仍不脱野蛮,但他们从来就没有被怀疑过他们属于人类的一部分。其次,经过调教以后的非洲人变得有用,而经过培训的马来人却可以独立操作船只在大海上航行,甚至还可以成为战场上的好助手,这些显然不是非洲人能够比拟的。此外,康拉德笔下的白人与马来人还可以成为某种程度上的朋友,这也是非洲人得不到的待遇。在话语权上,马来人比非洲人拥有更多的语言表达机会。

比较而言,康拉德笔下的马来人比黑人更像"人"一些,无论从外貌看还是从行为看,他们都更容易为白人接受。比如说,在《卡莱恩:一段记忆》中,叙述人是这样描写马来人的脸的,"还有脸膛——黝黑的脸,野蛮的脸,微笑的脸;坦率而大胆的男人的脸,他们赤着脚,带着武器,一声不响。"①

和对非洲人的描写相比较,康拉德对马来人的描写虽然也没有全部用褒义词,但至少他们有"脸"了。在群体性描写中,非洲人是没有"脸"的,他们只有眼睛、胸脯、胳膊和四肢。他们可能有白森森的牙齿,但就是没有"脸"。大约因为黑人皮肤的颜色,使他们的"脸"消失在黑暗之中。马来人的"脸"虽然也"黝黑",但仍然可见,没有消失在黑暗之中。巧的是,莱维纳斯以他者的"脸"作为禁止自我为所欲为的标志。非洲人没有"脸",遭到更加非人的待遇。由此看出,马来人虽然也属于"野蛮"人,毕竟其人类的属性是不可置疑的。马来人的女性似乎也比非洲人更具吸引力,不止一个欧洲殖民

---

① Joseph Conrad. Karain: A Memory, *Selected Short Stories of Joseph Conrad.* Ware, Hertfordshire: Wordsworth Editions Ltd. 1997, p.36.

者与马来土著人结为夫妻。威廉斯初见艾莎时觉得她就是"那森林之地的精灵,戴着阳光与暗影织就的面纱,如梦似幻地站在他的面前。"①曾经由衷地赞美"你真漂亮"②,听到称赞,艾莎对他粲然一笑,"在那张忧郁的俏脸上,这粲然一笑就像暴雨将临的黎明,在阴沉的天空中投下的短暂一瞥晨光,预示着阳光与暴雨的来临。"③至于像珠儿和妮娜那样的混血女孩,其魅力更是不逊于纯正血统的欧洲女性。

在康拉德小说中,马来人的地位比非洲人的地位要高,这是不容置疑的。马来人可以成为非常能干的水手。在《吉姆爷》中,被白人遗弃了的船只,由于马来水手不了解内情,依然坚守在自己的岗位上,才使得帕特纳号船保持完好,后来被法国军舰拖到一个港口,使船上 800 多名乘客安然无恙。在《走投无路》中,马来水手在惠利船长已经丧失视力的情况下,依然能够顺利地操纵船只。斯特恩这样评价那些土著水手:"那些土著,先生,只要他们有白人在他们背后撑腰,会一直干得很好的,好得叫人大为惊奇——哪怕是相当放手地让他们自己干也是这样。只是一定要有白人摆摆样儿,给他们打气,使他们硬起来;船长就是派这种用处的。"④

马来人还可以成为战争中的伙伴,虽然不是平等意义上的伙伴。多莱明父子都曾经成为白人的战争伙伴:多莱明与斯坦恩在年轻的时候曾经共同战斗,多莱明的儿子华里斯在吉姆到来以后又成为很好的战争伙伴。他不仅在战场上勇往直前,而且能够当机立断。在绅士布朗一伙侵入帕杜森,吉姆又外出未归的情况下,他能够果断地带领当地武装把布朗一伙包围起来,本来他还想一

---

① Joseph Conrad. *An Outcast of the Islands.* Ibid., p. 70.
② Joseph Conrad. *An Outcast of the Islands.* Ibid., p. 71.
③ Joseph Conrad. *An Outcast of the Islands.* Ibid., p. 71.
④ (英)约瑟夫·康拉德《走投无路》,鹿金译,《康拉德小说选》,上海:上海译文出版社,1985 年,第 453 页。

鼓作气把这伙海盗消灭掉,但由于他不是白人,土著居民对他的能力有保留,认为他不一定能够消灭这些强盗,要等吉姆回来作最后的决定。可惜的是,吉姆不是决定消灭布朗一伙,而是放他们一条生路,才导致华里斯遭到撤退中的布朗一伙的突然袭击而不幸被杀身亡。

  康拉德区别对待非洲人和马来人,和他对马来人了解比较多有关。他曾经多次在东南亚一带航行,接触过很多从欧洲到东南亚来的欧洲人,包括被派来管理殖民地的官员。在他的《读书与生活随笔》(Notes on Letters and Life)中,专门写了一篇题为《一位马来亚观察者》的文章,谈论一位把最好的岁月献给了马来亚,觉得马来亚对他来说非常重要的克利福德先生(Hugh Clifford)。这位克利福德先生是英国派到马来亚当殖民地官员的,康拉德在文章中对他大大地赞扬了一番,说他对马来人具有真正的爱心。康拉德还结识了其他一些来自欧洲的人。在他的回忆录中写到阿尔迈耶购买小马驹、由康拉德的轮船运送的故事,可见阿尔迈耶是实有其人的。当然,在此过程中肯定也结识了不少马来人,对他们有比较深入的了解。而从康拉德的记录中,我们却很难找到他与非洲人交往的记录,说明他对非洲人的了解只是通过自己观察而没有进行过深入的交往和了解。

  康拉德自己没有明说,但皮肤颜色的区别显然也是他区别对待马来人和非洲人的原因之一。在基督教文化中,邪恶势力与黑暗有关。地狱是完全黑暗的,虽然地狱中燃烧着永远不息的大火,却没有半点光线。魔鬼的出现是在晚上,所以邪教的活动多在晚上进行。美国作家霍桑的《好青年布朗》中与魔鬼订交仪式,就发生在黑夜的森林之中。因此,在基督教文化中,黑暗几乎是一切邪恶的源泉。此外,从审美角度看,西方人也觉得黑色的皮肤是丑陋的。由于对犹太人的偏见,欧洲人长期以来认为犹太人是"黑色"的,"19世纪末期种族主义文学普遍认为犹太人是'黑色'的,至少也是'黝黑'的。这种观点在欧洲科学界有悠久的历史。"①而在欧洲人看来,"犹太人的'黑色'不仅是劣等民族的标记,而且是他们病态天性的标记。"②可见,欧洲人把皮肤的黑颜色看做是丑陋的象征,甚至是内心邪恶的象征。康拉德对非洲人只有同情却没有多少好感就可以理解了。

　　和基本上失语的非洲人不同,不少马来人获得了话语权。康拉德有时甚至直接利用马来人之口对欧洲殖民者进行批评。在《海隅逐客》中,巴巴拉契和林嘉德船长的对话,就充分反映了双方不同的立场。三潘(Sabir)原来的统治者是林嘉德船长的贸易伙伴,他们垄断了三潘的贸易。后来,林嘉德的贸易对手、阿拉伯人阿卜杜拉结交了当地一个有势力的土著人拉肯巴,巴巴拉契又以他原来的主子、海盗头子奥尔玛的女儿艾莎为诱饵,设计收买了郁郁不得志的威廉斯,由威廉斯带领越过了险阻,推翻了三潘原来的统治者,这也意味着把当地的贸易从林嘉德船长代理人阿尔迈耶的手中夺取了过来,由阿卜杜拉取而代之。外出探险回来的林嘉德船长非常气愤,找到巴巴拉契,妄图恢复自己的权益。于是,他们之间进行了一场精彩的对话。巴巴拉契口齿伶俐,连讽刺带挖苦,在林嘉德船长软硬兼施的威胁面前,寸步不让地坚守住自己的立场。从殖民地居民的立场出发,巴巴拉契犀利地讽刺了欧洲来的殖民主义者"顺我者昌,逆我者亡"的强盗逻辑,使年老体衰而又失去了"闪电"号船的林嘉德船长在既成事实面前无可奈何。巴巴拉契说的"乖乖听话,给你们幸福,否则,要你们的命!"③对帝国主义的本质的刻画,真是入木三分。

---

① Sander L Gilman. The Jewish Nose: Are Jews White Or, The History of the Nose Job. *Encountering the Other(s)*. Gisela Brinker-Gabler, ed. New York: State University of New York Press, 1995, p. 151.
② Sander L Gilman. The Jewish Nose: Are Jews White Or, The History of the Nose Job, Ibid., p. 151.
③ Joseph Conrad. *An Outcast of the Islands*. Ibid., p. 226.

二

从康拉德小说中看不出白人与黑人有任何朋友之情,虽然高必拉曾经把贸易站中的欧洲人看做自己的儿子一辈,但看不出白人对他有任何类似的感情。他们只觉得这个酋长固执、迷信、不可理喻。库尔茨在对当地人实行高压统治过程中,必然需要当地人为帮手,但马洛却没有提到他的土著帮手,显然库尔茨对他的帮手也只有恐怖手段而没有友谊成分,从他让酋长头人们向他请安、跪拜就可见一斑。但他笔下的白人与马来人之间却具有一定的友情成分在内,如吉姆和华里斯之间,虽然不是平等的关系,起码也是被叫做"战友"的关系。吉姆与他的马来仆人塔姆·伊塔姆之间,也存在某种鲁滨逊与星期五那种主仆之间的情谊。此外,像《卡莱恩:一段记忆》中的几个白人与卡莱恩之间的关系,也存在某种朋友之间的友情,那几个白人也一再把卡莱恩称为"朋友"。其中一人还煞费苦心地用一枚硬币为卡莱恩做了一个"护身符"。正是在《卡莱恩:一段记忆》中,康拉德借叙述人之口讲述了不同种族的人之间平等交往的条件,"有人说土著人不愿意跟白人说话,不对。没有人愿意跟主子说话,却愿意跟游子和朋友说话,愿意跟那些不是来说教也不是来统治他们的人说话,愿意跟那些不会伸手要任何东西却对朋友的赐予来者不拒的人说话。这些话闻之于篝火旁,闻之于四外无人的海面上的坦然相对,闻之于河滨小村中,闻之于森林环抱的休闲之地——这种谈话不分种族,不论肤色。一颗心在说,另一颗心在倾听。除了对话双方,分享生活重压下无奈故事的还有大地、碧海、蓝天、匆匆吹过的风儿和随风起舞的叶子。"[1]

其实,康拉德自己也很明白这种设想是不现实的,只有像他那样

---

[1] Conrad, Joseph. Karain: A Memory, *Selected Short Stories of Joseph Conrad*. Ware, Hertfordshire: Wordsworth Editions Ltd. 1997, p.50.

的船员或其他流浪者的身份才有可能与民族他者的人没有根本的利益冲突。但即使是船员或其他流浪者,也很少有人不是为了财富而不远万里、背井离乡来到他者的地域的,只要有了想要一朝发财的欲望,就免不了会与民族他者发生利益上的关系和冲突,因而也就不可能建立起康拉德所说的友情。再说,西方人自以为自己是优等种族,他们的傲慢和偏见也使他们不容易与被他们认为是劣等种族的他者建立起真正的友谊。在他的短篇小说《环礁湖》中的白人对马来人阿尔萨特(Arsat)的感觉就很能说明康拉德小说中白人与马来人关系的真正状况,"他喜欢这个人,因为他言而有信,也能够跟随白人朋友一起英勇无畏地战斗。他喜欢他——也许喜欢的程度稍逊于一个人对自己最心爱的宠物狗的喜爱——但他仍然喜欢他,喜欢到可以不问情由就为他提供帮助。在忙于追求自己目标之余,有时还会隐隐约约地想起他,想起那个孤独的男人和那个长发女人,野性的脸,得意的目光。在森林的掩藏下,他们两人共同生活——孤独而又恐惧地活着。"①

那位白人与阿尔萨特的关系显然非同一般,否则就不会了解他"言而有信"、"能够跟随白人朋友一起英勇无畏地战斗"了。但是他仍然不能把阿尔萨特当作能够平起平坐的人,连最宠爱的宠物狗的地位都不如。和《黑暗的心脏》一样,这里也出现了"狗"的意象。那个轮船司炉工是一条穿着人的衣服、用两条后腿走路的"狗",这条狗滑稽但"有用";而这个比最宠爱的"狗"稍见不如的马来人则因为能够跟随主子上战场而得到主子的宠爱。与"有用"的黑人固然不同,与见到白人就摇尾乞怜、因为会献殷勤而得宠的那个铁路工程的监工也不相同。"狗"的意象在这里有两重含义,一是暗示白人对阿尔萨特了解的程度,因为人们对自己宠物狗的秉性的了解是比较透

---

① Joseph Conrad, The Lagoon, *Selected Short Stories of Joseph Conrad*. Ware, Hertfordshire: Wordsworth Editions Ltd. 1997, p.27.

彻的,这表示白人对阿尔萨特这个种族他者的"他者还原"已经有相当的深度。二是某种程度上的真情的存在。西方人眼中的"狗"的地位,要比中国人心目中的"狗"的地位要高很多。"狗"在英语中不含贬义,这与中文不同。所以,在英语中把人比作狗不算是侮辱,虽然"You are a lucky dog"与"You are a lucky boy"的含义有些区别,用前者的时候可能包含了说话者某种嫉妒甚至蔑视的心理,多少有点"你的成功纯属侥幸"的潜台词,而后者则纯粹是对说话对象的赞誉。因此,虽然还比不上最宠爱的狗,那位白人与阿尔萨特之间的关系毕竟已经用上了"喜欢"这样的词语。而且可以不必问理由就愿意提供帮助,可见他们之间是存在一定的真情的。当然,阻止欧洲人与民族他者的人打成一片的,还有当时在欧洲流行的害怕被"土著化"的担心。

康拉德说得很清楚,朋友之间的对话应该建立在平等的基础上,而不是一方在说教而另一方在接受教化,更不能够一方是统治者而另一方是被统治者,因为不平等的关系很难存在真正的对话,即使对话也很难成为真正的友情。同时,朋友之间也不应该是利害关系。以追求经济利益为主要目标的对话也很难是真诚的,一旦与金钱发生关系,就很容易尔虞我诈,不容易保持住真正的友情。康拉德表示,只有"心"与"心"之间的交流,才会产生真挚的友情。而真正到了这一天,世界上各族人民就可以和睦相处了。

可是,在西方帝国事业正在如火如荼地进行,欧洲各国在世界其他地方拼命抢夺殖民地的时候,康拉德的理想只不过是美好的愿望而已。康拉德所说的平等对话的禁忌,即统治、教化和追求经济利益,正是西方殖民主义者在种族他者地盘上所做的。对他们来说,征服种族他者并不是什么困难的事,而这种征服的目的就是要掠夺他们的资源,获取经济上的好处。与此同时,为了降低成本,也为了殖民统治能够长期延续下去,就有必要对种族他者施以教化,对他们进行他者还原,使他们便于把握,也使他们能够为西方来的殖民主义者所用。占领地理他者本身,就是证明西方作为优等种族的一种方式;对种族他者进行教化,同样也是一种表现他们比他者优越的方式。所以,要他们放弃对种族他者的统治、放弃说教、放弃对种族他者的掠夺,是根本不可能的。他们本身也不可能接受被他们认为是劣等种族人的与自己平起平坐地进行对话,也不稀罕他们的友情。他们是以高高在上的姿态来到种族他者的国度的,其目的就是说教、统治和掠夺。因此,康拉德虽然看到了真正友谊的真谛,实际上还是等于什么都没有说。

在《卡莱恩:一段记忆》中,卡莱恩与小说叙述人等三位西方人的交往,实际上也算不上真正的友谊。卡莱恩是一个部落首领,另一个部落首领帕塔·马塔拉是他的好朋友,也是他唯一的朋友。他们两人曾经一起战斗,"曾经同甘共苦、同赴危难、共享胜利"①。后来,来了一个荷兰商人,在马塔拉的地盘上建起了房子定居下来。不久,那个荷兰来的白人却拐跑了马塔拉的妹妹。马塔拉对此大为震怒,因为他的妹妹已经许配给别人了,而他的妹妹无视已有的婚约,竟敢和白人私奔。马塔拉震怒之余,决定要除掉这一对男女。于是,马塔拉与卡莱恩一起去追杀他们。当他们终于追上马塔拉的妹妹和那荷兰白人的时候,在关键时刻,卡莱恩竟然被马塔拉妹妹的美色所迷,背叛了自己唯一的朋友。他开枪了,但中弹倒下的不是那荷兰人,也不是马塔拉的妹妹,而是他的好友马塔拉。

打死好友马塔拉以后,卡莱恩感觉到马塔拉的鬼魂总缠着他,使他吃不好饭,睡不好觉,疲惫不堪却无法解脱,甚至连想死都死不了。为了解脱,他在战场上总往最危险的地方冲,结果仍然死不了。后来,他遇到了一个去朝圣回来的老人,那老人去朝圣时带着儿子、儿媳和一个孙子,但回来的时候一家人差不多都死光了,剩下他孑然一身。卡莱恩把自己的苦恼向这位老人诉说,老人当了他的军师兼侍

---

① Joseph Conrad. Karain: A Memory, Ibid., p. 51.

剑师。卡莱恩无论做什么事情都把他带在身旁,连睡眠都得让他在床边侍候着,凭借老人的超然力量,卡莱恩才得以稍微安定一点。可是,老人病死后,卡莱恩又回到了原来的状态。"现在我又成了那死人的奴隶。"①为了安宁,卡莱恩后来跑到几个白人的船上,要求白人把他带走,因为他相信这些西方来的白人拥有强大的超自然力量,能够使他朋友的鬼魂不敢靠近。

听了卡莱恩的故事,三个白人中的一个叫霍利斯的想了一个办法,找出一枚六便士的硬币给卡莱恩做护身符:

> "这是送给朋友的护身符,"他对我们说,"这东西本身就有大魔力——金钱,你知道——他的想象力已经遭受了打击,变成了一个不折不扣的流浪汉;只要他的信仰还没有……"
>
> 我们谁都没说话。我们不知道该感到愤怒、高兴还是该感到松了一口气。卡莱恩似乎非常震惊。霍利斯走到卡莱恩跟前,手里举着那枚硬币,用马来语说。
>
> "这是一位伟大女王的头像,是白人所知道的最有力量的东西。"他一副认真样子说。
>
> 卡莱恩用手按在腰刀的柄上表示敬意,目不转睛地瞪着硬币上戴着王冠的女王头像。
>
> "战无不胜,虔诚。"他喃喃自语道。
>
> 霍利斯煞有介事地说,"虽然所罗门是众守护神的首领,可她比智者所罗门还厉害。我要把这送给你做护身符。"
>
> 他把那枚硬币放在掌心,若有所思地看着,用英语对我们说。
>
> "在她领导下还有一种精神,是民族之魂——一种熟练能干、一丝不苟、不屈不挠、战无不胜的民族之魂……做过许多好

---

① Joseph Conrad. Karain: A Memory, Ibid., p. 60.

事……偶尔吧,许多好事……有时候——对付我们朋友打死的那个小小鬼魂肯定不在话下。伙计们,别一副遭了雷击的傻样,帮帮我,让他坚信不疑。成败在此一举了。"

"他的族人一定会大惊失色。"我喃喃自语。

霍利斯目不转睛地看着卡莱恩。卡莱恩表面镇静,内心却非常激动。他笔直地站着,头微微后扬,眼珠乱转,鼻翼歙动,一张一弛。

"妈的!"霍利斯终于开口说,"他是个好人,我送给他的这东西,我自己也会想念的。"

他从盒子里拿出那根绶带,对着绶带轻蔑一笑,然后拿出剪刀,在皮手套上剪下一块皮来。

"我帮他做一个像意大利农夫佩戴的那种玩意,知道吗。"

他把硬币缝到那块软皮里去,又把绶带两端缝在软皮上。他做的很快。卡莱恩一直目不转睛地看着他忙活。

"好啦。"他说着,走到卡莱恩面前。两人四目,相对而视。卡莱恩的目光茫然而游移不定,霍利斯的目光则变得严肃,放射出主宰和强制性的光芒。他们两人形成了极其鲜明的对比——一个是黄铜色皮肤,一动不动,另一个皮肤雪白,耀人眼目。他举起双臂,臂上强健的肌肉在皮肤下像沙丁鱼一样微微蠕动。杰克逊赶紧走上前去,一副生怕霍利斯出什么乱子的样子。我指着霍利斯,强调地对他说:

"他虽然年轻,但很聪明,相信他好啦。"

卡莱恩低下头,霍利斯轻轻地把"护身符"挂在他的脖子上,退了回来。

"忘掉过去,身心安宁!"我高声叫道。①

---

① Joseph Conrad. Karain: A Memory, Ibid., pp. 64-65.

这就是康拉德所谓朋友之交的得意之作。但是，霍利斯等白人与卡莱恩的关系显然不是平等的关系。霍利斯就像一个好心的大人在哄一个遇到难题的孩子。卡莱恩因为重色轻友，关键时刻不愿意打死曾经让他倾心的马塔拉的妹妹，不惜打死了自己唯一的好朋友，从此失去了内心的安宁。他感觉到马塔拉的鬼魂总是缠着他，这"鬼魂"实际上是他内心的愧疚。从心理分析角度看，他杀死好友的行为显然是一种下意识的冲动，是本我的表现，而显意识却觉得这是一种犯罪。所以，"鬼魂"之说不过是他心病的体现。霍利斯等人显然不相信鬼魂的事，也不真的相信硬币能够有什么魔力，不过是哄骗卡莱恩，让他有信念支柱，不再胡思乱想而已。当他决定为卡莱恩做点什么的时候，看到故事叙述人和杰克逊不以为然的样子，他说，"我可不是闹着玩，我要帮他的忙。严肃点，妈的！你们就不能帮我骗骗他，这可是为了朋友！"[1]当然，从精神分析疗法看，霍利斯的办法也可能奏效。如果卡莱恩真的相信硬币的魔力，就会感到自己在精神上有了支柱，或许就会从此得到安宁。

　　霍利斯为卡莱恩制作的"护身符"具有物质和精神两个方面的象征，都指向西方在马来群岛的殖民存在。就物质象征而言，他的"护身符"——一枚硬币——本身象征着殖民主义的资本存在，象征西方资本对他者世界的主宰，这本身就是对康拉德的世界大同的交友之道的反讽。康拉德认为真正的朋友关系应该是不涉及物质利益的纯洁关系。但是，硬币本身就是物质交换的产物，直接与物质利益相关。霍利斯把硬币说成"白人所知道的最有力量的东西"，实际上是西方文化对金钱的崇拜。正是金钱造就了现代西方的资本主义，而从殖民地搜刮来的财富，是西方资本主义发展的重要资金来源。霍利斯认为硬币是白人世界最有力量的东西，不仅是世俗的万应灵药，而且可以进而主宰神鬼世界，用金钱来对抗鬼魂是霍利斯的异想

---

[1] Joseph Conrad. Karain: A Memory, Ibid., p. 62.

天开。中国有句俗话说,"有钱能使鬼推磨"(英语是"Money makes the mare go",直译为"金钱能让母马跑"),霍利斯不是让鬼干活,而是要让鬼魂远离,这倒是挺新鲜的。

金钱还意味着西方对东方的侵略与掠夺。西方人来到非西方国家,目的就是为了追求经济利益。《卡莱恩:一段记忆》中的荷兰人就是其中之一。他们以军舰为靠山,进入卡莱恩兄弟的地盘从事买卖,根本不交赋税。慑于荷兰人军舰的威力,土著人敢怒而不敢言,只好忍气吞声,眼睁睁地看着荷兰人在他们的土地上大把地挣钱,一批又一批地把货物运走。后来,那个来经商的荷兰人干脆在马塔拉的地盘上定居了下来,并很快地和马塔拉的妹妹有了非同寻常的关系,马塔拉的妹妹不久就搬进了他的住地与他同居。从这点上说,西方人不仅掠夺他者世界的自然资源,还掠夺他们的女人。从弗洛伊德观点看,对异性的欲望是人生一切活动的原始驱动力,而西方文化是一种明显的男性文化,对异性的欲望也基本上限于对女人的欲望。所以,他者的金钱和女人都是西方人猎取的对象。而西方人猎取他者的女人的手段,是建立在他们雄厚的财富基础上的。

霍利斯为卡莱恩制作的"护身符"的另一个象征是精神上的——维多利亚女王的肖像。霍利斯说她领导着英国的"民族之魂",除了把许多褒扬的字眼用到英国民族的身上外,还说这个民族"做过许多好事"。汉弗里斯认为这是康拉德对英国民族的殖民主义认可的一种手法。他认为,像马洛在《黑暗的心脏》中对比利时殖民者的批评是对英国殖民者的认可一样,《卡莱恩:一段记忆》的叙述者对荷兰殖民者的批评也是对英国的殖民主义的认可,"在殖民存在和剥削上的认可"。[1] 叙述人不仅以批评荷兰人的方式褒扬英

---

[1] Reynolds Humphries. Karain: A Memory, How to Spin a Yarn. *Joseph Conrad Critical Assessments* (vol.II). Keith Carabine ed. East Sussex: Helm Information Ltd. 1992, p.156.

国,而且让霍利斯直接为英国民族唱起了赞歌。作为最老牌的资本主义帝国,英国在全世界范围内拥有最多的殖民地,其殖民存在遍布全球,康拉德当然不敢把殖民主义者所做的坏事放在英国人身上。

这枚"护身符"的精神象征同时还涉及其背后的文化意义。基督教是不允许偶像崇拜的,但是,霍利斯却用维多利亚女王的肖像作为护身符的精神支柱。这让人想起前几年在中国汽车司机中间流行的把毛泽东肖像挂在车头的做法。他们相信,作为一代伟人的毛泽东的肖像,是驱邪避鬼的秘方,挂上他的肖像,就可以保证旅途平安,万事大吉。卡莱恩笃信巫术,笃信超然力量,显然也相信肖像的神秘力量。所以在接过"护身符"以后,才会好像从梦中醒来,"用充满自信的目光向周围看了看"①。

原来被卡莱恩看做守护神的那位老人也具有象征意义。象征一个把宗教当作救命稻草的垂暮民族。老人是卡莱恩的族人,是一个土生土长的智者。小说中特意提到他刚朝圣回来,而且他的儿子、儿媳和孙子都死在了朝圣的路上。卡莱恩在叙述中没有说明他去哪里朝圣,但是,从康拉德其他小说中可以看到,马来群岛的居民显然有不少相信伊斯兰教,《吉姆爷》中帕特纳号船上的800多名乘客就是去麦加朝圣的。老人的力量显然来自宗教,来自他对阿拉的坚定不移的信赖和虔诚,即使家人都死在朝圣回家的路上也不改初衷。霍利斯是英国人,不可能信伊斯兰教。因此,这里还涉及宗教间的竞争。既然伊斯兰教可以让马塔拉的鬼魂退避三舍,基督教肯定也能够做得到,因为维多利亚女王的背后是基督教文化。在英国,国王就是当然的全国宗教领袖。维多利亚女王,实际上同时也代表了基督教的英国国教。所以霍利斯才会自信地说,他制作的"护身符""对付我们朋友打死的那个小小鬼魂肯定不在话下"。

所以,无论从物质的象征意义还是精神上的象征意义,霍利斯制

---

① Joseph Conrad. Karain: A Memory, Ibid., p. 65.

作的"护身符"都与康拉德所谓的真正友谊的交友之道背道而驰。物质上的象征违反了不刻意追求利益的原则,而精神上的象征则违背了不统治、不说教的原则。霍利斯对金钱"力量"的解释,对于维多利亚女王所象征的英国民族的吹嘘,虽然不是有意的说教,至少在无意识中试图灌输英国的意识形态。所以,康拉德所提倡的那种大同世界式的不同民族之间的相处之道,是根本不可能存在的。在事实上的不平等面前,要想人为地制造出平等交往的假象,那是徒劳的。在霍利斯把"护身符"交给卡莱恩的时候,这种不平等体现得最淋漓尽致。在卡莱恩方面,是静态、是茫然失措、是暗淡无光;而在霍利斯方面,则是主动、是动态、是主宰一切的不可一世、是浑身散发出来的光彩。这幅西方人与他者世界居民的强烈对比图,正是西方咄咄逼人的动态,东方畏缩不前、步步退缩的生动写照。卡莱恩像一头待宰的羔羊,而霍利斯则好像一个把别人命运操在自己手中的主宰者。

他者既不可能成为真正意义上的朋友,在康拉德小说中也不是"我们"的主要敌人。他者的存在是为了证明"我们"的优越性,证明西方所走的科技理性的道路的正确性。严格说起来,他者是拯救的对象,是帮助的对象,也是掠夺的对象。他者不是主要敌手,因为他者的发展水平低下,不可能构成真正的威胁,真正的威胁来自同属西方人的另类,来自同样在世界范围内经商的阿拉伯人。吉姆在帕杜森的主要对手,先是阿拉伯商人谢里夫,后来的致命敌人则是西方来的海盗绅士布朗。虽然当地头人之一的阿朗拉扎曾经与谢里夫互相勾结、狼狈为奸,在当地作威作福,但吉姆消灭了谢里夫后却没有和阿朗拉扎以武力相见,而阿朗拉扎也见风使舵,表示愿意接受吉姆的领导。帕杜森的一般居民是吉姆拯救的对象,因为他们在谢里夫与阿朗拉扎的压榨下过着悲惨的生活,吉姆要把他们解救出来,以自己认为的公平交易来取代谢里夫等人在贸易方面对当地一般居民的巧取豪夺。

无论是朋友还是敌手,平等的地位是非常重要的。不在同一个档次上的朋友不是不可能,但重要的是双方能够摒弃差别,真心地以平等态度看待对方。从上述的霍利斯等欧洲人与以卡莱恩为代表的马来人之间的关系看,霍利斯不过表现了一种居高临下的同情和赐予,根本说不上平等的关系。

另一方面,要成为敌人,首要的条件就是能够构成威胁,而土著人一般被认为不能对西方人构成真正的威胁。首先,他们很容易在强权面前臣服。在荷兰人的军舰为后盾的情况下,卡莱恩的兄弟和朋友们都不敢得罪荷兰商人,不敢向他们收取赋税。即使马塔拉对妹妹私奔到荷兰人的驻地非常气愤,他也不敢公开去找荷兰人算账,而是想办法迫使他带着马塔拉的妹妹离开以后才去追杀。阿朗拉扎也同样。在吉姆消灭了谢里夫以后,他不敢再公开与吉姆为敌,而是表示愿意臣服,听从吉姆的领导。但一有机会,就会在背地里捣鬼。其次,从西方人角度看,也不愿意把他们认为比自己差得很远的土著人看做对手,有一种胜之不武的感觉。库尔茨对待非洲的土著居民,更是把他们看做可以任意杀戮的对象。吉姆曾经说过,把康奈里尔斯当作对手会降低自己的身份,这话用在西方人与非西方的土著人之间的关系上,其实也很适用。

既不是朋友也不是敌人,他者世界的土著人是作为西方人的反衬出现的。康拉德以土著人的落后来反衬西方的优越性。土著人不仅在经济上远远落后于西方,他们在精神世界上也不能和西方相提并论。卡莱恩的迷信被用来反衬霍利斯等白人意识形态的先进性,《黑暗的心脏》中库尔茨的非洲情妇被用来反衬他在欧洲的未婚妻的丰富而纯洁的感情。连骁勇善战的华里斯也是为了衬托出吉姆的战无不胜的超人能力。这种反衬手法,目的只有一个,就是为了说明西方的优越和殖民主义在根本意义上的必然性。

实际上,西方人与土著人之间的关系,在《海隅逐客》中林嘉德船长与巴巴拉契一次对话中,巴巴拉契说得相当入木三分。"你们白人都是如此,一面磨刀霍霍、子弹上膛,一面跟别人谈判。而一旦准备就绪,就会对弱小的对手说:'乖乖听话,给你们幸福,否则,要你们的命!'你们白人都是怪人,认定只有你们的智慧、你们的美德、你们的幸福才是真理。你们比野兽还强壮,但你们并不聪明。一只黑老虎知道它什么时候不饿——你们却不懂。老虎知道它跟人类的区别,你们却不懂你们和同样是人类的我们之间的不同。你们伟大,你们睿智——却永远是笨蛋!"①巴巴拉契是一个海盗出身的当地人,帮助拉昆巴推翻了原来的统治者帕塔罗罗,而帕塔罗罗是林嘉德的朋友,因此林嘉德责备巴巴拉契的行为。巴巴拉契辛辣地讽刺了白人的傲慢和强横霸道以及对弱小他者的欺凌。他们不考虑土著居民与他们之间的差别,而把自己的价值观强加给对方,而且是以武力为后盾强迫对方接受自己提供的"幸福",也不问一问这是不是对方需要的。因此,"我们"与"他们"关系的总的调子,就是"乖乖听话,给你们幸福,否则,要你们的命!"

白人给土著人的是什么"幸福"呢?当林嘉德问巴巴拉契是不是生气了的时候,巴巴拉契的回答可以作为注脚:"我有什么资格跟白人生气,没有力量抗衡,生气又有什么用?而你们白人把什么都占领了:土地、大海以及打击的力量。在这些岛上留给我们的,就只有你们白人的公正了——你们伟大却不懂得生气的公正。"②白人是以傲慢态度恩赐给土著人"公正"、"幸福"的,而且想当然地认为,土著人必然会感激涕零。更重要的是,他们所给的这些"好处",是在把土著人的一切都占为己有的条件下施舍的,就是说,对土著人肆意掠夺以后,把西方的统治方式和社会制度搬到殖民地,按照他们自己的意志来统治土著人,这就是他们给予的"公正"和"幸福"。把巴巴拉契这些话与马洛转述的库尔茨临死前的呼喊作对照是很有意思的,

---

① Joseph Conrad. *An Outcast of the Islands*. Ibid., p.226.
② Joseph Conrad. *An Outcast of the Islands*. Ibid., p.229.

"哦,是的,我听见过'我的未婚妻,我的象牙,我的贸易站,我的河,我的——'每样东西都是属于他的。"①这两段话,一段出自土著人之口,另一段出自一个殖民主义者之口,说明的是同一事实:殖民主义者对他者世界的掠夺是不遗余力的。

可见,康拉德的马来人建构在总体上同样是为帝国主义的殖民活动寻找合法依据,仍然不脱野蛮习气的马来人显然是西方人进行殖民统治和文明拯救的良好对象。他们以居高临下的态度看待马来人,就好像大人看孩子一样,有亲切感、同情感,还能够在一定程度上引起感情的共鸣,成为某种程度上的朋友。但是,正如大人要求孩子乖乖听话一样,西方人也要求马来人言听计从,不得违逆。如有不听话的,就会受到惩罚。与此同时,康拉德通过一些马来人的话语对西方的这种做法提出批评,更通过小说结局常常让西方人不能如愿以偿,对西方人的殖民主义方式提出质疑,充分表现了康拉德小说的双重话语性质。

第四节　南美人、阿拉伯人、中国人建构

一

康拉德还在法国的时候曾经随船到过加勒比海,虽然此后他几乎没有涉足南美土地,但他的他者建构中仍然有南美的地理他者和土著人建构。但是,康拉德的主要作品之一《诺斯托罗莫》是一本以南美洲为背景的小说,刻画了一个叫苏拉科的地理他者,但小说中的人物几乎全部都是欧洲来的移民。反而是以马来群岛为背景的《胜利》中塑造了一个哥伦比亚的土著人形象,那就是跟着琼斯先生来

---

① (英)约瑟夫·康拉德《黑暗的心脏》,智量译,《康拉德小说选》,上海:上海译文出版社,1985年,第553页。

到申泊兰岛的三个强盗之一的彼得·佩特罗。

佩特罗的形象连非洲人都不如,完全是作为反面形象来塑造的。他野蛮、凶残、嗜杀成性,最具有同情心的人都未必会给予他任何同情。首先,康拉德给佩特罗的意象是一个猿人。除了直接把他叫做"猿"外,佩特罗的外貌描写也是一个"猿"的样子。比如他们三人刚到达申泊兰岛时海斯特看到的他就是一头"猿"。他们一上来就在水龙头前喝水,第一个还没喝够,佩特罗就上来把他狠狠地推到一旁,自己喝起水来。"海斯特把目光转向水龙头前取代了第一个人位置的这个人。只见他巨大的棕色爪子野蛮地抓住水龙头,野性的大脑袋往后仰着,湿漉漉的头发遮住了脸,大嘴巴张着让水流进去,露出一口白森森的獠牙。水从嘴角溢了出来,从两颊经过长满毛发的脖子,流到巨大胸脯的皮毛上,由于衣服已经撕破,胸脯就袒露了出来,大块大块赤褐色的肌肉随着他的呼吸一隐一现地跳动着。"①

从外貌描写看,佩特罗几乎所有的特征都是一头野兽才具有的。他的双手不叫"手"而叫"爪子",胸脯的皮肤被称为"皮毛(pelt)",这是一个用于牛羊等动物皮毛的词,用于人的身上只在戏谑时才使用。康拉德在这里显然是为了描绘佩特罗的野性特征才用了这个词。同样,他的牙齿也不叫"牙齿"而叫做"獠牙(fangs)",这些词语的选择都是为了突出佩特罗的兽性特征。实际上,连开头使用的词"creature",也是一个既可以用来表示人,也可以用来表示动物的词语。康拉德在小说前言提到佩特罗的时候,就使用了"人科动物(human animal)"这样的词语。一般称呼人类时用的是"human being"、"human"或者"man",而康拉德偏要在"human"后面加上"animal",对佩特罗的定性可想而知。康拉德对佩特罗的态度可以与他对非洲人的态度互相印证。非洲人被突出的是他们的原始性特征,突出他们的史前状态。他对非洲人没有多少好感却有同情,因为他

---

① Joseph Conrad. *Victory*. London: Penguin Group, 1994, p.192.

看到非洲人在殖民主义者的压迫下工作,在重压下死去,这激发了他作为一个开明的欧洲人的良知,对他们表现出深刻的同情。他对非洲人的描写重在作为一个种族的整体描述,而对佩特罗则是个体的描写。在小说中,康拉德对佩特罗没有同情,只有厌恶。对欧洲人来说,非洲人不具有多少危险性,即使他们曾经攻击过马洛的轮船,造成个别人的伤亡,但那并不是他们自己的主意,而是执行库尔茨的命令而行的。但佩特罗却不一样,他的兽性使他对别人具有非常大的危险性。他是哥伦比亚的土著人,被琼斯叫做"猎鳄鱼人"。他在兄弟被琼斯杀死后就跟上了琼斯,"猎"的不是"鳄鱼",而是活生生的人,干的是谋财害命的勾当。他就是一头野兽,根本不可理喻,只会对暴力服从。既是野兽,当然不具备谦让精神了。第一个上来喝水的是他的老板琼斯,却被他野蛮地推开,自己喝上了。气得琼斯就要摸枪毙了他,被里卡多阻止。里卡多用船舵把他揍了个半死,他才老实了。

其次,非洲人以其悲惨境遇和处在被宰割、被欺凌的弱者地位得到康拉德的同情,而佩特罗则连一点廉价的同情都得不到。他是琼斯手下的强盗之一,作为琼斯的工具,只做坏事不做好事。这样一个兽性多于人性、凶残成性的角色,当然只会引起读者的恐惧和反感心理,而不可能有任何同情。在申泊兰岛上,海斯特的中国勤杂工王离开公司住地搬到海岛的另一边后,他被派到海斯特处帮厨,实际上是琼斯安插在海斯特身边的探子。由于海斯特本来就没有什么财产,琼斯一伙是受到斯坎伯格欺骗才到岛上来的,佩特罗的卧底当然也就一无所获。最后他是被王开枪打死的。

佩特罗"猿"的意象还与英国著名诗人布朗宁诗中的意象暗合,布朗宁在欢呼欧洲人在进化道路上的伟大成就的同时,建议让"猿"和"老虎"去死。就是说,在当时的欧洲,以社会达尔文主义为代表的一些人坚信"适者生存"的丛林法则也同样可以用在人类社会的进化上。既然人类已经从猿人进化为现代人类,那么那些没有进化的猿类以及老虎一类的野生动物,就没有存在的必要了,在布朗宁看来,这些动物无法与已经进化为万物之灵的人类竞争,它们遭到淘汰是自然法则使然。当然,从今天的观点看来,布朗宁是错误的。人类的发展水平虽然远远超过其他动物,但人类不可能独自霸占这个星球,其他生物也同样是地球的主人。一旦地球物种多样性遭到破坏,人类的生存环境也就遭到了破坏。但在康拉德时代,的确有不少人认为人类应该主宰地球,欧洲人应该主宰全人类,至于其他生物,是否有必要让它们继续存在就已经不重要了。

由此看来,康拉德把佩特罗描写成"猿"的意象,意在暴露人性中兽性的一面,以一个人来代表人性的一个方面,也是为了引起人类的警戒,要人们把自身的兽性去掉,而把自己还原成文明的人类。因此,他在建构佩特罗这个形象时,是完全把他作为一个反面形象来建构的。而康拉德为他安排的下场,也必然是死亡的结局。由于佩特罗是兽性的代表,他被王枪杀是一件大快人心的事。连殖民当局都没有因此而追究王的责任。当然,从后殖民主义理论看来,康拉德把人类兽性的代表安排在一个哥伦比亚土著人的身上,而不是在一个欧洲人的身上,这本身就是种族主义的表现。因为就艺术形象而言,佩特罗与非洲人的整体形象一样,都有"非人格化"的倾向,后者是"把人类的一个种族非人格化"①,而前者则把一个种族中的一员"非人格化"。但也可以抛开种族不论,把佩特罗看做人类共有的兽性的一面,因而引起人们的警觉,自觉地控制自身的兽性,用理性引导人类社会的发展。

佩特罗自然不能算作南美土著人的代表,只是代表着一种暗喻,即如果文明人对野蛮人不是拯救,而是引导他们走上作恶的道路,那么他们就可能成为一种破坏力量,就必须把他们消灭掉。这样的责

---

① (尼日利亚)齐努瓦·阿切比《非洲的一种形象:论康拉德〈黑暗的心灵〉中的种族主义》,前引书,第 188 页。

任应该由琼斯们来负。康拉德同时也想说明,欧洲来的殖民者之中不乏像琼斯和绅士布朗这类害群之马,他们的到来是土著人的灾难。康拉德也没有给佩特罗话语权,自始至终,佩特罗只会发出野兽的嚎叫。却不会发出人类的语言,至死都没有机会为自己申辩只言片语。可见,佩特罗的建构是非洲人建构的参照系,暴露的是野蛮人丑恶一面。当然,尽管佩特罗非常凶残,他仍然必须向西方人低头。就是说,西方人不仅有办法对付像非洲人那样的比较容易驯服的种族,也有办法对付佩特罗这样的兽性多于人性的野蛮人,使他变为西方人的杀人工具。

二

与佩特罗和非洲人相反,康拉德笔下的阿拉伯人是仅次于西方人的文明人类。但是康拉德小说中的阿拉伯人却没有一个好人。作为欧洲殖民者的主要对手,阿拉伯人在康拉德小说中却没有多少话语权,但他们在作为欧洲殖民者的参照系方面显然并非是可有可无的。《吉姆爷》中的阿里·谢里夫与当地的头人阿朗拉扎竟相为恶,鱼肉乡民。阿朗拉扎只允许当地居民与他自己做生意,而他的所谓做生意"与最常见的抢劫没什么两样"①。而谢里夫则在山顶上建立了一个城堡,"高高在上地对帕杜森虎视眈眈,就像老鹰俯视着鸡窝,却大片蚕食着城镇外的乡村,清澈的小河边整个整个村子变成废墟,屋子的柱子变黑、腐朽,茅草做的墙体一片片掉到水里,屋顶的草也在变朽,看起来就好像一场植物枯萎病导致的自然死亡,真不可思议。"②正是他们的倒行逆施给了吉姆拯救当地居民的理由。吉姆首先拿谢里夫开刀,把大炮运到对面的山头上,攻占了谢里夫的城堡。这样一来,阿朗拉扎慑于吉姆的势力,连忙表示愿意效忠于吉姆。

---

① Joseph Conrad. *Lord Jim.* Ibid., p.169.
② Joseph Conrad. *Lord Jim*, Ibid., p.169.

吉姆选择谢里夫而不把阿朗拉扎作为首先打击目标,是因为谢里夫也是外来的。作为一个外来者而能够在当地建立起非同凡响的势力,自然有其过人之处,至少比当地土著人要难对付一些,所以吉姆把他看做一个劲敌。事实上,吉姆的选择是正确的,因为阿朗拉扎虽然是当地一霸,却是欺软怕硬的角色。由于多莱明部族从另一个地方搬来定居,虽然人口不多,但由于这个部族团结,阿朗拉扎就不敢过分欺负他们。同样,阿里·谢里夫在他的家门口扩充势力,他也装聋作哑,视而不见。吉姆收拾了主要对手谢里夫后,不用再战,阿朗拉扎就屈服在他的声威之下了。当然,他口服心不服,随时寻找报复的机会。当绅士布朗带领下的海盗落入华里斯等人的包围时,阿朗拉扎偷偷派人给这些海盗送去食品,期待他们能够打击吉姆的力量。而绅士布朗一伙也不负所望,被吉姆放走,在撤退路上袭击了华里斯带领的当地武装并杀死了华里斯和许多手下,间接地导致了吉姆的死亡。

《阿尔迈耶的愚蠢》中的阿卜杜拉和雷什德叔侄两人更是整个故事进程的关键人物。来自阿拉伯的阿卜杜拉在贸易上与阿尔迈耶是对手,为了各自的利益而时起纷争。阿卜杜拉曾经请求阿尔迈耶把女儿妮娜嫁给他的侄儿雷什德,愿意以 3000 美元作为聘礼,却遭到阿尔迈耶断然拒绝。沃兹(Cedric Watts)觉得阿尔迈耶不愿意与阿卜杜拉联姻主要出于种族歧视的原因。此后,雷什德走私的军火被葡萄牙殖民当局拦截缴获,他认为这是阿尔迈耶告发了他,因而迁怒于阿尔迈耶。与阿尔迈耶有关系的戴恩偷运军火时,被阿卜杜拉叔侄告密,戴恩因此遭到葡萄牙当局的伏击,戴恩逃脱,而且导致两名葡萄牙人的死亡,因而遭到葡萄牙殖民当局的追捕。戴恩装死、出逃时把和他相爱的妮娜也带走了。康拉德在小说中没有说明戴恩落入了谁的算计,但沃兹根据书中的一段话推断这是阿卜杜拉所为:

"你们怎么知道船里装有军火?"阿尔迈耶问道,"我一点都不知道他可能偷运炸药。"

"此地的一位阿拉伯商人给我们通的消息,知道你们的船只几个月前去了巴达维亚,"警官回答说,"所以我们在外面等着这条船,在河口处却被它溜了,我们只好一路往南追击。那家伙发现我们后,把船靠岸逃进了芦苇丛中,船上的人坐上小艇跑了,我们没有抓到他们。我们追近那艘被遗弃的船时,那船发生了巨大爆炸。我们有一条船靠得太近而遭了殃,两个人因而遇难。这就是这次行动的结果。阿尔迈耶,现在我们在抓这个戴恩,我们有理由相信他就藏在三潘,你可知道他躲在哪里?在这件事上我希望你作出正确选择,尽量与官方合作,不要有任何隐瞒。呃,戴恩在哪里?"①

沃兹推断"此地的一位阿拉伯商人"即为阿卜杜拉叔侄是有道理的。阿卜杜拉在贸易上由于得到当地头人的支持已经占了阿尔迈耶的上风,他踌躇满志地为自己的侄儿求婚,满以为阿尔迈耶会求之不得,这样就能够使他由对手"变成亲家和贸易伙伴"②。但出乎他意料的是,阿尔迈耶回答虽然客气,却无可置疑地拒绝了他联姻的建议。由于阿尔迈耶处在不利的地位,所以只好婉转地表示女儿还小,不想嫁人。相反,阿卜杜拉却不断炫耀自己的地位和财富,还明确地告诉阿尔迈耶,雷什德已经有几个马来女人,还会继承自己的大笔财富,同时答应阿尔迈耶,妮娜一过门,就可以享受正室的地位,而那几个马来女人将成为她的奴隶,服务于她。满心以为水到渠成、抱着志在必得而来的求婚却碰了钉子,阿卜杜拉当然怀恨在心。加上雷什

---

① Joseph Conrad. *Almayer's Folly*. Ware, Hertfordshire: Wordsworth Editions Ltd. 1996, pp. 84-85.
② Cedric Watts. The Covert Plot of *Almayer's Folly*: A Structural Discovery. *Joseph Conrad Critical Assessments* (vol. I), Keith Carabine ed. East Sussex: Helm Information Ltd. 1992, p. 3.

德偷运军火被查没,疑心是阿尔迈耶告的密,千方百计寻找机会报复阿尔迈耶,就可以理解了。

如果说谢里夫在吉姆手里有点不堪一击,阿卜杜拉叔侄则称得上强有力的对手。在《海隅逐客》中,三潘土著人的权力斗争中,阿卜杜拉从中起了很大作用。正是为了与林嘉德船长争夺贸易控制权,他和巴巴拉契一道挑动土著人推翻了原来与林嘉德过从甚密的土著人酋长,把与自己关系密切的人推出来掌权。虽然林嘉德船长对此非常气愤,但在既成事实面前也无可奈何。林嘉德的贸易公司由阿尔迈耶主持,他在当地权力斗争中的失势,意味着阿尔迈耶的好日子的结束。正因为这次权力斗争,阿卜杜拉在与阿尔迈耶的竞争中占了绝对上风,所以才会踌躇满志地来为自己的侄儿求亲。阿卜杜拉的求亲,带有两种文化妥协联手的隐喻,却遭到阿尔迈耶的拒绝。所以沃兹认为,阿拉伯人出卖了戴恩和阿尔迈耶的利益,是因为欧洲人"阻止阿拉伯人与一半血统欧洲人之间的婚姻,而且欧洲人还被认为曾经出卖过阿拉伯人(雷什德),使阿拉伯人的船只被查封。"①

在康拉德小说中,西方人与马来人相当于大人与孩子的关系,因而他们不可能成为主要对手。一个大人如果与孩子一样见识会被别人笑话的。不高兴的时候揍孩子几下是正常的,但却不会与孩子较真。所以,必须找到力量相当的对手。阿拉伯由于在地理位置上靠近欧洲,两地的人自古以来就有过不少交往,当然也产生过许多矛盾。从特洛伊战争开始,两地的人就经常诉诸武力。数次十字军战争更使双方伤亡惨重。因此,在西方人心目中,阿拉伯人自然比马来人更有资格作为主要对手。人们对孩子有着天然的同情心,所以在康拉德笔下的马来人不乏好人,对手则常常欲置之死地而后快,所以康拉德的阿拉伯人竟找不出一个正面形象。

---

① Cedric Watts. The Covert Plot of Almayer's Folly: A Structural Discovery, Ibid., p. 4.

三

　　康拉德的非洲人形象是原始的野蛮人,他们是否属于人类还多少有些疑问,因此西方人对他们可以任意宰割,宰割得太过分了再表示一种基于同为人类的同情。马来人也未脱离野蛮习气,可以看做是文明的童年,就好像孩子一样。西方人要求他们乖乖听话,也在某种程度上关心他们的福祉,就像大人对小孩的关照一样。康拉德的中国人形象中没带野蛮字眼,而重在怪诞与不可理解。而且,他笔下的中国人大多不是什么好人,其文明程度可能在马来人之上,但亲切感远远不如马来人。康拉德对非洲人没有多少亲切感,对阿拉伯人只有敌视,对马来人比较亲切,对中国人则是歧视超过亲切感。

　　康拉德的种族他者建构的白人优越论,主观上是不足为外人道的欧洲中心主义观念的束缚,因为康拉德所处的时代正是欧洲帝国事业走上顶峰再从顶峰上衰落的时期。随着1901年布尔战争结束而步上帝国事业顶峰的大英帝国,和欧洲其他列强一样,充满了自我陶醉。民族优越感弥漫了整个欧洲。与此同时,欧洲本身处于文化转型期,需要他者的落后形象来增强民族自信心。1910年法国的茹尔斯·哈曼德(Jules Harmand)的话就很有代表性:

> 那么,就必须把下列事实当作一项原则和出发点来接受:种族与文化的等级是存在的。我们属于高等民族和文化,还要承认,优越性给人以权力,但反之也附有严格的义务。征服土著的基本合法存在于我们对自己优越性的信心,而不仅是我们在机器、经济与军事方面的优越性,还有我们的道德优越性。我们的尊严就存在于这种优越性上,而且它加强了我们指挥其余人的权力。物质力量不过是达到这个目的的手段。[①]

[①] 转引自(美)爱德华·赛义德《文化与帝国主义》,前引书,第20页。

哈曼德字里行间透露出来的是一种文化霸权主义的观点,是要在精神上统治他者,这种统治的"合法性"就是"种族与文化的等级"理论,这种理论不仅赋予欧洲殖民者以优越感,而且还赋予他们以权力去统治民族和地理上的他者。精神上的统治有赖于物质上的优势,机器、经济和军事上的优势替他们壮胆,而精神上的统治反过来为物质上的统治张目,制造理论依据,达到永久性奴役他者的目的。他们所谓的义务,不过是奴役他者的借口而已。我们再来看艾梅·赛萨尔引用法国人瑞南的一段话,就会明白他们"严格的义务"究竟是什么货色:

> 在优等种族周围有劣等种族或颓废种族的繁衍,是上帝为人类安排的秩序。在我们这里,一个普通人往往都是被降低了等级的高贵人,他们强有力的大手更适于持握剑柄而不是那些卑下的劳动工具,他所选择的不应是劳动而是战斗,即回归他的第一身份。主宰人类是我们的天职。将此颇费气力的行动施于那些亟待外族征服的国家,例如中国。上天创造出一种劳作的种族——中国人,他们具有绝妙的劳动技巧,而几乎没有什么荣誉感。中国人被公正所统治,并被榨取利益,作为回报的则是辅佐他们拥有便于此道的政权,对于征服者的种族来说,这是个大便宜,而中国人也会很满意。上天创造出了土地的耕作者——黑人。待他们以慈善和人道,则一切就会各得其所。上天创造出了主人和军人的种族——欧洲人。若令这种高贵的种族降低身份,像黑人和中国人一样去做奴隶的劳动,他们就会造反。在欧洲,每一次反叛或多或少都是由于一个应该拥有英雄战绩的军人的呼声没有得到实现,而你却将与其种族使命相反的任务——当一个可怜的劳动者——甩给一个优秀的军士。但是,我们的劳动者会造反的那种生活对于中国人或者埃及的农夫来

说则是一种乐事,因为,他们生来就没有军人的血液。让人人各得其所,一切就会太平。①

瑞南以中国人和黑人为例子说明了所谓欧洲"严格的义务"就是:"中国人被公正所统治,并被榨取利益,作为回报的则是辅佐他们拥有便于此道的政权,对于征服者的种族来说,这是个大便宜,而中国人也会很满意。上天创造出了土地的耕作者——黑人。待他们以慈善和人道,则一切就会各得其所。"听起来很"公平",不是吗?他们从中国人身上榨取了血汗,而给中国留下"便于此道的政权",奥妙在于"便于此道",说穿了,不就是"便于"他们永远奴役中国人吗?还自以为是地认为"中国人也会很满意",却对中国人民反抗帝国主义侵略的斗争视而不见。可见,欧洲精神上对于他者的"严格的义务",就是为他们永久奴役他者在精神上铺平道路。在这种观点弥漫整个欧洲的大环境中,小说他者的建构为殖民策略张目就不足为怪了。观念产生权力,权力左右小说作者的选择。作为其时代一员的康拉德自然不可能逆着这种大环境进行创作。

客观上,随着19世纪欧洲帝国列强在海外的扩张,与他者遭遇的机会愈来愈多,对于自我与他者的属性,必须赋予意义。而这种意义的赋予,又必须以欧洲优越论为基础,这样才能够为他们在殖民地的所作所为寻找到理论依据。与他者打交道,首重的就是语言,没有语言,是很难沟通的。可是康拉德需要的不是沟通,而是为殖民主义制造依据,因而他干脆剥夺了他者的话语权,使他们只能够在别人的话语中存在。

种族他者在康拉德笔下大多失去话语权,但是,他者的失语,不等于他者语言的真正失落。孟华说,"若将被描写的异国视为一个

---

① 转引自(英)巴特·穆尔·吉尔伯特等编《后殖民批评》,杨乃乔等译,北京:北京大学出版社,第44页。

文本,那么对异国形象的描写就可看做是对异国这一大文本的阅读和接受。而注重研究形象创造者一方,也就等于注重研究阅读和接受者一方。"①当我们把目光转向创造者一方的时候,他者的失语对于反观作者有很大作用。因为失语的都是种族他者,很能说明康拉德的西方中心主义观念在他的小说创作中发挥了多么重要的作用。在主观上说,剥夺了他者的话语权,作者可以很方便地按照西方人所希望的形象来塑造他者,因为他们的一切都经过了西方人的诠释才能够到达读者的视野。"把他们捏来捏去随意打造真是易如反掌"②。

在康拉德以亚洲为背景的小说中,有过许多中国人出现,但大多属于一种符号性质的他者。《台风》中的中国人是白人征服的对象,需要白人来为他们主持公道,否则他们就会为争夺因台风而掉到甲板上的、做苦力好不容易挣来的钱币而争夺不休。白人水手把他们掉在地上的钱币一律没收,等到台风过后才平均发回给他们。就是说,中国人是一群乌合之众,是秩序混乱的象征,而白人是力量和公正的象征,是秩序的行使人,中国人只有在白人的干预下才能够维持公平和秩序。这一隐喻和帝国主义扩张借口的口径是一致的。《救援》中肖口中的中国人被和黑人等同起来,成了不可理喻的种族,只配在暴力面前乖乖听话。《海隅逐客》里的中国人则为西方文化所吸引,对西方产生仰慕,自觉地把自己与西方认同,而不是与自己原来的种族或者居住国的种族认同。

康拉德对中国人的态度,还反映在《胜利》的前言中。他在前言中谈到书中人物的原型。欧洲来的人物,如海斯特、莲娜、斯坎博格等人自不用说。几个坏蛋形象的原型,康拉德也在前言中提到。其

---

① 孟华《比较文学形象学论文翻译、研究札记》,孟华主编《比较文学形象学》,北京:北京大学出版社,2001 年,第 6 页。
② (法)米利耶·德特利《十九世纪西方文学中的中国形象》,孟华主编《比较文学形象学》,北京:北京大学出版社,2001 年,第 252 页。

中琼斯先生和马丁·里卡多都是白人,自然在前言里有反映,甚至被他们称为"野蛮人"的佩特罗,也在前言中作了说明。但是,在小说中有相当分量的中国人"王",却在前言中只字未提。据此可以推测,"王"可能根本没有原型,而是根据他自己对中国人的理解和想象来塑造的,完全是一种想象建构。康拉德没有到过中国,对真正生活在中国土地上的居民不了解,但显然他见到过一些中国人,即那些下南洋去讨生活的中国劳工,工厂或工地的苦力、厨师、旅馆侍应等身份的中国人。另一方面,康拉德肯定也知道西方对中国人形象的文化建构。鸦片战争后,中国的国际地位一落千丈,在西方再也得不到多少尊重了。19世纪50年代开始的中国劳工潮,到美国和澳大利亚淘金,在美国修建铁路,到西方人在南洋开设的工厂或公司打工,出卖苦力,成了西方人对中国人形象建构的直接参照人。西方人按照所见到的中国人,以西方文化加以想象和诠释,在西方中心主义的前提下建构起中国劳工的形象"John Chinaman(约翰·支那佬)"。这个"John Chinaman"是一个生性懦弱、行为古怪、爱撒谎、偷窃、好赌博的形象,但也很能干活。康拉德的中国人形象建构,有许多与"John Chinaman"形象一致的地方。

因此,在康拉德小说中,中国人显然是比西方人低一等的民族,因而基本上剥夺了他们的话语权。在《胜利》中,王在小说的第三部分一开始出场,直到结局都基本上处于"在场"状态。但是他只得到两次直接说话的机会,外加两次由别人转述的间接话语权。而且,他得到直接说话权利时,康拉德也由于语言隔阂的原因,只让他说出只言片语,连一句完整的句子都没有。成了形体在场,语言缺席的不正常状态。

小说开头,主人公海斯特偶然帮助了陷入经济困境的莫里森,莫里森万分感激,回英国成立了一个赤道带煤炭公司,并坚持要海斯特出任要职。不幸的是,莫里森无法适应英国的寒冷天气,未等公司成立就病死了,海斯特成了公司的总裁。赤道带煤炭公司从中国招募了许多苦力,王就是招收来的廉价苦力之一。由于经营不善,公司很快就遭到破产,其他中国劳工都因此离开了,王却自愿留了下来当仆人,照顾海斯特的日常生活,因为他娶了当地土著人做妻子。第一次直接说话是在其他中国苦力纷纷上船离去时说的。看到王没有离开的意思,海斯特催促他说,如果不快点,就要赶不上船了。

"我留下。(Me stop)"他声明。海斯特第一次低下头看他。
"你想留在这里?"
"对。(Yes)"
"你原来是做什么的?在这里你做什么工作?"
"服务生。(Mess-loom boy)"
"你想留在这里做杂务生?"海斯特惊讶地问道。
"能行。(Can do)"
"你不必留下,"海斯特说,"除非你愿意留。我留在这里——可能会留很长一段时间。如果你愿意留下,我也没权赶你走,但我觉得你大可不必。"
"找了一个老婆。(Catchee one piece wife)"王毫无感情地说,说完就大步走开,把背对着码头和码头外的大千世界,在那里,载人离开的机帆船等着一个个小艇把人送上去。①

第一次说话,他一共说了五句不成句子的话,其中有发音错误(如中文中没有"r"音,只好用"l"来代替,因而"room"成了"loom"),也有语法和使用上的错误(如"一个老婆"被直接移植到英语,成了"one piece wife")。在他的马来三部曲中,康拉德还常常以"某某人用马来语说"这样的方法来把马来语变成英语,保留使用马来语的人的话语权,但在后来的作品中就建立了以英语作为表达语言的"英语

---

① Joseph Conrad, *Victory*. Ibid., p. 153.

中心主义",而把其他人的话语按照其发音的特点在英语中反映出来。因为小说是通过语言表达的艺术,可以说,康拉德的西方中心主义的建立,是随着他"英语中心主义"确立的。

赤道带煤炭公司破产后,海斯特偶然在斯坎博格开的旅馆停留,因为看不惯斯坎博格虐待在旅馆演出的一个乐团里的小提琴手莲娜,偷偷把莲娜带走,回到原赤道带煤炭公司所在的申泊兰岛。本来就对海斯特恨之入骨的斯坎博格,托词海斯特榨干了莫里森的大笔财产,唆使强盗琼斯等人去找海斯特的麻烦。琼斯一行三人以船只在海上遇到麻烦为由,来到了申泊兰岛。王敏锐地感觉到他们来者不善,当海斯特意识到危险的时候,却发现随父亲遗物一起运来的左轮手枪不见了。他判断这枪十有八九是被王偷走的,他还没去问王,王就来告诉他,他要离开海斯特了。这是王第二次获得话语权的机会。

在这次谈话中,王告诉海斯特,"我走了。(Me go now)"①当被问及为什么要走的时候,王回答说是不喜欢到岛上来的琼斯等三个人。海斯特问他是不是害怕了,他却加以否认。海斯特最后问到他是不是拿了他的左轮手枪,王却激烈地否认,"没有拿,看看!(No had got. Look see!)"②这次谈话,王比第一次说话的机会多。但是,与第一次一样,他的话语是片断的,同样没有一句完整的句子,同样带有发音、语法以及话语使用等方面的错误。由于没有获得充分的话语权,王本身的建构就只有依赖西方人的口了。

海斯特和莲娜谈起这次谈话时说:"是的,他一偷走我的左轮手枪,我就知道他要离我而去了。尽管他矢口否认偷了枪,我当然知道他在撒谎。支那人在任何情况下都不会承认的。死不认账是他们这种人的拿手好戏,他自己也不指望别人相信他。"③在这里,海斯特对

---

① Joseph Conrad, *Victory*, Ibid., p. 252.
② Joseph Conrad, *Victory*, Ibid., p. 254.
③ Joseph Conrad, *Victory*. Ibid., pp. 255-256.

王的建构是一种概括化的建构,把王的个人行为上升到所有中国人的特性,进行民族形象建构。把偷窃、撒谎等恶劣品质,当成所有中国人的共性。告辞了海斯特,王带着妻子回到申泊兰岛另一面的阿尔弗洛村去了。王不仅在危难中弃海斯特而去,而且拒绝给他们提供任何帮助。他搬回阿尔弗洛村后,海斯特曾经带着莲娜去找过他,要求允许莲娜到阿尔弗洛村来避难。在山梁上的警戒线,王毫不客气地拒绝了海斯特的要求。

要靠白人话语进行建构,就必定会带着白人的思维和偏见。在白人的话语中,王不但古怪和不可理解,而且一点也不慷慨。"他的付出不会超出所得的回报。可以假定,如果遇到什么不称心的事,他会找他的阿尔弗洛老婆发泄。夜幕一降临他就会回到老婆身边,一袭白衫,一根辫子,像某种白天出没的乱七八糟的中国鬼魂突然从海斯特的平房中消失。"①付出不超过回报,是不慷慨的表现,行为的古怪,这又正好迎合当时西方对中国人形象的猎奇心理。梅杰评论说,当时中国人被认为又笨拙又古怪,人们对他们又好奇又瞧不起。有人见到中国人用筷子而大惊小怪,E. J. 哈代描述的中国人和康拉德对王的描写有异曲同工之妙,"支那人似乎总用眼角看你,让你永远觉得莫测高深。给你的印象是,他一出生,就被人压在鼻梁上,并因此不幸而终生郁郁寡欢。"②

总体看来,康拉德把王塑造成一个迎合西方口味的他者,带着劣等民族的印记。但是,康拉德也保持了王身上一些"异"的特点,而这些特点的保留,有利于康拉德对西方文化保留批评态度。

首先,康拉德以王的敏锐反衬海斯特的迟钝。他一看到琼斯一伙的到来,就知道这些人来意不善。里卡多想要强暴莲娜的时候,王

---

① Joseph Conrad, *Victory*, Ibid., p. 155.
② John Major, Asia Through Glass Darkly: Stereotypes of Asians in Western Literature. *Contemporary Literature*, Spring 1986, p. 5.

恰巧听到他们在布帘后面搏斗的声音,他敏锐地意识到"一号(王对海斯特的称呼)是个注定要死的人,帮助他就等于自找倒霉。"①反观海斯特,却对面临的危机非常迟钝。琼斯一伙受斯坎博格蒙骗,认为海斯特私吞了莫里森的财产,他们是想来谋财害命的,而海斯特迟迟弄不清楚他们的来意。开始以为他们真是海上遇险而来,后来又以为他们是冲着莲娜来的,甚至还异想天开地以为他们不会带来危险,害怕王携枪出走会把自己卷进危险中,迫不及待地把王出走的消息通知了琼斯一伙。

其次,用王的果断来反衬海斯特的无所作为。恐怕正是海斯特的迟钝,才促使王果断地离开。为了自保,把海斯特的手枪也顺手牵羊带走了。临走时他还想警告海斯特面临的危险,指着布帘告诉海斯特"两",显然想告诉海斯特他听到两人搏斗的声音,但海斯特却不明白他的意思。为了解除后顾之忧,王把琼斯一伙的船推到了海里,还开枪打死了凶残的佩特罗,一点也不缺乏瑞南所说的"军人血液"。而海斯特本身是否具有"军人血液"反而值得怀疑。面对琼斯一伙咄咄逼人的进逼,海斯特却显得一筹莫展,只能哀叹:"就算口袋里装满了手枪,我又能怎么办?"②

再次,用王的同情心反衬里卡多的冷酷无情。王在离开的时候还试图暗示海斯特面临的危险,拒绝为莲娜提供庇护后却又放心不下,悄悄地跟在后面。他去对付琼斯的船只,客观上也可能对海斯特有帮助。可见,他并不像表面上看来那样无情,只是不能直接表达而已。比较而言,被琼斯认为属于"忠诚侍从阶层"的里卡多,认为"在思想、愿望甚至癖好等方面都和我完全相同"③的伙伴,明知他有厌女症,却不告诉他莲娜在岛上的真相,不但欺骗了他,最终还想要他的

---

① Joseph Conrad, *Victory*, Ibid., p. 238.
② Joseph Conrad, *Victory*, Ibid., p 261.
③ Joseph Conrad, *Victory*, Ibid., p. 304.

命。他打算午夜前把自己的主人和海斯特统统杀死。和里卡多对主人的狠毒相比,王只不过偷了海斯特的手枪,实在是够手下留情了。

西方人对于异己有强烈的主宰欲望,因此,海斯特和王的关系和与当地土著人的关系,都是一种格格不入的主宰和被主宰的关系。在西方人的眼里,无论是民族他者还是地域他者,都是可以据为己有或者为自己所用的对象,是不可能平等相待的。试想,如果他能和王以诚相待,得到王的帮助,以王的敏锐和果断,最终完全可能是另一种结局。可见,海斯特的悲剧在很大程度上是他的文化背景造成的。

从申泊兰岛的角度看,海斯特、莲娜、琼斯一伙以及原来的赤道带煤炭公司的一切,都是外来的他者,王也曾经是他者。但是,和格格不入的西方人不同,王很快就融入了土著人社会中,也融入了申泊兰岛的自然中。中国天人合一的文化传统,使他不是试图征服和主宰他者,而是试图融入当地社会和自然。最后海斯特一把火把赤道带煤炭公司以及欧洲人留下的所有痕迹都烧了个干干净净,申泊兰岛又回到了原来的自然状态。从某种意义上说,康拉德的《胜利》实际上是大自然的胜利,也是王的中国传统文化策略的胜利。

总的说来,康拉德的他者建构是一种以西方中心主义为基础的建构,而他的西方中心主义又以欧洲语言(英语)中心主义为出发点。在他的主要著作中,小说人物话语权的赋予,以西方人为中心,其中又以话语的主体,即小说叙述人和小说主人公为中心,其他人是否可以获得话语权、获得多少,主要取决于他与话语主体关系的距离,而不完全取决于该人物在小说中的地位。离话语主体越近的西方人,获得的话语权越多;然而对于种族话语权的赋予,则不管他和话语主体的关系有多近,他能够获得的话语权总是有限的,永远也不可能获得与西方人同等的话语权。当然,与其他种族他者比较,和小说话语主体关系比较密切的,获得的话语权还是稍微多一点。另一方面,康拉德从小说叙述超脱出来,以批评的态度来平衡西方中心主义建构。

第三章　康拉德民族他者建构

种族他者实际上也是民族他者,但为了论述方便,我把二者分开探讨。所以,在这里的民族他者专门指同为白人而又异于西方基督教徒的民族。在康拉德小说中的民族他者主要指俄罗斯人和波兰人建构,实际上是康拉德作为波兰一员这一主体在小说艺术创作上的表现。作为西方一员主体身份时,康拉德必须时时顾及西方的利益,其建构以西方优越论为基础。而作为波兰一员主体身份时,却不需有同样的顾虑。当然,俄罗斯的反面形象在客观上也是反衬西方制度优越性的参照系。俄罗斯人建构和波兰人建构是两个极端,一为反面形象为主,一为正面形象为主。俄罗斯国家形象和官员形象都属于反面形象,而平民则部分为经过"他者还原"后成为正面形象,部分为反面形象。波兰人主要以正面为主,在面对俄罗斯的统治当局时表现出英雄气概;面对西方人时,则主要强调二者之间交流沟通上存在的困难。

第一节　俄罗斯人建构

一

康拉德的俄罗斯建构分为国家形象建构和个人建构两大部分。国家形象建构主要针对俄罗斯政府整体形象以及上层官员和外交人员的建构。这种建构旨在与西方的民主制度相对照,以俄罗斯的独裁制度以及这种制度对普通人带来的压抑感与由此引起的反抗行动来反衬西方政治社会制度的优越性,而个人建构则从俄罗斯文化素质出发,反映普通人在独裁制度下的种种表现。俄罗斯人建构相关作品有:《读书与生活札记》、《间谍》、《在西方视野下》和短篇小说《罗曼亲王》等。

《在西方视野下》是康拉德俄罗斯人建构最重要的小说之一,叙述人是纳塔丽娅的英语教师,他的故事的原始素材来源于拉祖莫夫的日记。纳塔丽娅的哥哥维克多·赫尔丁是一个激进的俄国大学生,杀死了为人们所痛恨的俄国要员,因为错误地认为拉祖莫夫与自己志同道合,来找他帮忙躲避搜查。没想到,拉祖莫夫却是一个一心想靠学业出人头地的独行客,赫尔丁的到来搅乱了他为自己设计的进身之路,发现自己处在两难选择:出卖赫尔丁还是帮助他?内心斗争的结果,他去找了一个最近才结识的贵族 K 亲王。结果是,赫尔丁被捕并判了死刑,而拉祖莫夫也因为有了出卖赫尔丁的把柄在警方手里而不得不答应为警方做密探,被派到日内瓦去监视那里俄国革命者的活动。在日内瓦,拉祖莫夫遇到了赫尔丁的妹妹——天真纯洁的纳塔丽娅。不愿意让别人打扰的拉祖莫夫,此时却去打扰纳塔丽娅的安宁,而且是在对方把他当作哥哥的唯一好朋友来欢迎的情况下闯入纳塔丽娅的生活的。天真的纳塔丽娅爱上了他。他良心发现,把一切都告诉了纳塔丽娅,还告诉了革命党人,被在日内瓦的革命党人一阵狠揍,留下了满身残疾,回到俄国,凄惨地活着,度日如年。

叙事人是凭借拉祖莫夫留给他的日记以及自己和纳塔丽娅的接触等方面来的材料来叙述的。"我们关于拉祖莫夫信息的来源本身表现出双重叙述,一方面是语言教师的叙述,另一方面是拉祖莫夫的叙述。这是小说中好几种复调中最重要的复调,奠定了整个小说的结构。"[1]这

---

[1] Penn R. Szittya, Meta-fiction: The Double Narration in *Under Western Eyes*. *Joseph Conrad Critical Assessments* (vol. III). Keith Carabine ed. East Sussex: Helm Information Ltd. 1992, p.186.

种模式的叙述是作者故意安排的,整部小说都处在一副副假面具中,"作者和小说主人公都摆出一副原来不属于自己的假面具,又都因为以假面具招摇而泄露真面目;因而大家使用的语言都以挖苦讽刺为主;每个角色都因为故意做作而使其他角色难于理解,同时也造成了读者阅读这部小说理解上的困难。"①

　　康拉德对作为国家的俄罗斯素无好感。由于波兰的被瓜分是俄罗斯、德国和奥地利的杰作,作为反抗俄罗斯统治的爱国诗人儿子的康拉德非常了解俄罗斯的残暴。1905 年,康拉德在日俄战争之际,写了一篇《独裁与战争》的文章,收在 1921 年出版的《读书与生活札记》中。在这篇文章,康拉德把自己对俄罗斯的反感淋漓尽致地表达了出来。在康拉德看来,俄罗斯从一开始就因为其独裁统治而与西方走上截然相反而又不可能相互理解的道路,"作为一个国家存在最开头那一刻起,俄罗斯就呼吸着独裁的空气,自上到下,其国家的各级组织都为大大小小独裁者武断的个人意志所左右。因此,西方任何真理的思想都无法进入其中。西方思想一旦越过俄罗斯国界,就会在独裁专制下变成拙劣的模仿,其本身反而变得有害。"②可见,俄罗斯从一开始就是一个独裁政权,而且从上到下都为独裁者所把持。这就导致了俄罗斯与西方的隔阂,带来了双方交际和沟通的困难。在西方被认为真理的思想,在俄罗斯却根本行不通,因为它的独裁的土壤使得外来思想都变得水土不服,发挥不了其固有的作用。所以在康拉德看来,西方思想的灵丹妙药救不了这个独裁的国家。不仅如此,俄罗斯也不能够通过进化向人类社会的高层次迈进,因为"一个坟墓是不可能有进化的"③。这个坟墓不允许有任何高尚的思

---

① Penn R. Szittya, Meta-fiction: The Double Narration in *Under Western Eyes* Ibid., p. 186.
② Joseph Conrad. *Notes on Letters and Life*. Wiltshire, UK: Routledge/Thomas Press, 1995. p. 98.
③ Joseph Conrad. *Notes on Letters and Life*, Ibid., p. 99.

想存在,剩下的只是一派死气沉沉的景象。"俄罗斯过去一直是,如今仍然是生活中一切有价值的东西的反面。俄罗斯不是一个虚无的空白,而是在东方与西方之间的一个张着欲望大口的深渊,这个深渊吞噬了所有仁慈的希望,吞噬了一切争取个人尊严、争取自由、渴望知识的所有努力,熄灭了心中所有的高尚念头,泯灭了所有良知的细语。"①因此,在康拉德看来,俄罗斯的前景是非常不妙的。而这篇写于1905年的文章也预言了俄罗斯的革命:"另一个科学味没那么浓的字眼最近常常与俄罗斯的未来相联系:革命。这个词的出处不详,既给人希望,也让人害怕。"②康拉德似乎看到了俄罗斯需要通过革命寻找出路的必然趋势。与此同时,他对使用革命的手段达到改造社会目的的做法是有保留的,因为革命毕竟意味着整个社会基础的彻底变革,其破坏力量是不言而喻的。如果把握不好,反而可能把这个国家推向更加万劫不复的深渊。实际上,在康拉德的小说中,革命主题占有很大的篇幅。长篇小说《在西方视野下》、《间谍》和革命有关,短篇小说也有一些与革命有关,如《告密者》(*The Informer*)、《无政府主义者》(*An Anarchist*)等。在这些革命者的建构中,康拉德的讽刺超过了同情。无论是在日内瓦的俄罗斯革命者,还是英国本国的革命者,除了极个别例外,其行为即使不一定都卑鄙无耻,但至少都与高尚的字眼相去甚远。

俄罗斯高级官员都是沙皇专制制度的帮凶。在《在西方视野下》中被霍尔丁杀死的内务部长就是这样一个人物。他曾经是臭名昭著的镇压委员会(Repressive Commission)的主席,对于镇压人民的反抗可以说不遗余力。"他以孜孜不倦的努力为皇家服务,把男女老少各种犯人源源不断地关进监狱,送去流放,或者送上断头台。"③

---

① Joseph Conrad. *Notes on Letters and Life*. Ibid., p. 100.
② Joseph Conrad. *Notes on Letters and Life*. Ibid., p. 99.
③ Joseph Conrad. *Under Western Eyes*. Ibid., p. 7.

这位名叫德·P先生的内务部长为独裁者服务是出于自愿的,而且认为独裁是理所当然的,而自由反而不是上帝赋予的权利。他说,"造物主的行为中根本没有过自由思想的存在。找小民商量大事根本不会有任何结果,只会导致反叛和混乱,而在一个为了民众的服从和社会稳定而创造的世界中,反叛和混乱就是犯罪。能够表达上帝意愿的不是理性而是权威。上帝在天堂里就是独裁的。"①德·P先生把人间与天堂做类比,因而得出结论,独裁才是上帝的旨意。在他看来,只有独裁才具有足够的权威性,才能够保持社会的稳定,才能够让普通老百姓乖乖地臣服。而在西方被封为真理的自由民主等思想,在他的眼中反而成了祸乱俄罗斯的罪恶根源。双手沾满血腥的他却自认为在替天行道,一点都不担心自己的安全会受到威胁。所以在赫尔丁等人组织周密的暗杀中竟然轻易得手,把他送下了地狱。

德·P先生认为人是有高低贵贱之分的。尊贵者对卑贱者拥有统治的权力,而卑贱者则只有服从的义务而没有反抗的余地。从今天文化研究的角度看,德·P先生代表的是当时俄罗斯文化主流。康拉德出生的波兰也曾经历过专制统治时代,实行过农奴制。后来由于贵族的强大和王室的衰落,波兰才改为民主政治制度。但是,波兰所谓的民主"自由选王制"并没有给波兰带来福音,而是导致了波兰的衰落。因为这种制度"加深了政局的混乱、腐败和危机,为贵族争权和外国干涉大开方便之门。每次选举国王,总要出现极为复杂的局面,不仅波兰国内的贵族代表互相角逐,而且,欧洲其他强国也纷纷插手,以图把波兰置于自己的影响之下。据统计,在1573年—1795年的220年中,共选出11个国王,其中7个是外国人。"②波兰的衰落乃至几次被瓜分,都和这种政治制度有关。但毕竟波兰有着民主制度的传统,所以康拉德接受西方的自由民主制度显得非常自

---

① Joseph Conrad. *Under Western Eyes*, Ibid., p. 8.
② 王觉非主编《欧洲五百年史》,北京:高等教育出版社,2000年,第245页。

然,而一直以独裁统治为主流传统的俄罗斯接受起民主制度来,就需要更长的时间。实际上,俄罗斯接受西方式的民主制度,是在20世纪末苏联倒台以后的事。根据现代文化研究,一个民族的政治制度传统与其地理环境有关。海洋环境的国家民族倾向于民主制度,而河流环境的国家民族则倾向于独裁制度。海洋环境以海洋资源为生活资料的来源,由于其开放性,权力当局不可能加以控制,因而无法实行独裁统治。河流文明则因为河流是人民的生产和生活的生命线,控制了河流,就控制了人们赖以生活的来源,因而便于实行独裁统治。与此同时,由于河水泛滥而带来的自然灾祸,也不是一家一户所能够应付的,所以在客观上也要求集中相对多的人力物力资源对河流进行治理,抵御和减轻洪水带来的灾害。西方文明源泉之一的古代希腊属于海洋环境,其文明从一开始就带有民主传统。俄罗斯虽然也有很长的海岸线,但大多时候气候太冷,当时的技术水平又太低,因而不可能主要依靠海洋提供生活资源,其主要生产力仍然依赖陆地,所以俄罗斯文化传统中的政治制度主流为独裁统治就可以理解了。至于民主制度在现代以前是否一定比独裁制度先进就很难说了。

  作为俄罗斯政府高级官僚的代表,德·P先生是沙皇的走狗和刽子手,是革命党人猎杀的目标。因为他两手沾满了鲜血,他的被杀属于死有余辜。比较而言,作为贵族代表K亲王则带有更大的欺骗性。"K亲王,在其辉煌时期曾经是世界著名的风云人物,如今辉煌已经过去,仍然是一名议员。由于风痛缠身,虽然仍过着豪华的生活,却已经轻易不抛头露面了。"[1]即使疾病缠身,他仍然风度翩翩,具有强大的人格魅力。当拉祖莫夫第一次被介绍给他时,虽然不知道这位气质高雅的老者是什么人,两双握着的手分开的一刹那,K亲王在拉祖莫夫的手上微微增加的力度,就好像在这个年轻人身上下

---

[1] Joseph Conrad, *Under Western Eyes*. Ibid., p. 12.

了符咒一样令他着迷。所以,赫尔丁杀死了德·P先生后,因为对拉祖莫夫的误解,找上门来请求帮忙。拉祖莫夫在彷徨无计的情况下,最终决定找这位只有一面之缘、道貌岸然的K亲王寻求对策。结果不问可知,K亲王本来对这个年轻人的来访很不耐烦,只是出于礼貌才让他进来。但一知道拉祖莫夫的来意,就毫不犹豫地把他带到T将军府,赫尔丁的命运就这样决定了。与此同时,拉祖莫夫的命运也同样决定了。尽管他一再要拉祖莫夫放心,答应"会保证你顺利度过这种最不同凡响而又最艰难的局面"①。当着拉祖莫夫的面,他也要求T将军保证拉祖莫夫的前途不受影响,而那位将军也一口答应了。但是,赫尔丁被捕以后,警方却没有放过拉祖莫夫,以他曾经告密为要挟,把拉祖莫夫派到日内瓦当密探,监视俄罗斯革命党人在日内瓦的活动。

像德·P先生那样站在明处的坏蛋容易认清其真面目,由于其对自身安全防备不足,也比较容易对付。而像K亲王这样道貌岸然的伪君子,要识破其真实意图就困难得多。他的人格魅力越大,欺骗性就越强。像拉祖莫夫这样没有多少社会经验、一心想在现行体制下靠学业上出类拔萃而出人头地的青年学生,很容易为其假象所迷惑,因为盲目相信他而丧失自己的立场。作为一个亲王,又曾经是闻名世界的风云人物,他的立场自然站在沙皇一边,而拉祖莫夫仅凭一面之交,就把自己的命运托付给他,当然不会有什么好结果。

《间谍》中的符拉迪米尔是一个非常特殊的人物。康拉德在小说中绝口不提他是哪个国家的人,只说他是从欧洲的另一端来的,再从他的语音中的"亚细亚腔调"以及他的名字的斯拉夫特点等,不难猜出他是一个俄国人。不难看出,他是作为俄罗斯的外交官代表而建构的。这个人自以为是,刚愎自用,自己无所作为却又目空一切。他认为其前任重用双重间谍维尔洛克是不明智的,一接手就要逼使

---

① Joseph Conrad, *Under Western Eyes*, Ibid., p. 42.

维尔洛克采取行动。他逼迫维尔洛克让无政府主义者搞出某种"惊人的事实"①,竟然是因为英国不愿意在打击无政府主义的国际协议上签字。这种为了打击无政府主义而借助无政府主义者之手的诡计,的确非常高明。符拉迪米尔是一个反角,不是帮助行为主体,而是促使行为主体铤而走险,采取不明智的行动。他也同样可以免除危险,因为他的大使馆一等秘书的外交官身份,最多也只能作为不受欢迎的人而驱逐出境了事。

符拉迪米尔的塑造很有讽刺意味。康拉德把他塑造成一个愚蠢、自以为是、刚愎自用的家伙。他接管间谍维尔洛克以后,在上午11点钟把维尔洛克召到大使馆去,一点也不顾这个在绝密文件中只以符号"△"表示而不写姓名的著名间谍会暴露在光天化日之下,还把他狠狠地训斥了一通。维尔洛克原来的上司很看重他的价值,从来不会在大白天别人可能看见的时候让他到使馆去。当维尔洛克说这样可能影响他的作用时,符拉迪米尔却残酷地说,"那是你的事"。② 符拉迪米尔根本不看重维尔洛克的作用,认为在过去的几年中,使馆白给了他许多钱,而维尔洛克什么事情都没有做。他不需要维尔洛克去收集情报,不需要他去监视革命党人和无政府主义者的活动,而是要他利用无政府主义者的破坏活动,煽动英国的舆论,使英国在米兰举行的国际会议上同意对反政府的革命党人和无政府主义者采取统一的镇压行动。他想要利用意识形态他者来实施破坏行动,反过来又利用这种行动所造成的轰动效应来促使各国政府对他们采取镇压,可谓狠毒至极。可惜维尔洛克根本只长于收集情报,而不以恐怖行动见长。符拉迪米尔的指令,最终只会毁了这个好不容易安插的间谍。

如果说在如何使用维尔洛克方面,符拉迪米尔是个蠢货。在选

---

① (英)约瑟夫·康拉德《间谍》,张健译,北京:外国文学出版社,2002年,第21页。
② (英)约瑟夫·康拉德《间谍》,前引书,第24页。

择无政府主义者行动目标方面,符拉迪米尔却可以说是非常精明的。他认为,暗杀虽然会引起轰动,但效果不会持久。因为只要有国家,就会有国家元首,暗杀是杀不完的,今天杀了一个总统或其他要人,明天又会有新的上台。此外,炸毁一座教堂也可能引起舆论的反响,但这也可能被解释为宗教争端,不足为怪。炸酒店等民用设施更可能被认为是没有饭吃的穷人寻求发泄、报复社会的行为,不会引起持久性的轰动效应,达不到符拉迪米尔的要求。他选择的目标可以说是异想天开,把打击目标放在与科学有关的事物上,因为他觉得科学是人人相信的学问,"凡是有收入的人,哪怕是蠢材也都相信科学。他不明白为什么要重视科学,但是他却相信科学至关重要。人人都迷信科学,认为它是神圣不可侵犯。那些该死的科学教授没有一个不是思想激烈的。要让他们知道,他们的大老板也必须滚蛋,让位给无产阶级未来派,这些知识分子白痴狼嚎起来必然会推波助澜使米兰会议所做出的努力有所发展。"①他所选中的目标是格林威治天文台,因为天文学跟饿肚子扯不上任何关系,不会被误认为是没饭吃的人对社会的报复,而天文台是科学的象征,是科技发展的骄傲,"凡有文化的人谁不知道格林威治天文台呀"②。因此他断定,"把本初子午线炸掉肯定会引起叫嚣和谩骂。"③指令维尔洛克让无政府主义者去实施行动。

选择格林威治天文台作为攻击目标确实是独出心裁。首先,这是一个标志性的建筑,在英国家喻户晓,是到当时为止英国科技领先世界的标志。一旦受到恐怖分子的攻击,的确会引起轩然大波,其轰动效应是可想而知的。其次,如果爆炸成功,必定对英国的民族自尊心会是一个重大打击。虽然不具备很大的经济和物质上的意义,更

---

① (英)约瑟夫·康拉德《间谍》,前引书,第28页。
② (英)约瑟夫·康拉德《间谍》,前引书,第30页。
③ (英)约瑟夫·康拉德《间谍》,前引书,第30页。

不具备军事意义,但作为民族骄傲的建筑物被毁,必然会引起整个民族的巨大反响。这样,符拉迪米尔就可以借助这种轰动效应激起的巨大舆论影响,达到促使英国政府在米兰举行的国际会议上同意采取统一行动对反对政府的革命党和无政府主义分子实行镇压的目的。

符拉迪米尔的恐怖策划,已经具备了当代恐怖主义的特点。爆炸是当代恐怖主义袭击最常用的手法之一。利用人体携带炸掉,连人带炸弹与袭击目标一起毁灭,是时下恐怖主义的惯用手法。恐怖主义袭击几乎包括了所有符拉迪米尔分析过的目标,饭店、教堂以及针对某些既定目标的人物等,都可能成为今天恐怖袭击的对象。恐怖袭击的手法也越来越多样化,除了炸弹袭击,还有毒气、飞机撞击等手法。在众多的袭击目标中,对标志性目标的袭击造成的影响至为巨大。"9.11"事件,袭击的就是标志性建筑世贸大厦,引起全世界的强烈反响。只是不知道事件的策划者是否受到康拉德的启发。有人注意到《间谍》中称为"教授"的恐怖分子整天身上揣着炸弹,随时准备与别人同归于尽,认为他是今天恐怖分子的先驱,却没有注意到符拉迪米尔的恐怖策划与今天恐怖分子使用的手法如出一辙。他实在是一个极高明的恐怖分子。

符拉迪米尔的恐怖策划和"9.11"事件有许多相似之处。首先,袭击的目标都是不设防的非军用设施,没有任何防卫手段,一旦遭到袭击,很难逃脱厄运。第二,袭击的目标都和科学有关。格林威治天文台本身就是天文学设施;而世贸大厦则是世界上最早的摩天大楼之一,其建筑集当时的科技进步之大成。第三,两者都是标志性建筑。格林威治天文台在人们心目中的地位,符拉迪米尔说得很清楚,那是"连在查陵克罗斯火车站地下室擦皮鞋的孩子也多少知道一点"[①]的地方。世贸大厦更是在世界上名扬遐迩。而且,在大厦里工

---

① (英)约瑟夫·康拉德《间谍》,前引书,第30页。

作的人来自世界各地,平日里正常运转时尚且吸引不少媒体的注意力。一旦出事,更会成为全球瞩目的焦点。最后,对两者的袭击都出乎人们意料。由于其非军事性质,也不同于白宫、五角大楼或者唐宁街10号等政治上敏感的建筑,无论是平民还是政府要员,都很难预料到这样的建筑会成为袭击目标。即使在情报系统高度发达的今天,灾难仍然无法避免,即使情报部门获得这方面的情报,也不会受到应有的重视。

符拉迪米尔特别提到要毁去本初子午线,是有其象征意义的。本初子午线象征着时间纪录的开始,历史的源头,社会秩序的开端。所以,他要毁去本初子午线,就意味着要摧毁人类文明的成果,使人类重新回到太初混沌状态中去。这象征似乎和他的目标有矛盾,因为他想要维护社会秩序,而不是要摧毁社会秩序,因而主张对破坏社会秩序的无政府主义者进行严厉打击。但是,他追求的目标和使用的手段是截然相反的。他要以无政府主义者去毁掉本初子午线,是一种以无序对付有序的手段,因为无政府主义的名字本身就象征着无序,象征对有序的对抗。所以,他的手段是用无序打击有序,再以铁的手腕粉碎无序,建立起他所希望的社会秩序。如果说无政府主义者意欲袭击格林威治天文台、毁坏本初子午线的行为是一种野蛮行径,符拉迪米尔希望以暴力镇压社会秩序的抵抗力量的行为,同样是野蛮行径。他很不满英国尊重个人自由的做法,认为"英国资产阶级真蠢"①。所以,他所追求的社会秩序是一种不讲个人权利的专制独裁统治下的社会秩序,是一种有别于西方社会制度的秩序。

符拉迪米尔显然把无政府主义者和革命党人看做意识形态他者,而且对于这些他者的处置手段深得其中奥秘。他很清楚,必须利用他者本身去消灭他者。他要维尔洛克用无政府主义者去制造事端,又利用这些事端促使英国在米兰国际会议上同意对意识形态他

---

① (英)约瑟夫·康拉德《间谍》,前引书,第25页。

者实施镇压,达到用他者消灭他者的目的。换句话来说,符拉迪米尔知道,他者身上的他者特性并不可怕,要去掉社会的意识形态他者,只要善于利用他者本身就行了。这与霍尔罗德、马洛、斯坦恩等人培养代理人去统治他者世界有相同之处,也有差异之处。相同在于他们都没有亲自参与事件的实施,都是靠代理人去实施。不同之处在于他们和代理人之间的关系不同。霍尔罗德等人与他们的代理人是站在同一战线上的,他们对代理人的帮助是真心实意的;而符拉迪米尔与维尔洛克的关系却完全是利用和被利用的关系。符拉迪米尔并不在乎维尔洛克的安全与作用,他觉得这纯粹是一种买卖关系,他出钱,维尔洛克就得按照他的意思去办事,至于那样做会不会毁掉维尔洛克这个间谍,是他自己的事。实际上,他似乎成心要毁掉维尔洛克,把他作为一个手榴弹来使用,一甩出去,就再也不打算收回,而维尔洛克的利用价值也就到此为止了。就是说,霍尔罗德等人与代理人的利益是一致的,而符拉迪米尔与维尔洛克的利益却并不见得一致,无论在主观上还是客观上,他都没有替维尔洛克着想。

很明显,符拉迪米尔不仅把无政府主义者划归"他者"行列,他也没把维尔洛克认作"我们的一员"。维尔洛克自称是英国人,却又说他的父亲是法国人,母亲则不知道是哪里人。"波兰裔的康拉德在这些细节上不愿意得罪英国读者。"① 之所以说康拉德不愿得罪英国读者,是因为维尔洛克实在不是东西。他在法国服兵役的时候就开始做出卖祖国的勾当,把法国改进的野战炮设计图卖给了外国,并因此被判刑5年。这个"外国"就是符拉迪米尔的国家,虽然康拉德没有指明,明眼人却可以一眼看出那是俄国,是康拉德深恶痛绝的国家。如果康拉德把这样一个坏蛋说是英国人,英国读者恐怕很难接

---

① 陆建德《间谍·序》,康拉德《间谍》,张健译,北京:外国文学出版社,2002年,第4页。

受。在意识形态上，维尔洛克虽然参加了无政府主义者的活动，而且在其中还起某种领导作用，但他却不是真正的无政府主义者，而是打进他们内部的警方密探。所以，他这个间谍，不仅把自己的祖国出卖给外国，而且把无政府主义者和革命党人出卖给政府，是一个不折不扣的有奶就是娘的无赖。他没有是非观念，没有道德约束，有的只是利益的驱使。为了钱可以出卖本国利益，也可以出卖无政府主义者的利益，甚至连小舅子的命都可以卖掉。所以，符拉迪米尔无论在民族上还是在意识形态上，都可以把他归入"他者"之列。对他只有利用而没有关照，他不过是符拉迪米尔"以他者对付他者"策略中的一枚小棋子。

在符拉迪米尔眼中他是一枚小棋子，按照符拉迪米尔对他的使用方式，他的确不能发挥多大作用。如果说他对于伪装自己、收集情报还有一手的话，对于恐怖活动却并不在行。"他提供的情报举足轻重，看到他的情报，皇帝和大公都会改变旅行计划和起程日期，有时甚至会取消计划。"①符拉迪米尔对于他的这种作用却很鄙视，认为他的前任上了维尔洛克的当，实际上他根本没有什么能耐。所以，他一定要逼维尔洛克避长就短，去搞恐怖活动。与"9.11"完美策划的飞机撞击世贸大厦的袭击手段相比，维尔洛克在执行符拉迪米尔策划的对格林威治天文台的袭击中，简直形同儿戏，竟然让他的白痴小舅子把炸药带去天文台。小白痴还没走到天文台就摔了一跤，引起炸药爆炸。天文台平安无事，却把这个小白痴炸得血肉横飞，死于非命。

维尔洛克的妻子温妮对自己的弟弟史迪威有一种近乎病态的关怀。父亲还活着的时候，听到父亲训斥史迪威，温妮就会觉得非常心烦和反感。初恋失败后，更是几乎把弟弟看成自己的一切。她嫁给维尔洛克，在很大程度上也是为了史迪威，因为维尔洛克不会骂这个

---

① （英）约瑟夫·康拉德《间谍》，前引书，第23页。

小白痴。看到维尔洛克和史迪威穿着同样颜色的衣服走在街上,温妮情不自禁地自言自语:"说他们是爷儿俩,也未尝不可呀。"①这种超出姐弟之情的关系令她头脑发昏,得知丈夫把弟弟带去,害得他被炸成碎片后,温妮失去了理智,用水果刀把丈夫捅死了。仓皇出逃时,所带的积蓄又被自称为无政府主义者的奥斯朋骗去,只好跳到海中一死了之。

康拉德小说中俄罗斯高层人员建构主要针对俄罗斯作为一个国家的整体形象,以其独裁政治制度反衬西方的自由民主制度。沙皇豢养的走狗中,既有穷凶极恶、张牙舞爪的德·P先生作为政府的代表,也有道貌岸然的K亲王作为贵族的象征,还有警察代表的米库林等。对外代表俄罗斯的符拉迪米尔则充分体现了俄罗斯的傲慢和刚愎自用。有这样群体为之服务的独裁体制,俄罗斯的形象无论如何都好不到哪里去了。

二

与俄罗斯高层以及其他政府官员比较,康拉德小说中普通俄罗斯人更具备人性。赫尔丁是一个血气方刚、具有强烈责任感的热血青年。他不乏英雄气概,也具有为解救受苦受难的同胞而献身的牺牲精神。暗杀德·P先生是一件非常危险的任务,因为对方是政府要员。不仅暗杀过程中充满了危险,即使暗杀成功以后要想逃过警方的追捕也是非常困难的。但赫尔丁毕竟有其非凡之处,他在暗杀德·P先生的过程中表现出了过人的机智和勇敢,一举除掉了这个曾经以镇压人民反抗而臭名昭著的内务部长。可惜,他却在成功以后犯了致命的错误。由于他对拉祖莫夫的判断失误,认为拉祖莫夫是与他一样的热血青年,一定会赞赏他为民除害之举:"你是个不苟言笑的人,但我认识的人中没有人敢于怀疑你的丰富

---

① (英)约瑟夫·康拉德《间谍》,前引书,第165页。

情感。你的性格中有一种遗世独立的个性,没有勇气的人是不可能像你这样的。"①就是说,赫尔丁在面对敌人时,是精明果断的,但在对人的秉性的判断方面是不成熟的。因为判断失误,竟然把自己的命运交到一个与革命党没有多少来往的人的手里。拉祖莫夫不属于革命党,只是偶然参加过他们组织的集会。当然,拉祖莫夫从本质上来说也算是一个正直的青年学生,对德·P先生这样以镇压民众为乐事的政府官员也强烈不满甚至痛恨他们。但是,他对德·P先生的痛恨还没到愿意为谋杀这个内务部长的凶手提供庇护的程度。他本来的打算是在现行制度下通过学业上的出类拔萃来争取在社会上能够出人头地。他的梦想是成为一名著名的教授。用他自己的话说,"一位著名教授也算是一个重要人物。"②所以,他要在学术上获取银质奖章作为进身的阶梯。知道赫尔丁的来意后,他的第一反应就是,"银质奖章没了。"③赫尔丁表现出的英雄气概不亚于《吉姆爷》中的吉姆,两人都是青年人,都具有强烈的责任感。吉姆不忍看到帕杜森土著居民遭受阿里·谢里夫和阿朗拉扎的荼毒,以解救土著居民于水火为己任,也的确创出了一番事业。赫尔丁则以解救俄罗斯人民的疾苦为己任,也显出了英雄本色。革命党能够吸引像赫尔丁这样的热血青年参加,是革命党的成功,同时也充分显示了俄罗斯统治当局的不得人心。从赫尔丁暗杀德·P先生的成功看,革命党完全有可能在一定程度上取得胜利,这和康拉德在《读书与生活札记》中把革命作为俄罗斯未来可能的选择之一是吻合的。但是,康拉德理解中的革命,是与无政府主义画等号的。就是说,在康拉德那里,革命只是一种破坏力量,破坏的对象可能是俄罗斯专制统治那样的残暴统治阶层,也可能是西方的民主社会秩序。康拉德认为的

---

① Joseph Conrad, *Under Western Eyes*. Ibid., p.15.
② Joseph Conrad. *Under Western Eyes*. Ibid., p.13.
③ Joseph Conrad. *Under Western Eyes*. Ibid., p.16.

革命没有建设性意义,所以革命的成功只能是有限的和短暂的。赫尔丁成功地暗杀了德·P先生,却没能成功地逃出警方的追捕,因而其英雄业绩也是有限的和短命的。事实上,赫尔丁的成功并没有给俄罗斯人民带来任何好处,因为独裁制度没有从根本上推翻,只杀死个别政客是无济于事的。杀了一个内务部长,马上就会有别人填补这个空缺,一切仍然依旧,甚至会因为谋杀而使沙皇当局的残酷统治变本加厉。

《在西方视野下》所有人的失败,几乎都与对别人的误读有关。德·P先生低估了革命党暗杀自己的决心,对自身的安全没有引起足够的重视,所以送了命。赫尔丁误读了拉祖莫夫对革命的态度,轻易地把自身的安危托付给一个并不真正志同道合的人,因而被拉祖莫夫出卖了。拉祖莫夫则由于误读了K亲王对自己的态度,盲目着迷于这位贵族的翩翩风度,以为他真的非常关心青年人,把生死攸关的大事托付给他的判断力。老奸巨猾的K亲王对拉祖莫夫带来的消息自然衷心欢迎,并一再表示这件事不会影响拉祖莫夫的学业和前途。天真的拉祖莫夫相信了他的话,出卖了赫尔丁。结果,在约定时间来接赫尔丁的不是革命党派来的马车,而是警察的车。实际上,拉祖莫夫在走进K亲王住宅前也的确曾经按照赫尔丁的要求去找过他们的联络人吉米安尼奇,却发现吉米安尼奇酗酒成性。拉祖莫夫找去的时候,他正烂醉如泥,怎么都叫不醒。拉祖莫夫不觉勃然大怒,狠狠地揍了他一顿,扭头就走。而那个酒鬼糊里糊涂被打了,仍然昏昏沉沉不辨东西南北。

革命党人虽然有赫尔丁这样的具有英雄气概的人物,但也有吉米安尼奇这样的酒鬼,这是康拉德对革命党人的讽刺。实际上,赫尔丁在康拉德革命党人中算是一个很特别的例外,反而吉米安尼奇这类成事不足、败事有余的角色,在康拉德革命者建构中是正常的。拉祖莫夫则是一个相当复杂的人物建构。他有正义感,但又没有推翻现行体制的雄心壮志。他卓尔不群,却打算通过现行体制下的正当途径出人头地。所以,赫尔丁的到来给他出了一个他无法解答的难题。正如戴维逊所说的,"这份考卷根本不公平。这是一份残酷而带讽刺意味的模拟试卷,如果想通过考试,拉祖莫夫的本能、思想和雄心(他想在社会上出人头地的雄心壮志)就必须放弃。当然,假如通过了这次考试,他的前途也同样完了。"①这是一种两难选择,无论选择站在赫尔丁一边,还是选择站在他的对立面,拉祖莫夫的前途都得完蛋。如果他选择与赫尔丁等人站在一起,也不一定能够保证赫尔丁能够安全逃离彼得堡,因为被杀死的是一个政府部长,一个赫赫有名的重要人物,警方必然会全力以赴抓捕凶手。一个独裁政权在这方面的办事效率往往是惊人的。更何况革命党人中还有诸如吉米安尼奇这样的废物。赫尔丁要想逃脱,除非出现奇迹。一旦赫尔丁落网,拉祖莫夫就会在劫难逃。站在赫尔丁对立面是拉祖莫夫在小说中的选择。结果证明这种选择也是不明智的。他不仅出卖了把自己引为知己的赫尔丁,而且还因此被警方要挟,迫使他当警方的密探,被派到日内瓦监视在那里的俄罗斯革命党人的活动。

　　康拉德笔下的俄罗斯革命党人像赫尔丁一样的热血青年太少,而康拉德又让他在小说开头不久就被捕而且被送上了断头台。其他革命者则实在令人不敢恭维。酗酒误事的吉米安尼奇且不去说,在日内瓦当负责人之一的彼得·伊万诺维奇声称自己是一个女权主义者,但虐待起塔克拉来却毫不手软。他所致力的不是革命事业,而是追求一个豪门寡妇德·S夫人,一心指望着能够继承她的巨额遗产。他没有料到的是,德·S夫人来不及立遗嘱就死了,而她的遗产被一大群侄儿侄女所瓜分,彼得·伊万诺维奇连一个硬币都没捞到。作为一个革命者而财迷心窍,追求的又是豪门寡妇,他的阶级立场早就已经荡然无存了。靠这样的人作为领导者之一,能有什么建树是很

---

① Arnold E Davison. *Conrad's Endings: A Study of the Five Major Novels*. Ibid., pp.74-75.

值得怀疑的。康拉德对俄罗斯革命者的讽刺态度,由此可见一斑。

康拉德在《在西方视野下》中塑造的两个俄罗斯妇女形象也是很有深意的。纳塔丽娅是维克多·赫尔丁的妹妹,是一个天使式的可爱女孩,有着纯洁美好的心灵,甚至相信世界大同的时刻总有一天会到来。拉祖莫夫被警方派到日内瓦,遇到了和母亲相依为命的纳塔丽娅。由于维克多·赫尔丁原来曾经在信中提到过拉祖莫夫,对他的评价非常高,所以,拉祖莫夫一到日内瓦就获得了纳塔丽娅的充分信任。随着交往的增加,纳塔丽娅表明了她对拉祖莫夫的爱情,而拉祖莫夫也发现自己爱上了这位纯洁善良的姑娘。如果说在出卖赫尔丁时他感到问心无愧,在纳塔丽娅的爱情面前他却再也不能面对自己的良知了。所以,明知道说出真相会失去纳塔丽娅,甚至会有生命危险,而他还是毅然承认了自己警方密探的身份。本来,如果他自己不说,除非警方出卖,否则不会有人怀疑他的身份。他初到日内瓦时,革命党人曾经对他的身份有怀疑,但随着吉米安尼奇的自杀身亡,革命党内部对于维克多·赫尔丁被出卖一事已经达成了共识,认为是吉米安尼奇出卖了赫尔丁,而他自己则因此而畏罪自杀身亡。正是在这样有利的情况下,拉祖莫夫说出了真相:"'我请你们注意,'他说着,已经到了走廊,'只要我自己不说,你们就不会有人知道。自从我来到你们中间以来今天是最安全的,因为今天你们都已经相信了我,我的地位已经稳固了。而正是今天,我自动把一切都说了出来,我不再活在谬误中,不再活在懊悔中——现在,在这个世界上我已经不欠任何人的了。'"①具有讽刺意味的是,拉祖莫夫说出真实身份以后,把他打成残废的,是货真价实的警方密探尼基塔。拉祖莫夫虽然也是密探,但他来到日内瓦以后未能取得革命党人的充分信任,而刚刚得到信任,他却又自动把真相说出,因此他实际上对革命党人没有构成实质性的危害。而尼基塔则早就潜伏在革命党内

---

① Joseph Conrad. *Under Western Eyes*. Ibid., p. 368.

部,对革命党造成的损失是拉祖莫夫无法相比的。女革命者索菲娅·安东诺夫娜事后提起尼基塔还恨得咬牙切齿,"他以杀人为乐,这是毋庸置疑的。双方阵营的他都杀,这个恶棍……"①

在对纳塔丽娅的建构中,康拉德一反常态,不是把这位天使般的女孩留在幻象世界中,而是在最后时刻让她了解了拉祖莫夫出卖她哥哥,被警方派来当密探的真相,使她对拉祖莫夫的爱情顿时夭折。这其中存在一种象征意义:俄罗斯特殊体制下产生的政治对立殃及普通民众,使有能力而又有意愿相爱的青年却不能相爱,他们所处的特殊地位注定他们不可能在一起。而能够在一起的却是没有相爱能力的人。塔克拉在拉祖莫夫被打致残以后一直照顾他,但此时拉祖莫夫已经残废,"脚跛了,疾病缠身,而且境况一天比一天糟。"②另一方面,塔克拉本身就是一个发育不健全的女人,只因为拉祖莫夫曾经比较和善地对她,她就自愿在拉祖莫夫被打致残后照顾他,甚至把他从日内瓦带回到俄罗斯南部生活。遗憾的是,他们两人虽然能够终日厮守,彼此却无法相爱。这种绝望的局面,是康拉德对俄罗斯民族绝望的象征。因为人类不能相爱就没有后代,一个民族的象征如果如此,那真是不可救药了。

《黑暗的心脏》中也有一个俄罗斯人,那是一个对库尔茨佩服得五体投地的流浪汉。在马洛与这个流浪汉对库尔茨态度上的差别中,我们也可以看出俄罗斯文化与西方文化的区别。马洛在得知库尔茨对当地的土著居民实行血腥统治后,对他的做法很不以为然,而且还进一步思考他之所以如此的深层原因,对于缺乏法制约束,只靠道德维持一个人的良知深表忧虑。特别像库尔茨那样与非洲土著居民的知识水平和进化程度有着巨大差距的西方人,在没有制度约束下可能做出的事情,其后果是非常严重的。马洛毕竟来自崇尚自由

---

① Joseph Conrad. *Under Western Eyes*. Ibid., p.381.
② Joseph Conrad. *Under Western Eyes*. Ibid., p.379.

民主传统的国家,所以会对库尔茨的残暴不以为然。俄罗斯流浪汉却来自一个独裁传统的国度,所以他对库尔茨的铁腕只有敬佩,觉得库尔茨真有本事。

总起来说,康拉德的俄罗斯人建构是基于同一人种不同民族的建构,他们在智力水平和发展进程上与西方相比都没有太大的差别,其差别在于不同的文化传统和政治制度。无论是国家总体形象建构、上层官员形象建构,还是普通民众的建构,康拉德都试图以艺术形象的方式说明,西方文化和社会制度比俄罗斯优越,其文化也比俄罗斯的文化传统更人道,更得人心。

第二节 东欧人建构

一

康拉德的东欧人建构,指俄罗斯人以外其他东欧人的建构,主要见于短篇小说《罗曼亲王》(*Prince Roman*)和《艾米·福斯特》(*Amy Foster*)。前者是关于波兰一位贵族的故事,后者则是东欧一个平民因船只失事流落到英国的遭遇。后者被认为带有康拉德自传成分。所以,所谓东欧人建构实质上是波兰人建构。波兰是康拉德的故乡,所以,波兰人建构对西方读者虽然是他者,对康拉德自己却是自我建构。

《罗曼亲王》收入《听来的故事》小说集,于康拉德逝世后的次年出版。小说主人公罗曼亲王确有其人。在《康拉德生平》(*The Life of Joseph Conrad*)中,巴切洛尔(John Batchelor)谈到波兰1890年11月起义失败的代价时说:"1831年,在军事上失败后,波兰遭到了严厉的惩罚:共有254名起义中的军事和政治领导人被处死,大约8万波兰人被流放到西伯利亚,在流放者中包括了罗曼·圣古斯科亲王,一位勇气可嘉的年轻人,因为在审讯中没有接受审判官的建议,没有说自己因为妻子不幸病死,一时情绪抑郁而参与了起义,没看到这一行动可能带来的严重后果,所以受到了流放的惩罚。"①

小说《罗曼亲王》讲述就是这位波兰贵族在波兰 1830 年—1831 年反抗俄罗斯统治起义中的经历。风华正茂的罗曼亲王正在禁卫军当军官的时候,爱上了一位"年轻貌美,出身名门,并且是一大宗产业的唯一继承人"②的女子,盛大的婚礼多年后仍为许多人津津乐道。可是这桩完美无缺的婚姻却因为妻子的早逝而画上了句号,给亲王留下了一个未满两岁的女儿。妻子的死,似乎把罗曼亲王的灵魂也带走了,他对什么事情都提不起兴趣。此时恰逢波兰反对俄罗斯的起义,这位亲王断然离家,参加了起义队伍。几经转战,起义终于失败,罗曼亲王也成了俄罗斯军队的俘虏。本来他改名换姓参加起义,但因为他的非同凡响的盛大婚礼,认得他的人不在少数。他被俘后有一个人无意中叫出他的身份来,俄罗斯人这才知道著名的波兰贵族罗曼亲王就在他们的俘虏中。接着开始了对他的审讯。虽然审判官有意引导他,让他说是因为丧妻之痛,一时冲动而做出了不负责任的选择,以便减轻他的罪责。但是,他自己坚决不承认是一时的冲动。结果,他被判处流放到西伯利亚矿区终身服苦役,25 年后才终于被释放回到波兰。即使回到波兰以后,他仍然尽自己的最大努力为波兰以及同胞服务。

这是康拉德唯一正面塑造波兰爱国者形象的小说。波兰是康拉德的故乡,所以他的波兰人建构与俄罗斯人建构完全不同,俄罗斯人虽然在智力水平、进化程度上与西方相差不远,但作为一个国家和政权形象,俄罗斯是西方民主繁荣的反面镜子;作为一个民族,俄罗斯人的文化特征使得他们无法与西方人的诚实秉性和崇高情操相提并

---

① John Batchelor. *The Life of Joseph Conrad*. Oxford & Cambridge, Massachusetts: Blackwell Publisher Inc. 1994, pp1-2.
② (英)约瑟夫·康拉德《罗曼亲王》,薛诗绮译,《康拉德小说选》,上海:上海译文出版社,1985 年,第 116 页。

论。而在波兰人建构中,康拉德几乎把所有的美好品德和高尚情操都赋予了波兰人。罗曼亲王是他精心建构的波兰精英,是波兰民族和未来的希望。首先,他的外貌非常英俊,风度翩翩。当年结婚时,他与他的新娘郎才女貌,真是天设地造的一对。他们的盛大婚礼曾经让多少人津津乐道,引为难得一见的盛举。即使经历了20多年的流放生活和矿山苦力的折磨,他仍然充满活力地一如既往报效自己的祖国。到了风烛残年的时候,小说叙述人见到他时,虽然与心目中的翩翩少年一类王子形象相去甚远,但仍然保持了当年的风度。他是这样描述老亲王的外貌的:"那位客人是个瘦子,中等身材,穿一件长达膝盖的黑色大礼服,身子挺得笔直,带着一种硬邦邦的军人风度。从柔软的白麻布围巾褶皱处,露出紧贴在刮得精光的双颊上的领尖。光秃的头顶上横过几缕稀疏的灰发,梳理得整整齐齐。他那张当年必定漂亮过的脸,直到老年仍保持着和谐而朴素的轮廓。他脸上显出均匀的苍白色,简直像死人的脸色,这叫我感到吃惊。"①在所有用于外貌描写的词语中,用的几乎都是褒义词,只是把他的脸色与死人相比,显得有点贬义,表现出一股暮气。这其中有他父亲的影子。康拉德的父亲被流放回来后,不久就病故了。他亲眼目睹了父亲的去世,留下了永远不可磨灭的深刻印象。同时,这种暮气又是当时波兰的写照。自从被第三次瓜分以后,波兰一直分别在俄罗斯、普鲁士和奥地利的统治之下,没有自己的意志。所以,把祖国看做一个风烛残年的老人,也是很正常的。康拉德把波兰未来重新焕发青春的希望寄托在西方的身上,所以对于同样统治着波兰而又属于西方国家的普鲁士,没有看到康拉德的仇视态度。

罗曼亲王在年轻的时候曾经风流倜傥,才华横溢。尤其他的勇敢和军事技能,更是在反抗俄罗斯人的起义中找到了用武之地。他改名换姓参加起义部队,在立陶宛边境加入了波兰主力军,从士兵做

---

① (英)约瑟夫·康拉德《罗曼亲王》,前引书,第119页。

起,很快当了曹长。"当了曹长的罗曼亲王,干得比团长所预期的还要出色。没有多久,彼得军曹就以机智勇敢而出了名。那不是绝望者的亡命之勇,而是一种好似为良心所激励、冷静沉着的勇气,什么都不能挫伤它;那是一种无穷无尽又平稳宁静的献身精神,它不受时间和挫折的影响;没完没了的退却引起的沮丧,暗淡下去的希望带来的痛苦,战争艰险加上疫疠横行造成的恐怖,都不能动摇这种献身精神。"① 引文表现了罗曼亲王的英勇机智和不屈不挠精神,也表现了这次起义所面临的困难局面。从力量对比来说,起义部队的力量显然远远不如俄罗斯当局。由于力量对比的悬殊,罗曼亲王参加的部队一再被打散,而他每次都找到另一支部队并加入其中。正因为罗曼亲王能够在极端不利的局面下仍然坚持自己的立场不变,直战到最后一刻,他为自己祖国不屈不挠的精神才是最可贵的。康拉德自己带有波兰贵族血统,他把贵族作为波兰的精英,把波兰的命运与贵族相联系。

《罗曼亲王》是康拉德对波兰1830年—1831年反抗俄罗斯统治的起义的正面描写,是他对父亲所走的道路的认同。他借罗曼亲王这样一个与他父亲具有相似背景的角色表达他对波兰爱国者的肯定和敬意。当然,罗曼亲王比他的父亲更具典型性。康拉德的父亲阿波罗·科镇尼厄夫斯基虽然不像罗曼亲王一样是一位家声煊赫的大贵族,而只是一位波兰诗人,但他的翩翩风度却具有精英分子的风采。而且,他自己不是贵族,他的妻子却具有贵族血统。康拉德外祖父的哥哥曾经在拿破仑军队中服过役,因为赫赫军功而获得贵族头衔。实际上,康拉德母亲娘家属于社会上层,康拉德也一直得到其舅舅在经济上的支持,直到康拉德通过商务船长资格考试以前,无论在波兰还是在法国或英国,康拉德从舅舅那里获取的经济支持从未间断过。他的舅舅是经营农庄的,属于有地产的豪绅。不是贵族而能

---

① (英)约瑟夫·康拉德《罗曼亲王》,前引书,第131页。

够获得豪门千金的欢心并结成夫妻,可见阿波罗·科镇尼厄夫斯基是很有魅力的。像罗曼亲王一样,康拉德的父亲也积极参加反抗俄罗斯统治的斗争,并与罗曼亲王一样被俄罗斯统治当局流放,而且一家人都跟着上路,虽然不是流放到西伯利亚而是到沃洛格达。罗曼亲王在流放和服苦役过程中身体一直良好,康拉德的父亲却没有那么幸运,在流放过程中染上了致命的疾病。康拉德的母亲首先病故,父亲也在被批准回到波兰后不久就去世了。

康拉德的舅舅塔丢斯·波布罗斯基一直对阿波罗·科镇尼厄夫斯基参与反抗俄罗斯统治的行动不以为然。早在阿波罗·科镇尼厄夫斯基与埃娃·波布罗斯卡结婚前,塔丢斯就反对妹妹嫁给阿波罗,因为他觉得阿波罗是一个浪漫型的男人,而不是一个对生活很负责任的人,因而不是一个能够给妻子以安全感的人,认为妹妹嫁给他很难有幸福可言。他自己为人比较世故,在经济上也比较精明,所以他经营的农场一直都运转良好,利润不错。后来康拉德父母都去世以后,塔丢斯成了他的监护人。因此,他成了康拉德父亲以外对康拉德影响最深的波兰男人。康拉德从父亲身上继承了浪漫性格,却从舅舅身上学到了处世的经验,也慢慢学会了对生活负起责任。正是康拉德的浪漫秉性,使他不听任何人的劝阻而毅然离家到法国去,到自己向往的大海去寻找梦想。虽然离开了波兰,康拉德在法国的生活费用仍然主要依赖舅舅的经济支持,第一次上船远航也不是作为水手而只是作为乘客出海的。康拉德在法国时,舅舅每年给他2000法郎,这已经可以保证他过上很好的生活了。但康拉德花起钱来却大手大脚,还不时地欠下大笔债务,1878年还因为欠了太多的赌债而自杀未遂。最终还是塔丢斯帮助他还清了债务,他自己则在同一年从法国来到了英国。康拉德在花钱上大手大脚的毛病一直存在,而他的经济状况一直到1914年《机缘》的出版所取得的商业性成功,才终于在经济上有了保障。大约是有鉴于自己的经验,康拉德后来把"责任感"与"诚实"、"工作"并列,认为这是人生道德的三大支柱。

康拉德从父亲身上继承了浪漫秉性,同时也从中了解了波兰革命者反抗俄罗斯统治斗争的艰辛。而且,他也知道舅父对这种斗争的不以为然的态度。所以,他最终没有成为一个革命者,而是选择了离开灾难深重的祖国,到西方去生活,到他向往的海上去探险和谋生。他没有走父亲走过的路,却不等于他不同情父亲的反抗斗争。《罗曼亲王》就是他为这种斗争所唱的一首赞歌。而他在《吉姆爷》中塑造的斯坦恩则是老于世故的塔丢斯的化身。

同样描写波兰1830年起义的还有康拉德的《个人纪录》中的一个片段记录,讲述他外公的哥哥在起义中的遭遇。1830年起义的时候,这位曾经跟随拿破仑征战的斗士已经是风烛残年了,所以,起义的人达成一项共识,不应该再干扰老人的生活。所有起义者都避开这位尼古拉·B的住宅,不去打扰他的安宁。但是,俄罗斯当局对他仍不放心,派了哥萨克兵到他家察看。这些人到达时,尼古拉·B刚巧外出未归,一个哥萨克军官把住宅里所有的武器从窗口扔了出去,由窗外的士兵捡起来没收。在确保这位老人不再对俄罗斯统治当局构成任何威胁后,哥萨克兵离开了。这时却来了一群趁火打劫的当地农民,虽经一名牧师极力劝解,这些人仍然把尼古拉·B的住宅洗劫一空。这件事对老人的打击很大,不久就病逝了。

这件事情的记忆给康拉德造成了很大影响。首先当然是对俄罗斯统治当局的敌视。起义进行的时候,尼古拉·B都已经风烛残年了,他们仍然不肯轻易放过这位老人。在起义者不愿意打扰他的情况下,哥萨克武装人员仍然骚扰了他的家,并且把家里用于自卫的几件武器没收了。对比之下,让人感到俄罗斯当局的蛮不讲理和起义领导者的人性。其次,通过这件事更加坚定了康拉德把波兰的希望寄托在精英们身上的观点。这次起义虽然失败了,但在对尼古拉·B的处理上却非常得体。起义失败是因为力量对比太悬殊,而不是因为起义者本身的问题。反观波兰的农民,竟然在哥萨克武装人员收缴了尼古拉·B的武器后,趁火打劫,洗劫了他的住宅。这些群氓的举动让康拉德深感心寒,他之所以决定不顾水深火热中的波兰,到西方去生活,这恐怕是原因之一。要知道,从理论上说,这些农民也是波兰的主人,而且尼古拉·B在当地霍乱流行的时候曾经为乡里乡亲出过很大力,给他们提供过很大的帮助,而这些人竟然利令智昏,恩将仇报,这怎么能够不让人寒心!

对比起来,反而是那位牧师令人敬佩。康拉德说:"在这里我要为那些东正教堂的牧师们说句公道话。他们都来自俄罗斯内地,在波兰都是陌生人,但他们中大部分人都能够运用自己在教民中的威信,用于和平和人道主义目的。他们恪尽职守,只要做得到,他们都尽量消解农民中间的激动情绪,尽量阻止他们的抢劫和暴力行为。他们的这些行为与俄罗斯当局的意志背道而驰,后来他们有部分人因此而获咎,被突然派到俄罗斯北部,甚至有的被派遣到西伯利亚当牧师。"①具有讽刺意味的是,来自俄罗斯内地的牧师们成了波兰和平和人道主义的卫士,而波兰的农民却变成了暴徒,成了破坏力量。从引文中可以看到,在波兰爱国起义期间趁火打劫的,绝不止洗劫了尼古拉·B一家,因为康拉德提到那些牧师时用的是复数,而且其中还有的人因为在波兰维护波兰人的利益,与俄罗斯统治当局的愿望产生矛盾而受到惩罚。在后来的小说创作中,康拉德区别对待俄罗斯统治当局与普通俄罗斯人,与俄罗斯牧师在波兰起义期间的表现不无关系。

二

被认为带有自传性质的短篇小说《艾米·福斯特》描写的是另一种他者形象,充分体现了西方"他者即地狱"的哲学观点。小说中

---

① Joseph Conrad. A Personal Record. *A Conrad Argosy*, Ibid., p. 696.

的男主角是一个本想从中欧移民到美国、却不幸遇上了风暴翻船后大难不死流落到英国的"他者"。他出生于山区,世代以务农为生,为了移民到美国去,家里变卖了部分家产才成行的。由于生长的地方地处内陆,与外界的联系又不多,他连自己乘坐的船的名字都不知道,甚至不知道船只还有名字。不巧的是,他大难不死后流落的这个地方也是一个小地方,没有人听得懂他的语言。人们对于自己不熟悉的人或物都有一种本能的恐惧。由于语言不通,他恳求帮助的话语没有人能够理解,甚至还把他当作疯子看待。艾米·福斯特的东家史密斯先生是一个农场主,费了好大劲才把他关到一间小木屋里。艾米·福斯特看到他可怜,就给他送去了一点面包,使他感激万分。后来,史密斯先生把他送给了当地一位比较富有的乡绅史威弗先生,后者把他留在家里帮着干活,发现他很多农活都很在行。一个偶然的机会,他救了史威弗先生外孙女的命,开始赢得做人的权利,史威弗先生也开始按时付给他工钱了。他始终忘不了流落到英国后给他第一块面包的艾米·福斯特,所以,生活开始有着落后就开始追求这个在当地因为长相平庸而不容易嫁出去的女孩。他们结婚的时候,史威弗先生还特别送给他们一间小屋,还给了他们大约一英亩土地,归他绝对所有。不幸的是,当地人对他身上的"他者"特点始终怀有敌视态度,这种态度最终也影响到他们夫妻关系。最后,由于害怕,在丈夫生病需要照料的时候,艾米·福斯特躲开了。这位名叫杨柯·古拉尔的外乡人因病客死他乡。

在这篇短篇小说中,康拉德述说了不同民族的人之间沟通的困难,感叹因为误解而产生的敌意,以及这种敌意带来的致命后果。康拉德不愿意承认自己的斯拉夫民族传统,但事实是很难否定的。当然,小说中的杨柯·古拉尔和康拉德的经历没有多少相同的地方。康拉德是自愿离开波兰到西方去,而且一开始就下定决心要当海员的。而杨柯·古拉尔却是落入了别人的圈套,被以"吞占无知贫民的家产"①为目的的所谓"移民代办处"的恶棍骗走了财产,而他们的船失事,实际上是这些坏蛋故意实施的谋杀行为。古拉尔连船只有名字这样的海上常识都没有,这是不能和一心想当海员的康拉德比的。康拉德是有目的的出走,古拉尔是阴差阳错才来到英国。康拉德有一个有钱的舅舅做后盾,而古拉尔来到英国时却身无分文,不仅很难获得帮助,而且还遭到别人的敌视。所以,就经历而言,他们除了都是斯拉夫民族,都出生于中欧一带外,几乎没有什么共同的地方。但仍有人把这篇短篇小说看做康拉德带有自传性质的作品。因为在表达小说主人公流落在异国他乡中的孤独感和难以沟通的感觉,正是康拉德自己心中的写照。正如弗拉瑟尔(Gail Fraser)所说的"一篇像《艾米·福斯特》这样的小说表达了康拉德生活中情感的真实,而和他生活的具体经历没有多少关系。"②虽然是自愿出走,对于像康拉德这样生活在异国他乡的"迁徙者"来说,古拉尔的孤独感也是作者本身的切身体会。比如说,肯尼迪在讲述故事过程中的感慨,肯定是出自作者的内心深处:"……从前海上遇难者的亲属会告诉我们许多遇难的痛苦。逃出来的人没有淹死,却常常饿死在不毛之地;有的人惨死,有的人当奴隶,渡过危险的岁月,那是因为同他们一起生活的人们怀疑、厌恶或者害怕这些异乡人。我们读到过这些事情,这些人挺惨的。一个人发现自己来到地球上一个不知名的角落,沦落异乡,孤立无援,人家不懂他的话,又不知道他来自何方,确实是件很难受的事情。"③

在这篇小说中,康拉德突出描述了外来人身上的"异"的他者特性,但不是为了要对这些特性进行"去他者化"处理,也不是为了比

---

① (英)约瑟夫·康拉德《艾米·福斯特》,石枕译,《康拉德小说选》,上海:上海译文出版社,1985年,第153页。

② Gail Fraser. Conrad's Revisions to "Amy Foster". *Joseph Conrad Critical Assessments* (Vol. II) Keith Carabine ed. East Sussex: Helm Information Ltd. 1992, p.514.

③ (英)约瑟夫·康拉德《艾米·福斯特》,前引书,第147页。

较孰优孰劣,而是让人震惊于对"他者"敌视的集体无意识行为。乡民们人云亦云,都仇视这个外来的他者。艾米·福斯特开头的时候还同情古拉尔,给他送去了他到达英国后的第一块面包,后来又不顾别人的反对,嫁给了这个外来的"他者",与他组成了一个家庭并生育了一个女儿。但是,敌视古拉尔的集体无意识不断地灌输到福斯特的耳朵中,乡亲们见她竟然愿意嫁给杨柯·古拉尔,都说她疯了。时间没有改变他们对他的敌视,他们甚至都不愿意和福斯特来往了。于是,他的一切在她的眼里慢慢变得古怪而不可理解。她不理解丈夫与孩子说的话,不理解他唱的歌,也看不惯他跳的舞蹈,总之,一切都变得无法沟通。最后,在古拉尔病重将死的前夜,肯尼迪医生曾经建议找一个邻居来陪伴病人,福斯特却说没有人会愿意前来的。随着他的痛苦呻吟,福斯特对他的恐惧也达到了极点,"他翻来覆去呻吟,不时抱怨。她隔着桌子坐在他睡椅对面,观察他每一个动作,每一个声响,渐渐产生对于那个她不了解的人的恐惧感。她把柳条摇篮拉近她的脚边。现在,她只剩下了母亲的本能和那份无法解释的恐惧。"①当他大声向她要水喝时,福斯特终于承受不了恐惧,抱起孩子就往外跑。第二天,肯尼迪医生发现杨柯·古拉尔倒在门外的水沟旁,把他扶回去不久就咽了气。

与俄罗斯人(如《间谍》中的弗拉迪米尔,《在西方视野下》的拉祖莫夫、赫尔丁等)一样,《艾米·福斯特》中的他者杨柯·古拉尔在话语权方面也不像非洲和部分马来群岛的人一样被剥夺,而是基本上获得平等的话语权。从这点上可以看出,虽然康拉德没有把斯拉夫民族归到西方范畴内,但得到的待遇还是有区别的。可见,康拉德的建构是区分种族和民族的。种族之间有优劣的区别,而民族之间除了社会制度外,则基本上不区分优劣,但可以有不同的意识形态和生活习惯。当然,语言也不同,而且因为语言之间的不同而引起的后

---

① (英)约瑟夫·康拉德《艾米·福斯特》,前引书,第168页。

果具有重要意义,但却一般不会因语言不同而被剥夺话语权。正因为拥有平等的话语权,实际上杨柯·古拉尔与英国人之间的由于偏见造成的悲剧,可以普遍化用于一切他者战略话语中,使人们对误解可能带来的后果产生警惕。

《罗曼亲王》是康拉德认同父亲政治选择的建构,是对自己出走西方行为在感情上的还债之举,《艾米·福斯特》则是他心中挥之不去的对融入西方文化所遭遇的困难所担忧的表现。《艾米·福斯特》于1903年收入小说集《台风及其他故事》中出版。在写作这篇短篇小说前,康拉德也曾经大病一场,幸运的是他没有像杨柯·古拉尔那样一病不起。杨柯·古拉尔病中的感受,无疑反映了康拉德自己的感受。

俄罗斯建构是一种他者建构,波兰人的建构却是康拉德自我另一面的建构。其建构有以下特点:首先,在话语权的分配上,虽然仍然有故事叙述人,但小说中人物基本上都有话语权,不像其他种族那样大多数人被剥夺说话的权利。其次,这些波兰人中找不到坏人。罗曼亲王具有一位英雄所必须具备的一切素质,在反抗俄罗斯统治的起义中屡立战功。他身先士卒,自己却从来没受到任何损伤,这不能不说是一种奇迹。他决不妥协,在审讯中拒绝审判官为他减轻罪责的努力,宁愿接受俄罗斯当局的流放做苦力的刑罚。他服苦役的矿区,"很少有人在那些矿里呆三年以上活着出来"[1],而他却一呆就是25年,仍然能够健健康康地回到波兰,继续为波兰的独立而奋斗。

康拉德没有说《艾米·福斯特》中的杨柯·古拉尔是波兰人,但人们认为这篇小说具有部分康拉德自传性质。当然,杨柯·古拉尔是上了蛇头的当才背井离乡到外国去的。据认为,他所坐的船只出事本来就是那些骗子们原定阴谋的一部分,而康拉德则是一方面看到父亲反对俄罗斯统治斗争的希望渺茫,另一方面是因为对大海的

---

[1] (英)约瑟夫·康拉德《罗曼亲王》,前引书,第137页。

向往才到西方去的。其次,杨柯·古拉尔流落到英国以后受到了许多不公正的待遇,而且最终也因为无法与当地人,包括他的妻子艾米·福斯特沟通而含恨病死的。康拉德也许同样遇到过许多不公平待遇,也许同样感到沟通的困难。而且,像杨柯·古拉尔一样,康拉德也曾经大病一场。但总的来说康拉德要比杨柯·古拉尔幸运得多。他不仅从大病中恢复了过来,而且还成功地融入了当地社会,成为一名著名的作家。

此外,波兰人的建构表达了康拉德本身既是西方一员又是西方他者的微妙心理。罗曼亲王和杨柯·古拉尔一个是波兰贵族阶层,另一个却是一个无知的乡民。作为社会精英,罗曼亲王的一切作为在西方人的眼中都不难理解,其英雄行为与西方人的期待视野相通。但是,作为一介平民的杨柯·古拉尔则代表康拉德作为西方他者身份的表征,充分体现了两种文化之间沟通的困难。同时也体现了康拉德对自己在多大程度上能够真正融入英国的社会文化的忧虑。

第四章　性别与人格他者建构

在他者与自我之间，人格他者都属于同一种族、同一民族的人，但站在西方立场上，他们却未必都属于自我的范畴。而且，将人格他者置于种族、民族他者背景下，对于揭示西方传统他者理论的缺陷具有特殊意义，因为康拉德人格他者在大多情况下都极具破坏力。性别他者则既有同一种族、同一民族的，也有不同种族和民族的，还有一半血统属于自我、另一半属于他者的。性别他者的建构秉承了西方文化、尤其是帝国罗曼司的女性建构传统，可以分为"天使"、"巫婆"以及"致命女人"等类型女性建构。与此同时，康拉德还继承了西方骑士小说英雄救美的传统主题，却又对这一主题进行了颠覆。

第一节　性别他者建构

一

在谈到康拉德小说性别建构的性质时，罗伯茨（Andrew Michael Roberts）在他编辑的《康拉德与性别研究》一书的前言中说："我的观点是，康拉德大多数作品都带有明显的父权与性歧视意识形态，但同时又提供了女性主义批评的强有力基础。"[①]康拉德经常被指责仇视

[①] Andrew Michael Roberts. *Conrad and Gender*, Amsterdam-Atlanta, GA 1993, p. viii.

或歧视女性,认为他的作品中充满了大男子主义思想。还有人说他不了解女性,因而在他的作品中塑造不出成功的女性形象。这些说法都在某种程度上有道理。然而,经常被忽略的是康拉德小说中的大男子主义批评话语,这种话语主要是通过对传统女性形象的颠覆达到的。研究康拉德性别他者建构的意义,正如罗伯茨所说的,"如果说康拉德小说中性别主体富于挑战性、引人深思,这一主题同时也非常富于启发性。"①

康拉德的女性"他者"建构的大男子主义话语源于其时代的主流话语,19 世纪末期西方女权主义尚未盛行,大男子主义大行其道的时候。同时,要准确的定位自我,就必然要描写女性与男性之间的差异,甚至自我定位上的差异;要反观自我的不足,就必须带着批判的眼光,用反讽及其他手法,建构起能够使男性深思的女性形象。康拉德的批判眼光,在于女性形象与传统话语相比较的颠覆性质,英雄救美主题可能演变成美人反过来觉得有必要拯救英雄;被救出来的美人也可能演变为"致命女人",导致毁灭。而这些,也是康拉德性别他者建构的大男子主义批评话语。

说到康拉德的大男子主义,就会联想到《黑暗的心脏》中马洛的一席话:"年轻女人!什么?我刚才说到女人了吗?哦,女人和这没有关系——完全无关。她们——我指的是女人们和这个无关——也不应当牵连进去。我们必须帮助她们,使她们留在自己的美好世界中生活,要不的话,我们的世界就会变得更糟。"②

这段话几乎概括了康拉德一种类型女性——西方女性——建构的全部特点。马洛不愿意把女人牵连到男人的世界中,说穿了,就是要她们生活在自己的幻想世界里。他认为真实的世界太残酷,而作为男人,他有义务对属于弱者群体的妇女进行保护。在这点上,就明

---

① Andrew Michael Roberts, Ibid., p. xi.
② (英)约瑟夫·康拉德《黑暗的心脏》,前引书,第 265 页。

确地显露出他心目中男女之间的强弱对比。保护女性是西方骑士精神的一个重要传统。到了帝国罗曼司故事,女性、尤其是非西方年轻女性,则成了诱人堕落的致命女人。康拉德则兼顾了"天使"和"致命女人"两种类型,其"致命女人"也不局限于非西方女性。对于"天使"型女性,马洛,或者说康拉德,认为,让女性生活在幻想世界里,就是对她们的保护。而康拉德所建构的欧洲女性,几乎都非常固执地坚信某种自己先入为主的幻觉,而这种幻觉经常是与事实背离的。值得注意的是,他不是认为把女性牵涉到男性世界会使女性麻烦,而是会使男人的世界"变得更糟",说明他的女性建构是为男性的定位服务的,充分反映了他把女性形象作为自我的参照系的用心。

康拉德的西方女性,尤其是年轻女性,大多固执于某种自我想象的幻觉之中。库尔茨的未婚妻的幻觉是觉得她的未婚夫是天底下最有魅力、最伟大的男人,而且他们之间的爱情是真挚无比的。她认为,库尔茨的死,不仅对她,而且对整个世界都是一个重大的损失,甚至说"他虽死犹生,永垂不朽"[1]。而事实是,库尔茨在派往非洲的殖民者中,也许可以算得上一个很有特点的人,但与"魅力"、"伟大"都沾不上边。他的未婚妻固执地认为,不管是谁,都会情不自禁地被他所吸引,"凡是听过他讲一次话的人,谁能不和他交上朋友呢?""他依靠人们心目中最高尚的情操,把人们吸引到他这边来。"[2]

库尔茨也的确吸引了某些人,比如俄国的流浪汉就是他的崇拜者。但是,库尔茨没有一个真正的朋友,有的只是对手和被统治者,当然还有他的上司,但他的上司却远在贸易总站,连见上一面都不容易,要管他就更加困难了。所以他才会无法无天,不受任何拘束,随心所欲、不择手段地掠夺象牙。因此,被他统治的土著居民战栗在他的淫威下,对他顶礼膜拜,却绝不是因为他的人格魅力。最后他似乎

---

[1] (英)约瑟夫·康拉德《黑暗的心脏》,前引书,第311页。
[2] (英)约瑟夫·康拉德《黑暗的心脏》,前引书,第309页。

认识到了自己的谬误,但已经太迟了。再说,他对爱情也不专一,在非洲土著人中找了性伙伴,或者准确点说,是性欲发泄对象。为了把这位生活在幻觉里的姑娘留在想象的浪漫世界中,马洛一点实情都没敢告诉她,还骗她说库尔茨临死的时候叫的是她的名字。而实际上他临死前叫的是"真可怕呵!真可怕呵!"①

这是典型的西方女性塑造方式。她们美丽可爱,天真无邪,却天生需要男性的呵护,但是男性一般不会把重要的事情告诉她们。西方骑士文学中的女性,大多属于这一类。英国18世纪的切斯特菲尔公爵基曾经说过,女孩子是天生的美丽尤物,可以用最漂亮的首饰去讨她们的欢心,可以用最昂贵的衣裳去打扮她们,却不可以与她们商量大事。意思就是,她们与孩子一样,你可以哄她们开心,却不能够指望她们能够办得成大事。马洛觉得库尔茨的未婚妻生活在幻觉世界里,不愿意把她从幻觉中带出来,暴露在残酷的现实面前,大约他觉得库尔茨的未婚妻没有承受现实的能力,经不起打击。这显然是西方传统的大男子主义思想的表现。

现代女性主义研究对于康拉德在《黑暗的心脏》中表现出来的大男子主义感到不安。斯特劳斯分析说,康拉德把女性分为两种不同的类别,一种是书中的库尔茨的未婚妻,另一类是小说以外的女性读者。书中的女性被他封闭在幻觉天地里,不被告知事实真相,让她在自己幻想的世界里回忆与库尔茨共同度过的美好日子,并以此来打发以后不快乐的日子。而女性读者却像男性读者一样,可以自始至终参与到马洛讲述的故事中去。但是,这种参与和男性的参与有很大区别。斯特劳斯问道:"女性读者是否必须把自己的女性身份中性化而使自己的阅读像男性希望那样'客观'(不联系自身经历)地阅读?这种性别身份的中性化是否与主流文学评论的性别主义是一种共谋关系?或者说,女性在阅读《黑暗的心脏》过程中难以联系

---

① (英)约瑟夫·康拉德《黑暗的心脏》,前引书,第300页。

自身经历的事实是否能够作为高级艺术功能体现方式的一种范例，或者用斯皮瓦克的话来说，为什么'艺术的传统习惯会如此粗暴地性别歧视？'"①

可见，斯特劳斯，还有斯皮瓦克，也认为康拉德在《黑暗的心脏》中的女性形象建构，是西方大男子主义，或者说性别歧视传统的一部分。这些女性主义批评家不仅就文本本身进行批评，而且跳出了文本，运用读者反应理论进行批评。读者反应理论认为，在文学作品的阅读过程中，读者会自觉不自觉地把自身原有的经历、知识和意识形态等融进文本的世界，以便与文本一起完成文本世界的艺术建构。如果一个人在阅读中失去了把自身经历等"前见"运用于作品的阅读的可能性，对于他的阅读和文本的艺术世界的重构，必然会产生意想不到的困难。就是说，康拉德不仅剥夺了库尔茨未婚妻对事实真相的知情权，而且在某种程度上剥夺了女性读者对文本艺术世界共建的权利。

女性主义批评家的指责不无道理，而康拉德的作品中大男子主义比其他作家更明显，这也是事实。除了西方文化传统的因素外，康拉德小说题材也有很大关系。诸如海外冒险类题材，如果不是男性的专利，起码也是男性首当其冲，到海外工作、冒险的，男性比例大大高于女性。因此他的小说大多以男性为主是合理的，而对于造成女性阅读上的困境，大约康拉德本人也没有料到。只要从他者建构的角度看，康拉德的女性形象建构是可以理解的。因为他者的建构本身就是为了作为参照系来反观自我的。把库尔茨未婚妻排除在事实真相之外，是西方骑士精神的体现，在传统上被认为是男性所应该具备的美德，在马洛看来是善意之举。因而，马洛"把世界一分为二，

---

① Nina Pelikan Straus, The Exclusion of the Intended from Secret Sharing. *New Casebooks: Joseph Conrad.* Elaine Jordan ed. London: MacMillan Press Ltd. 1996. p. 49.

分为截然不同的男人领域和女人领域——前者停泊着'真相'的可能性,后者则致力于幻觉的保持。那么,'真相'只是针对男性而言的。"①这种做法,在女性主义批评家看来,自然是很令人反感的,但从作为参照的他者建构而言,却是可以理解的。

  康拉德小说中的女性建构还有他者世界中的民族他者或者带有民族他者血统的女性建构。这些女性的建构反映了自我与他者之间巨大的文化差异,反映了殖民者对于他者世界女性的态度:他们一方面有强烈的欲望占有他者世界女性,另一方面又害怕自己会"土著化"因而很难和她们产生真正的交流和共鸣。所以在追求期间他们会觉得这些女性是迷人的,但一旦和她们有了实质关系以后又很快对她们厌烦。在追求过程中或者结合初期,他们也许还能够相互吸引,但时间一长,新鲜感一丧失,他们之间的关系就很难继续维持下去。康拉德的他者世界女性还有一个特点,男的全部是来自欧洲世界的白人,女的或者是纯粹的土著女子,或者是有一半土著血统的女人,很少有夫妻俩都来自欧洲的,而欧洲人与土著人所生的孩子,在康拉德小说中全部是女孩,没有一个是男孩。

  和帝国罗曼司要求血统纯正的建构方式不同,在康拉德小说中,从欧洲来的年轻殖民者,对于与土著女人结合一般没有障碍。库尔茨在非洲拥有一个非洲女人做性伴侣。阿尔迈耶虽然是奉了林嘉德船长的指令与一个土著女人结婚,谈不上爱情,但他也没有反对,而且还和她生下了妮娜。老一代的斯坦恩先生也曾经有过土著女人,据推测珠儿就是他的女儿。威廉斯的妻子是一个例外。她是纯欧洲血统的,但也是欧洲人在殖民地生下的年青一代。这些女性的共同之处是,她们嫁给欧洲人后,就变得面目可憎了。阿尔迈耶的遭遇就是一个例子。他们的女儿出生后,夫妻俩的关系就开始走下坡路。女儿比较喜欢父亲,这本来是很正常的,而阿尔迈耶的妻子却因此而

---

① Nina Pelikan Straus, The Exclusion of the Intended from Secret Sharing. Ibid., p.50.

妒忌起来,"他感到她恨他,看到她以几乎是仇恨的妒忌目光看着自己和孩子。她对女儿明显比较喜欢父亲非常妒忌,而阿尔迈耶觉得,自己和这个女人同在一个屋檐下居住都不安全。她又是烧家具又是撕那些漂亮的窗帘,毫无来由地恨这些文明标志的东西。阿尔迈耶被她这种阵发性野蛮行为吓坏了,曾经在心里默默地合计过要怎样才能够摆脱她。什么可行的办法他都考虑过,甚至隐隐约约、犹犹豫豫地考虑过要谋杀了她,但什么都不敢付诸行动——内心深处盼望着林嘉德船长回来,盼着他带回巨额财富的消息。"①

殖民者与他们妻子之间的关系,大致都与阿尔迈耶夫妻关系差不多,包括威廉斯与他的葡萄牙籍妻子的关系,也是不和谐的关系。在他得意的时候,对妻子摆出一副绝对主宰的主人的嘴脸,把妻子作为奴才来使唤。在他因为挪用公款被公司开除后,他的妻子也用同样的手段对付他。至于他和艾莎之间的关系,更能够说明问题。在初次相遇的时候,他觉得艾莎真漂亮,可是两个人真正住在一起以后,他很快就对艾莎厌烦了。当然,这和他觉得自己受到艾莎利用,成了打击自己恩人林嘉德船长的帮凶有关。所以,在他的葡萄牙籍妻子找来前,他和艾莎的关系就已经出现了危机。妻子找来时,他宁可冒着杀身的危险,也不答应留在艾莎身边,结果被艾莎开枪打死了。

至于种族他者,或者具有部分种族他者血统的未婚女性,在康拉德小说中一般还是比较可爱的。《吉姆爷》中的珠儿,不仅人长得漂亮,对吉姆一往情深、用情专一,而且能够在关键时刻为吉姆提供帮助。比如说,在阿朗拉扎派人暗算初到帕杜森的吉姆时,就是珠儿首先发现这一阴谋的。阿尔迈耶的女儿妮娜也很漂亮,而且有自己的主见。在恋人戴恩和父亲之间的抉择中,毅然选择了与戴恩出走。

---

① Joseph Conrad. *Almayer's Folly*. Ibid., p.17.

康拉德种族他者(包括部分血统的他者)的女性建构,反映了西方文化在性关系上的傲慢。他们对种族他者的女性有强烈的占有欲,而且在与土著人为对手的情场角逐中,获胜的通常是西方人。比如《卡莱恩:一段记忆》中的马来女孩,就选择了葡萄牙商人而拒绝了本族的追求者。妮娜是一个例外,但除了她在接受欧洲式教育的时候因为自己是混血儿而被纯血统的欧洲人蔑视的原因外,戴恩也没有来自西方的情敌,否则妮娜是否会选择他还很难说。因为从西方文学传统看,民族他者的女人选择西方男人是天经地义的,而且他们还常常有一种降尊纡贵的感觉,认为得到西方男人的选择,理所当然地是被选择的种族他者女人的福气。

　　西方男人与民族他者女性之间的关系,还反映了文化交流和不同种族、不同民族之间的相互理解的艰难。如果以西方来的男人代表西方文化,种族他者女人代表非西方文化,他们之间的关系就是一种从因为新奇而互相吸引,到因为逐渐熟悉而产生厌烦而导致婚姻悲剧,再到下一代的循环关系。这种过程正好与他者交往理论相符。西方他者理论认为,人们对于异己的东西具有本能的恐惧与排斥心理,但似乎经常忽略了相异的文化也有互相吸引的一面。尤其在交往之初,新鲜感的相互吸引力更明显大于排斥力,相互排斥实际上伴随着对对方的把握过程而产生,并可能逐步加大。可以把相互吸引阶段称为第一阶段,把把握阶段称为第二阶段。第一阶段通常看不到对方的短处,或者即使看到了,也被忽略过去,如果用在男女关系上,这一阶段为认识到热恋阶段。第二阶段是逐步相互了解阶段。对于初交往的人或者异质文化,人们会不自觉地以自己原有的认识和文化对之进行把握,把对方的差异还原为自己的知识。而人们的一个普遍倾向是觉得自己所熟悉的就是最好的。所以,以自己已有的文化把握他者文化时,经常会有"不过如此"的感觉,甚至有可能在新鲜感过去后,会觉得新来的东西一无是处。婚后夫妻就可能突然发现,原来对方身上有那么多让自己难以忍受的毛病。这与文化交流一样,当认为对外来的文化已经有一定把握后,经常会觉得原来不过如此。所以,康拉德小说中殖民者与种族他者女性的婚姻,通常都以失败告终,这形象地表现了文化交流和文化融合的艰难。

康拉德小说中的欧洲殖民者都没有儿子,这也是一种象征。欧洲的文化传统是一种男性主宰的文化,而在殖民地的欧洲人都没有儿子,象征着殖民者对种族他者在文化的同化上的失败。男性为主宰者和征服者,女性则为被主宰和被征服者,所以,殖民者在他者世界没有生下男性,表示征服尚未完成,西方人仍需努力。西方殖民者对他们的女性后代往往未尽责任,尤其在文化教养上,大多听任她们"土著化"。珠儿几乎对自己的父亲没有印象,其思想行为几乎全部来自土著人身份的母亲的影响。阿尔迈耶曾经努力过,甚至把女儿送到新加坡接受欧洲式教育。但他失败了,最终女儿还是接受了母亲的影响,选择了和戴恩私奔。可见,康拉德在内心深处对于殖民地的征服与统治,是怀有很深的疑虑的。

二

英雄救美是大男子主义自我满足的一种方式,在康拉德小说中这一主题也屡见不鲜,但其建构却不乏对这一主题的颠覆。《机缘》中安东尼船长对芙洛拉的拯救,《胜利》中海斯特对莲娜的拯救,都属于英雄救美的主题。然而,他救回去的美人没能让他们从此过上美好幸福的生活,芙洛拉反而演变成一个"致命女人"。

芙洛拉之所以扮演了"致命女人"的角色,是因为她成了各方关注和妒忌的中心点。首先,她成了父亲德·巴拉尔先生"拯救"的对象,也使安东尼成了大副"拯救"的对象。从狱中出来,大名赫赫的德·巴拉尔先生变成了名不见经传的史密斯先生,并且因为没有其他人可以投靠,来到了船上与女儿女婿一起生活。但是,他对女儿嫁给罗德里克·安东尼一直耿耿于怀,觉得这个船长配不上自己的女儿,而且不断地在女儿的耳边灌输自己的想法,对小两口的感情产生了严重影响。从不喝酒的安东尼竟然开始以酒消愁。没想到的是,这给史密斯提供了企图谋杀安东尼船长的机会。一个月黑之夜,安东尼喝酒时中途离开,老史密斯竟在他的残酒中下了毒,那是他坐牢时为自己准备的,准备熬不下去就服毒自杀。他下毒的事碰巧被船上的二副鲍威尔发现,阴谋揭穿后,老史密斯自己把那杯残酒喝了下去,很快就一命呜呼了。由于海员工作的特殊性,把妻子带到船上是不常见的,但罗德里克·安东尼还是这样做了。可见他对芙洛拉的确是一往情深。实际上,他把妻子带到船上之举,在他的大副弗兰克林那里就引起了很大的不安。这位崇拜他的大副却与德·巴拉尔先生刚好相反,认为安东尼船长上了芙洛拉和她父亲的当,背叛了自己的船,芙洛拉的到来打破了琳达·德莱顿所说的"男人之间的神圣联盟"①,因而千方百计地想把船长从他们父女俩的手中"拯救"出来。

在康拉德笔下,女性生活在幻觉之中没有什么妨碍,甚至可以使男人的世界变得比较简单一些。但是,如果男人也生活在幻想的世界中,就会有大麻烦。德·巴拉尔先生就是一个生活在幻觉中的男人。他的父亲是英国海关工作人员,德·巴拉尔是他的独生子。通过努力,父亲为他在银行找了一份工作,给他的生活安排了一个良好的开端。3年后,德·巴拉尔得到了一次小的提升,就和一个船长的女儿结了婚。在妻子的鼓励下,接受了主持伦敦东区一个支行的任命,开创了事业的新一页。他的爆发完全出人意料之外,他自己原来恐怕也不会想到。就因为他使用了"节俭"这个词语,就意外地火了起来,"他不过是一个符号,一种因缘巧合。他本身没有什么本事。那时候'节俭'这个词风头正健。你知道词语的力量。一个时期有一个时期的主宰性词语,如'发展'、'竞争'、'教育'、'纯洁'、'效

---

① Linda Dryden, Ibid., p.125.

率'甚至'圣洁'等等。哦,当时正是'节俭'这个词语大行其道,与'正义'一起,成为当时全国其他流行词语中最流行的。"①由于这个词语的魔力,加上德·巴拉尔先生保证可以付 10% 的利息,于是存款源源不断地流进了他的银行。

他的发迹本来与他的能力没有关系,而且很快就因为经营不善而破产,甚至受到诈骗罪的指控而锒铛入狱。但是,他自己却生活在幻觉中,觉得自己是伟人德·巴拉尔先生,并且一直坚信不疑。即使坐牢以后,他仍然没有从梦境走出来。因而觉得出狱以后的"史密斯先生"的身份太辱没了他。尤其是在跟女儿一起生活的过程中,更是觉得安东尼船长不是女儿的理想配偶,幻想着是因为女儿上了他的当才嫁给他的,因而一心想把女儿夺回来,甚至到了使用谋杀手段的地步。

他一直以为自己是一个非常称职的父亲。妻子死后,他买了一栋很大的房子安置女儿,还为她专门配备了家庭教师。周末经常从伦敦来到布莱顿看她,大把大把地给她钱,不断地为她买各种糖果糕点。在他看来,自己已经尽到父亲的责任了。但他被蒙在鼓里的是,这个家庭女教师根本不喜欢芙洛拉,而他给的钱都被家庭教师挥霍一光,甚至被她拿去养男人。送来的糖果糕点一类,当然也大部分进了家庭教师和她的"朋友"们的口中。更糟的是,德·巴拉尔先生一出事,家庭教师就毫不客气地席卷而去,留下芙洛拉自己面对这个残酷的世界。后来,看到女孩无助的困境,安东尼船长的姐姐芬纳夫人把她带回家中来。安东尼船长来探望姐姐时结识了芙洛拉,对她一见钟情,决定把她带到船上去。

可见,康拉德把耽于幻觉的芙洛拉与同样耽于幻觉的德·巴拉尔先生(或者说史密斯先生)作为对照,说明男女之间耽于幻觉的不同后果。实际上,小说中的几个人物都不同程度生活在自己的幻觉

---

① Joseph Conrad, *Chance*. New York: The Country Life Press, 1921, p. 74.

中,说穿了和一出闹剧没有多少区别。安东尼船长以传统的骑士精神,自以为是地为了拯救芙洛拉而把她带到自己的船上,她的父亲则决心要从安东尼的手中"拯救"自己的女儿。而另一方面,德·巴拉尔先生和安东尼船长角力中心的芙洛拉很难自处,"德·巴拉尔先生和安东尼越是装腔作势尽力'解放'芙洛拉,她就越受到更加悲惨的奴役。"①弗兰克林却千方百计要从他们父女俩的手中"救出""上当受骗"的船长。结果,德·巴拉尔先生采取了激烈的手段,企图通过谋杀来"解救"芙洛拉,事情败露后喝毒酒而亡,用生命为自己的幻觉画上了句号。

大约只有故事叙述人马洛还保持比较清醒的头脑,因为在他看来,"女人对我来说不一定不是玩偶就是天使。她不过是一个人,和你我没有多少区别。"②马洛曾经看到过芙洛拉走在高达数百英尺的采石场顶上,似乎打算自杀的样子。芙洛拉要自杀的理由非常可笑,是因为她带出去散步的那条芬恩家的狗不理她了。马洛碰到后打消了她自杀的念头。但很快芬恩一家就发现,芙洛拉突然不知去向,他们到处寻找,甚至连采石场的每个角落都找遍了,都没有找到。此时马洛就问芬恩先生,"我们被卷进去的是一场悲剧还是一场闹剧?"③马洛把女性生活在独立世界这种现象,归咎到男人身上,"顾虑周全、谨慎小心、温柔体贴等都不会成为女人选择最佳捷径以便自己的生活成为一种最便捷的存在的障碍(女人性别本身就注定要成为男人的牺牲品,男人私心情感、男人的罪孽以及男人可怕的暴虐创造了把女人变成牺牲品的条件)。"④

---

① Curtis C. Smith, Conrad's Chance: A Dialectical Novel. *Joseph Conrad Critical Assessments* (Vol. III). Keith Carabine ed. East Sussex: Helm Information Ltd. 1992, p. 349.
② Conrad, Joseph. *Chance*. Ibid., p. 53.
③ Joseph Conrad, *Chance*, Ibid., p. 55.
④ Joseph Conrad, *Chance*, Ibid., p. 59.

马洛在《黑暗的心脏》中就表现出对女性的大男子主义,在《机缘》中也没有改变。但是,他却敏感地觉察到,女性之所以在生活方式上区别于男性,不是她们自己的错,而是要从男人身上寻找原因。毋庸讳言,这个世界长期以来都被男性所主宰,他们不仅主宰了社会机构,主宰了人类赖以生存的生产资料,而且在两性关系上也主宰了女性的存在,女性被置于从属的地位。在西方不是被当作"玩偶"就是被当作"天使"。不管是"玩偶"还是"天使",都不是女性真实的存在状况,而是男性对女性的建构。真实的女性存在是"和你我没有多少区别"的普通人。

马洛显然有点自相矛盾。一方面他认为女人和男人没有多少区别,另一方面却又认为她们应当有她们自己的世界,以便能够以最便捷的方式生活。就是说,马洛非常清楚,女人的世界实际上很难和男人的截然分开。但是,作为世界主宰的男性又不愿意女性卷到其中去。马洛在《黑暗的心脏》中就说过,女人卷到男人的世界,会让男人的世界变得更糟。实际上是否会变得更糟很难说,但是这起码表现了大男子主义的一种忧虑。他们表面上是害怕女性成事不足,败事有余,骨子里恐怕更害怕女性的参与会对男人的霸权产生不利影响。从科学观点看,从生理到智商,女性都不比男性差。万一女性普遍参与到本来由男人主宰的社会事务中,男性也许就会失去驾驭女性的能力,至少部分失去控制权。为了对女性实行主宰,最好的办法就是把她们排除在男人的世界之外。这与中国古代的"民可使由之,不可使知之"有异曲同工之妙,不同的是中国古代封建统治者为了保住自己的统治,针对劳动民众整个阶层的一种策略,而马洛等人则是为了保住男性的霸权而针对女性制定的策略。于是,西方传统按照男性自我的需要建构了女性,把她们建构成"玩偶"或者"天使"的形象。她们在男性文学中是可爱的性对象,是天真无邪的孩子,是给男人带来勇气的天使。她们温柔善良,楚楚可人,天生需要男性的保护。就是说,主宰社会的男性,根本不管事实,凭着自己的想象建构出合乎自我需要的女性他者形象。而女性在男性霸权面前,也有些人按照男性的希望塑造自己,乐得躲进男人为自己建构起来的世界,让男性去操心社会上的大事情。而由于男人过错而发生的悲剧,也要推到女性身上,把她们叫做"致命女人"。这和中国的"红颜祸水"说,有异曲同工之妙。

安东尼船长就是在这种保护天使的幻觉下,出于"拯救"的心理把芙洛拉带走的,大约他也看到了芙洛拉在采石场上方边沿行走,以为她是一个处于困境中需要拯救的小天使。他一声不响地带走了芙洛拉,芙洛拉虽然没有肯定自己的感情,不知道是否爱这位年青潇洒的船长,却依然跟他出走,让安东尼姐姐一家寻找了很久。芙洛拉似乎心甘情愿地按照安东尼给她建构的角色生活,当起一个可爱的天使来。但是,她的父亲的出狱却给他们的生活带来了决定性的变化,使本来打算按照别人为她安排的角色生活的她处于几种力量角力的中心,成了"致命女人"的诱惑因素。史密斯提到,巴乔曾经把《机缘》与《奥瑟罗》比较,认为两者都有外来因素在干扰主人公的婚姻,"就像外来势力千方百计破坏奥瑟罗与苔丝狄蒙娜的婚姻一样,外来势力也在破坏安东尼与芙洛拉的婚姻。"[1]与《奥瑟罗》不同的是,《机缘》中没有伊阿古这样的坏人。角力的各方都是因为固执己见,对事实真相都视而不见的缘故。即使使用了极端手段的德·巴拉尔先生,也仅仅因为妄图从安东尼手中"解救"自己的女儿造成的。而且,他的谋杀没有成功,反而是他自己最终以生命的代价承受了亲手造成的苦果。安东尼船长最后也死了,但似乎与他的固执的想象没有多大关系。他是因为自己的帆船被一艘动力船撞沉而和船一起沉到海底去的。船被撞以后,那艘大船把安东尼的分达尔号上的船员,

---

[1] Curtis C. Smith, Conrad's Chance: A Dialectical Novel. *Joseph Conrad Critical Assessments* (Vol. III). Keith Carabine ed. East Sussex: Helm Information Ltd. 1992, p. 350.

包括芙洛拉,救到大船上。留在最后的是安东尼和鲍威尔。但是,他们把鲍威尔拉上去以后就以为所有的人都全部得救了,鲍威尔的声音被大船上的欢呼声所淹没,无论如何都没能使船上其他人听到安东尼还没有上来的消息,眼睁睁地看着分达尔号沉了下去,连同其船长一同葬身海底。芙洛拉在客观上也是导致安东尼船长致死的间接原因,因为芙洛拉父亲之死,虽然安东尼没有任何过错,但他是因为妒忌女儿被安东尼船长夺去才出此下策的,自然会在某种程度上影响他们夫妻关系。假如他们的生活能够幸福,安东尼得以专心驾驶,也许就不会撞上机帆船了。就这样,本来以为拯救了一位天使的安东尼,变成了"致命女人"的间接牺牲品。在这里,康拉德巧妙地把帝国罗曼司的"致命女人"形象,嫁接到传统的"天使"身上,是对传统性别他者形象的颠覆。

更大的颠覆是让美人反过来拯救英雄,吉姆初到帕杜森时就得到珠儿的救助。这一主题在《胜利》中受到更大的颠覆。莲娜是一个从欧洲来到马来群岛的白人少女,也是一个被"英雄"拯救的美人。但是,随着故事的发展,她却意欲反过来扮演海斯特的拯救者的角色,彻底颠覆了传统英雄救美的模式。所以,她与海斯特之间的关系是一种错误定位的关系。也在无意中扮演了"致命女人"的角色,导致了海斯特、莲娜自己、还有琼斯等三个强盗的死亡。身处异国他乡,莲娜流落在一个到处流浪的歌舞团中。这是一个很低档次的演出团体,只好在一些低档次的宾馆等地方演出,饱受欺凌。海斯特一次在斯坎博格的旅馆中遇到莲娜在演出,亲眼看到她被欺负的情景。于是,他也像安东尼船长一样油然生出一股骑士精神,在斯坎博格的土著人妻子的帮助下,偷偷带着莲娜离开,回到他所在的申泊兰岛。

海斯特本来是一个非常谨慎的人,一生也就两次出于侠义的豪气管了闲事,两次管闲事都使他的命运发生转折。一次是借钱给处于困境中的莫里森,后者在感激之余,坚持要让海斯特出任他在英国申请到、在申泊兰岛开办的赤道带煤炭公司的主要负责人。莫里森把公司相关手续办好,但还没等到公司开张,就因为长期在海外生活、无法适应英国的气候而得病死去了,因此海斯特由一个船员一下子变成了赤道带煤炭公司的唯一负责人。可惜的是,像德·巴拉尔先生一样,海斯特对于商业经营也是个门外汉,公司也很快因为经营不善而破产了。第二次就是帮助莲娜出走。在斯坎博格的旅馆观看演出时,海斯特发现歌舞团的女领队狠狠地拧了莲娜,就对受害的这个英国女孩表示不平。莲娜觉得海斯特与众不同,尤其与斯坎博格不同。这个小旅馆的主人以旅馆主人的有利条件,屡屡对住在旅馆内的莲娜进行性骚扰,莲娜在别人的屋檐下,只有敢怒而不敢言。所以,海斯特彬彬有礼的绅士风度吸引了她,使她不顾一切地跟着他逃出斯坎博格的旅馆,来到了原赤道带煤炭公司的所在地——申泊兰岛。这次管闲事,使本来就对他有成见的斯坎博格对他更加恨之入骨,千方百计地加以报复。当琼斯等三个流浪汉在他的旅馆落脚的时候,他就告诉这几个人,说是海斯特把莫里森的财产榨干以后,还害死了莫里森。他手头上现在拥有莫里斯留下的大笔财富,煽动他们到申泊兰岛找海斯特,把他的不义之财搞到手。他们三人到来的结果,使海斯特、莲娜和琼斯等三个强盗全部死亡。

莫里森对海斯特的错爱使他的生活发生了重大转折,由在海上讨生活而变为一个公司的负责人,但同时也暴露出他不善于商业经营的弱点。而海斯特解救莲娜的骑士行为则为自己,也为莲娜带来了杀身之祸。他对于自己对莲娜的感情没有把握。他从来都没有朋友,也不知道自己有敌人,因为他不知道斯坎博格对他的仇恨已经到了势不两立的程度。在他看来,自己带走莲娜的行为和斯坎博格没有多大关系,也不会觉得良心上有任何不安。但显然他在自己感情的付出上仍然很有限。在一次谈话中,海斯特和莲娜谈到莫里森,提到有人放出来的谣言,说莫里森是被海斯特谋杀的。他就承认自己在情感上的障碍:

"我知道,也理解。事情还要糟。说到杀人,那也是一件体面的事,但我从来没有杀过人。"

"干吗说到要杀人?"她问道,吓得声音都变了。

"我的好姑娘,你没有过我的经历,我曾经在未知的国度冒险,在无人地带考察,很难把那种感觉告诉你。很少有人经历过我所遇到的困难局面,用句俗话说,那是不得不洒热血的局面。即使是无人的荒野地带,对某些人也有吸引力。可是我却没有任何打算或计划,甚至没有坚定不移的毅力。我不过是随波逐流,而其他人却可能都有远大目标。由于对选择的道路和目标无所谓,使我变得性情温和。我从不在乎怎么生存(我不愿意用'生活'这个词,因为我一贯对人们乱用这个词不以为然)。我不知道人们所说的'勇气'指的是否就是生活目标和毅力,但我对自己是否有勇气很是怀疑。"①

从欧洲到世界其他地方的人,大多为了追求经济利益,如林嘉德船长、阿尔迈耶、威廉斯等,无不为了经济利益而来。海斯特也到海外冒险,但他却没有一定的追求目标,甚至连应有的毅力都缺乏。他既没有长远计划,也没有选择既定的生活道路,连"生活"这个词语都不愿意使用,而代之以"生存"。他对自己的勇气表示怀疑,说明他是一个很少会主动进取的人。一句话,他缺乏的是胸中的一腔热血,缺乏强烈的情感。但他却到过没有人烟的荒野地带冒险,而且经历过需要流血的场合,对于一个既缺少生活目标又缺乏勇气的人来说,多少有些自相矛盾。他自己解释这是一种随波逐流的行为,大约他的冒险行动不是和别人一起,就是在身不由己的环境中进行的。而且,他的这种性格,自然不容易冲动,也不大可能干出偷偷带走莲

---

① Joseph Conrad. *Victory*. Ibid., p.178.

娜这样的事。所以莲娜似乎不大相信他,因而用不以为然的口气反问,"你,你还缺乏勇气?"①

由于他认为自己不是一个情感型性格的人,无论是爱还是恨,他都没有过刻骨铭心的经历,"不,我从来没有杀过人,也没有爱过女人——甚至连这样的念头都没有过,在梦中都没有想到过。"②

西方人认为,对于一个在异国他乡的漂泊者,杀人和拥有女人被认为是必不可少的条件,也是一件体面的事情。林嘉德船长没有固定的性伴侣,但他显然没少杀人,才会让马来群岛海域的海盗对他闻风丧胆,也让他在马来群岛的土著人中享有崇高威望。阿尔迈耶、威廉斯、吉姆以及库尔茨等在他者世界生活的西方人,都有自己的女人。而且大多是敢爱敢恨、当机立断的人。而海斯特却优柔寡断、缺乏热情。

也许正是由于他表示自己缺乏勇气,才使莲娜这个被"英雄"救出来的"美人"决心反过来拯救这位称不上英雄的海斯特,这是对英雄救美的传统的彻底颠覆。虽然海斯特对她没有任何认真的承诺,更没有说过要娶她为妻,但莲娜既然跟着他出走,就把自己的命运与他连在了一起。不管海斯特是否爱她,她已经死心塌地爱上了海斯特。刚到申泊兰岛不久,她曾经对海斯特说:"你知道吗,我似乎觉得,假如有一天你不再想我了,我在这个世界上也就不存在了。"③就是说,莲娜把自己的存在与海斯特紧密联系在一起,把自己看做海斯特意识反映的产物。她还说,"你想象我是什么样子,我就只能是什么样子。"④

虽然有这种想法,但莲娜毕竟是人而不是物。她有自己的判断。在听到海斯特对自己的勇气表示怀疑的时候,她是不相信的。她不相信一个只是在萍水相逢的情况下就能够同情自己的遭遇,甚至不

---

① Joseph Conrad. *Victory*. Ibid., p.178.
② Joseph Conrad. *Victory*. Ibid., p.178.
③ Joseph Conrad. *Victory*. Ibid., p.158.
④ Joseph Conrad. *Victory*. Ibid., p.160.

惜冒险把自己偷偷带走的男人会缺乏勇气。但是,随着了解的深入,她看到了海斯特的另一面,即缺乏激情、缺乏热血的一面。对于琼斯一伙的到来,他也觉察到他们来者不善,但却显得一筹莫展,没有应付危机的能力。因此,莲娜逐渐相信,自己有必要反过来扮演保护海斯特的角色。

在琼斯一伙中,在对待女人问题上,琼斯和里卡多刚好相反。琼斯对女人有天然的厌恶甚至恐惧。所以,关于莲娜随海斯特偷偷出走的事,斯坎博格没有对里卡多隐瞒,却把琼斯蒙在鼓里。琼斯一听说这件事还和一个女孩子有关系,马上大发雷霆,"竟然有女人搅和到这事里来了!一个女人,青年女人,显然有鬼门道让男人出可怕的差错。"①所以,从海斯特口中知道莲娜的事后,竟然放弃了与海斯特为敌,反而决定要杀死一直把他蒙在鼓里的里卡多。里卡多则刚好相反,好色成性,一到申泊兰岛,就迫不及待地企图强奸莲娜。但是,莲娜也不是一个任人宰割的弱者,面对这个穷凶极恶的强盗毫不畏惧,与他进行了殊死的搏斗,扼住里卡多的喉咙直到他放弃强奸的企图才放手。这样一来,本来只想玩弄莲娜的里卡多,竟然爱上了这个漂亮而又彪悍的女子。更可笑的是,他竟然一厢情愿地认为莲娜也爱上了自己,认为自己比海斯特更有资格得到莲娜的爱情。

"为了你!为了你我可以把钱财玩完,把命玩完——除了我自己的命谁的命我都敢玩!你需要的是一个男人,一个主人,他可以让你把鞋跟搁到他的脖子上;而不是需要一个成天绷着脸的家伙,他不到一年就会对你厌烦了,你也同样会厌烦他。到那时候,你们怎么过下去?你是个坐不住的人,我也是。我为自己而活,你也可以为你自己而活——而不是为了那个什么瑞典男爵活着。对你我这样的人,他们只会利用。我的老板比普通

---

① Joseph Conrad. *Victory*. Ibid., p.310.

雇主好相处。但不存在任何虚伪的平等伙伴关系最适合你和我。我们将可以畅游整个世界。你和我,我们两人都既自由又真诚。你不是笼中的小鸟。我们可以一起到处流浪,因为我们都没有家,我们是天生的流浪汉!"①

像里卡多这样的恶棍,竟然对男女之间的关系也有一套。他极端自私,除了他自己谁都不买账,甚至可以把天下所有的人都杀掉。在他的算计中,他要把海斯特连同自己的老板琼斯先生都干掉,"'你我既然遇上了,他们的大限也就到了,'他看着她的眼睛说道,'我和我的老板之间的合作关系必须了断,在你我之间容不下他的存在。哼,他也会杀我的,就像杀死一条狗!不用担心,明天天亮以前就会见分晓的!'"②"听着,他们在进行最后的谈判,因为我还会干掉你的先生,午夜前他就得死!"③

里卡多这样的表白,自以为可以博得莲娜的青睐,殊不知效果适得其反。试想,一个绝对以自我为中心的恶棍,又怎么可以托付终身呢?今天他可以为了一个女人杀害自己的老板和与莲娜有关系的男人,那么以后谁可以保证他不会为了别人杀害莲娜呢?一旦他所说的互相厌倦的现象发生在他和莲娜之间,以他的心狠手黑,莲娜还会有好下场吗?再说,关于他与莲娜关系未来的憧憬他还自相矛盾。一方面他说莲娜需要"一个男人,一个主人",而另一方面他又说他要为自己活着,莲娜也要为自己活着。还说"两人都既自由又真诚",说他们可以是平等的伙伴关系。既然一个是"主人",另一个就必然处于服从地位,又怎么可以成为平等的伙伴呢?况且,正常男女之间的婚姻关系,是一种互相依存,互相帮助,互相让步的关系,两个

---

① Joseph Conrad. *Victory*. Ibid., p.317.
② Joseph Conrad. *Victory*. Ibid., p.318.
③ Joseph Conrad. *Victory*. Ibid., p.318.

人都绝对地为自己活着,又怎么能够生活在一起?

实际上,莲娜之所以与里卡多虚与委蛇,是因为对里卡多那把锋利的匕首心有所忧,想要把他的匕首骗到手。她实际上担心的不是自己的处境,而是担心海斯特的安危。发现海斯特似乎对于不断逼近的危机一筹莫展后,莲娜就决心担负起责任,保护他的安全,来一个"美人救英雄"。戴维森指出,莲娜之所以要这样干,是因为不愿意像莫里森那样成为海斯特慈善行为的牺牲品,而是决心要获得海斯特的爱,在他内心最深处"获得一席永久之地"①。别人是英雄保护美女,而莲娜偏偏想要反其道而行之。所以,她和海斯特之间的关系,是一种错位的关系。

在小说的后半部,莲娜越来越成为小说各方的关注焦点。首先,莲娜是斯坎博格欲望的对象。在他的旅馆落脚时,斯坎博格就利用自己作为旅馆主人的特权对莲娜频频进行性骚扰。他大约早就把莲娜看做自己的囊中之物了,以为早晚会落在自己的手中。却没想到海斯特会突然把她偷偷带走了。于是本来就很妒忌海斯特的他简直把这个情场对手恨之入骨。但是,他是一个卑鄙小人,没有勇气、也没有能力到申泊兰岛找海斯特决一雌雄,只好挑拨是非,把琼斯一伙骗到申泊兰岛为自己出气。所以说,斯坎博格与海斯特之间的矛盾,焦点是莲娜。其次,琼斯和里卡多之间的矛盾焦点,也在于莲娜。琼斯是一个厌女症性格的人,对女人有天生的反感,而里卡多则是一个好色之徒。他明知道自己的老板厌恶女人,却和斯坎博格串通,把事实真相瞒住琼斯。而且,刚到申泊兰岛不久,他就迫不及待地要强暴莲娜。后来更打算把自己的老板杀掉。在某种程度上,他是为了得到莲娜才阴谋杀死琼斯的。琼斯也一样,因为知道了里卡多到申泊兰岛来是为了追逐莲娜,他有一种被出卖的感觉。他本来以为里卡多在兴趣爱好等方面和自己差不多,但此时却发现自己受骗了,当时

---

① Arnold E. Davison. *Conrad's Endings: A Study of the Five Major Novels.* Ibid., p.96.

就决定要杀掉里卡多解恨。厌女症性格的人往往是同性恋,显然琼斯原来是把里卡多作为同性恋的爱恋对象的,所以才会跟海斯特说,"里卡多属于忠心耿耿类型的人——所有的思想、愿望甚至癖好都绝对和我一模一样。"①世界上最容易引发妒忌的,莫过于恋情。琼斯实际上是觉得里卡多在感情上背叛了自己,所以就必然要置之死地而后快。所以说,他们两人的窝里反,焦点也在莲娜。此外,海斯特的仆人王对海斯特的背叛,也和莲娜有关。他是在偶然中发现有人在布帘后面搏斗的声音后,才决定采取自我保护措施,要离开海斯特的。原来他发现的就是里卡多意图强暴莲娜,而莲娜起而反抗的事。正是在这一天,王顺手牵羊把海斯特的左轮手枪偷走了。而且决定离开他的主人。在他看来,这位被他称为"一号"的主人,已经注定要完蛋了。如果没有里卡多意图强奸莲娜这件事,王不一定会决定弃海斯特而去。

处于各方势力焦点中的莲娜,一心一意要保护海斯特不受伤害,而当她最终把里卡多的匕首骗到手的时候,却被怒气冲冲来找里卡多算账的琼斯误杀而死。琼斯后来终于杀死了里卡多,之后自己跳海而亡。海斯特一把火烧掉了赤道带煤炭公司,自己和莲娜都葬身火海。可见,一个莲娜的建构,反衬出海斯特的懦弱无能,斯坎博格的卑鄙,琼斯与里卡多的凶残和毫无人性。总之,莲娜的建构反映出男人所主宰的社会以及男性本身的种种弊端和缺陷。

芙洛拉和莲娜都是西方女性,其"致命女人"的角色是无意中扮演的。《卡莱恩:一段记忆》中的马塔拉的妹妹也是无意中扮演了"致命女人"的角色。由于她跟着一个葡萄牙商人私奔,马塔拉决定除掉这对年轻人。但在关键时刻,马塔拉唯一的好朋友卡莱恩却背叛了他,开枪打死的是马塔拉而不是他的妹妹。具有讽刺意味的是,卡莱恩为了马塔拉的妹妹而背叛了自己的朋友,而这个女子却表示

---

① Joseph Conrad. *Victory*. Ibid., p.304.

她根本不认得他。"马塔拉的妹妹被看做一个活生生的诱惑,引诱男人背叛男人之间的友情"①。卡莱恩为了一个不认得自己的女人背叛了最好的朋友,而这个女人却要担上引诱的恶名,岂不冤枉?难怪德莱顿要反问,"为什么男性作家要塑造这种类型的女性?为什么康拉德也使用这种类型?"②她觉得,"因为女性解放呼声引起的对世纪末道德与社会危机的恐惧,表面化为对异国他乡'土著'浪漫故事的字里行间的话语。"③

比较而言,《海隅逐客》中的艾莎是一个具有一定主动性的"致命女人"。在巴巴拉契的授意下,她主动勾引了威廉斯,使后者背叛了自己的恩人林嘉德船长,成了当地政权更替的帮凶。赛义德在总结东方女性在西方文学建构的特点时说:"她们代表了无限的欲望,多少有点蠢,最重要的是,她们愿意接纳西方男人。"④德莱顿指出,在吸引男人的"蠢"上,"艾莎靠的是'野性',阿耶莎靠的是'天真'"⑤。艾莎的"野性"代表未开化的自然本性,吸引着来自西方的威廉斯,使之堕落。但是,必须指出,把威廉斯的堕落推到艾莎的身上实际上是不公平的,因为他在遇到艾莎以前就已经堕落了:在他滥用自己的聪明挪用公司的公款时就已经堕落了。所以,即使与帝国罗曼司最相近的女性角色艾莎,与哈加德等人的建构仍有区别,显示了康拉德性别他者建构的大男子主义和女性批判话语并存的事实。

第二节 人格他者建构

在康拉德小说中人格他者的建构就好像照镜子一样,体现在以

---

① Linda Dryden, Ibid., p.124.
② Linda Dryden, Ibid., p.124.
③ Linda Dryden, Ibid., p.125.
④ Edward Said. *Orientalism: Western Conceptions of the Orient*. London: Penguin, 1978. p, 207.
⑤ Linda Dryden, Ibid., p.95.

下各方面:一是可能照出自己美好的面容,发现自己的优点,从而肯定自我的价值,以更自信的积极态度对待人生和对待他者,尤其照出年轻人身上自己曾经有过的影子,就会更自觉地、甚至不顾一切地帮助这个年轻人;二是照出自身的不足,意识到人格他者对自我成长的价值;三是照出自身的致命缺陷,或者无法弥补而导致自我的毁灭,或者拼命弥补仍然留下终生遗憾。前两者体现了他者在自我价值认定中的作用,后者则体现了康拉德小说的一个重要特点:越是相似的他者,对自我的毁灭力量就越危险。头一种对于西方自我是积极力量,是帝国主义事业循环不可或缺的;第二种积极、消极参半,对自我的成长是积极力量,但所反映出来的却往往是自我某种在正常秩序下无法实现的欲望;第三种则完全是消极力量,甚至毁灭性的力量。

一

在康拉德小说中,从他者身上发现自我是一大特色。人格他者可以是一对一的对应关系,也可以是一对许多人的关系。一对众的时候,作为镜像中心包含了某种象征意义。比如说,《"水仙号"上的黑水手》中的吉姆斯·惠特就是这样一个镜像。故事讲述了惠特从上船到死亡过程中其他水手的反应。他仅仅以自己的存在和即将死亡的事实,什么都没有做,却牢牢地控制了全船人的心理反应,每个人都从中发现自我的某些方面。"我们在床前服侍他,既恼火,又不得不卑躬屈膝,仿佛卑微的朝臣,匍匐在一位专横跋扈的王子脚下;而王子给我们的赏赐,除了毫不客气的批评,没有别的。他找到了能永远操纵人类笨拙本性的诀窍;这个垂死的、让人讨厌的家伙;他掌握了生活奥秘,竟成了我们生存的每时每刻的主人。我们越来越感到绝望,可依旧唯唯诺诺。"[①]作为死亡的象征,他获得了大家的尊重

[①] (英)约瑟夫·康拉德《"水仙号"上的黑人》,尧雨译,《黑暗的心脏》,济南:山东文艺出版社,1984年,第32页。

和忍让。人们从对惠特的敬畏中表现了对死亡的敬畏,也表现了对生命的尊重。正因为如此,人们才不会因为惠特占着名额不干活而指责他,也才会忍受他的暴躁和抱怨。因为人总是要死的,其他水手从惠特的死亡影子中看到自己的必然归宿。

在康拉德小说中,从镜像中发现自己的影子,更多是一对一的关系,处身其中的人,通常对镜像中的对象抱有好感,并且非常愿意为这个人提供力所能及的帮助。《机缘》中的老鲍威尔给年轻水手鲍威尔提供的帮助,虽然有些不符合规定,他仍然愿意去做,这并不仅仅因为他们同样姓鲍威尔,而更多是因为老鲍威尔在年轻的鲍威尔身上看到了自己当年的影子。林嘉德船长刻意提携阿尔迈耶和威廉斯,因为他从这两个年轻人身上看到了自己年轻时某些方面的影子。马洛和斯坦恩竭尽全力为吉姆提供帮助,同样是因为在吉姆身上反映出来的他们的另一个自我。当然,他们给比自己年轻的同胞提供帮助,还有一个培养接班人的问题,以便让西方的殖民主义能够长久维持下去。

马洛第一次见到吉姆就对他产生了浓厚的兴趣。因为运送香客去麦加朝圣的"帕特纳号"船在海上碰到了不明物体,包括船长和身为大副的吉姆在内的4名白人水手擅自逃离,把船上800多名乘客的生命置之不顾。好在"帕特纳号"没有沉没,而是被一艘法国军舰拖到了附近的一个港口。因为白人水手擅离职守可能导致的后果非常严重,他们的行为触犯了法律,所以,法庭对他们展开了庭讯调查,马洛就是这个时候在法庭上第一次见到吉姆的。马洛几乎第一眼就对吉姆有好感,"我看着那年轻人。我喜欢他的模样,因为那模样似曾相识;他出身正当,是我们的一员。他代表与他出身相当的人,代表那些不算很聪明,也不很逗人喜爱的男男女女,但他们的生存以诚信为本,表现出本能的勇气。"[1]

---

[1] Joseph Conrad. *Lord Jim*. Ibid., p. 27.

此后,马洛一直表现出对吉姆一种相当于父子之间的感情。吉姆的水手证书被吊销以后,一度情绪非常低落。有一个名叫切斯特的种植园主觉得吉姆既然能够狠心丢下800多名乘客和另几个白人水手一起逃生,肯定是一个心肠很硬的人,所以想把吉姆雇去他的海岛上,帮他看管他的40多名苦力。大约他认为看管苦力的人就应该狠辣,而以吉姆的经历,他可以成为一个恶棍,是看管苦力的最佳人选。虽然和吉姆非亲非故,马洛却不允许这个年轻人跟切斯特走,他不能眼看着吉姆堕落,"但他太有意思,或者说太不走运了,不能让他就此堕落,甚至不能把他交给像切斯特这样的人。"①马洛显然以吉姆的保护人自居。

赛义德在分析西方帝国主义扩张的时候,指出他们"在赢利之外,还有义务,一种不断循环与再循环的义务。这种义务一方面要能使善良的男女接受遥远的领地及其人民应该被征服的观念,另一方面能够补充宗主国的能量,以便使这些善良的人们认为,全面统治是统治附属的、低等的或不太先进的人的长期的、几乎是形而上的义务"。②

马洛也是帝国殖民循环中的一环。年轻的时候,他也曾经得益于他人。比如说,他自己竭尽全力都没能获得的到非洲去工作的机会,却由他的一位姑妈帮他得到。等到他自己成为一个成功的船长后,很乐意帮助年青一代的吉姆。几乎一见到吉姆,马洛就决定要帮助他。他断然拒绝了切斯特想把吉姆要去管理苦力的企图,因为管理苦力可能会把吉姆变成一个嗜血的魔鬼。他坚信吉姆能够成为一个英雄而不是魔鬼,所以一再帮助他找工作,最后把他介绍给斯坦恩,后者把吉姆安排到帕杜森,接替康内里尔斯当他的贸易代理人。吉姆既接过了斯坦恩的贸易站,也接过了他曾经以武力开拓的帝国

---

① Joseph Conrad. *Lord Jim*, Ibid., p.115.
② (美)爱德华·赛义德《文化与帝国主义》,前引书,第11页。

事业,同样以武力把阿拉伯来的贸易对手打败,成了事实上的当地最高统治者,甚至连当地人离婚这样的家务事都管。

马洛的同行林嘉德船长也是帝国事业循环中的一环,得到他帮助的年轻人不止一个。像马洛一样,他所帮助的对象也是以自己的直觉为标准。比如说,他觉得阿尔迈耶和自己年轻时候有某些相似之处,就把在一次战斗中无意救出来的一个马来女子嫁给这个年轻人当妻子,并且把自己的贸易公司交给他经营。林嘉德船长的这种武断的好意并没有给阿尔迈耶带来幸福,因为这一对男女的婚姻不是建立在爱情的基础上,而是建立在他们与林嘉德船长的联系上。阿尔迈耶看不起这个来自民族他者的妻子,而他的妻子也不爱他,她爱的是林嘉德船长,而不是这个缺乏英雄气概的西方青年人。

因为镜像与照镜子的人之间的情感关系,马洛的叙述带有明显的好恶色彩。从他的口中,读者看到的是经过叙述者加工的形象。马洛觉得吉姆的故事带有传奇色彩,把他描述为一个了不起的英雄,"我愿意看到他得到热爱、信任和崇敬,像一位英雄一样,他的名字带着力量和能力的传奇色彩,而这一天就快要来了。"[1]马洛费尽心思地为他寻找出路,但吉姆总不能在一个地方干得长久,只要附近有人听说过关于他被吊销执照那次庭审的事,他总是二话不说立即走人。最后,马洛通过斯坦恩把他安置到帕杜森,一个与外界隔绝、除了马洛以外不必担心会有了解情况的白人闯入的地方,以便让吉姆获得用武之地,了却他当英雄的梦想。但是,康拉德本身的双重身份却在无意识中跳了出来,凡是与殖民事业有关的循环,他都运用命运反讽的手法以悲剧结尾,有意无意把故事中年青一代的循环链斩断。在得到帮助的人中,阿尔迈耶、吉姆以及威廉斯都以死亡为结局。《诺斯托罗莫》中的高尔德虽然没死,却在家庭与爱情上潜伏了极大的隐忧。这使人意识到,殖民主义的循环的长久性,是值得怀疑的。

---

[1] Joseph Conrad. *Lord Jim*. Ibid., p.114.

人们的计划到头来大多毁于一旦,这是康拉德所认知的生活真谛。马洛在《青春》的开头,就把故事里的那次航行比作"生活的注脚","大家知道,有的航行就好像专门为生活作注脚,象征着某种存在。你苦苦挣扎,拼命干活,流血流汗,就差没把老命拼掉(有时的确要拼掉老命),就想干出点名堂——可是你办不到。这不是因为你出了差错。你就是无能为力,不管大事还是小事,你就是办不成,即使你想娶一个老姑娘,或者把一艘装着煤炭的600吨破船开到目的港,你也无能为力。"①在诸多获得帮助的人中,只有以英国本身为背景的鲍威尔,在故事结局中不仅自己当了船长,而且还有希望和芙洛拉结成连理。

《吉姆爷》中的小说叙述人马洛在吉姆到达帕杜森以前千方百计为他的前途着想,但斯坦恩和马洛对于帕杜森的事务都没有过问,他们只负责把吉姆介绍到帕杜森就算任务完成了。一切都让吉姆自己去应付。吉姆成功了,他们也觉得光彩;反之,如果吉姆失败了,他们也不必负责任,不会因此而蒙受重大损失。当然损失还是有的。由于吉姆的失败,斯坦恩设在帕杜森的贸易站也等于失去了存在的价值,珠儿的生活也需要他来照顾。但实际上他的损失并不大。帕杜森的贸易站在吉姆到来以前由康内里尔斯惨淡经营,在阿里·谢里夫与阿朗拉扎联手垄断之下,早就没有盈利可言了。吉姆的失败,事情大不了退回原状而已。如果有机会,他们还可以培植出另一个"吉姆",进入新一轮的循环。至于对珠儿的照顾,恐怕主要是精神上的压力,而不是物质上的困境。当然,吉姆最终的失败以致死亡,对马洛精神上的打击也不小,因为他对吉姆怀有一种父亲对儿子般的感情。但他同时似乎也很为吉姆感到骄傲,觉得他是为荣誉而死的,死得其所。

从小说中知道,斯坦恩也曾经像吉姆一样进行过开拓性的工作。

---

① Joseph Conrad. Youth. *Heart of Darkness & Other Stories*. Ibid., p.3.

他和多莱明曾经是战友,显然也曾经像吉姆一样,用战斗的手段开拓贸易市场。使用武力作为贸易的后盾,是西方人的惯用手法。到了吉姆的身上,使用同样的手段进行新一轮的循环。斯坦恩初来马来群岛的时候,曾经受过上一代欧洲殖民者的恩惠,等到自己站稳脚跟后想要报答恩人的时候,恩人已经死去了。所以,他要向恩人学习,对年轻一辈施恩,使殖民事业能够继续下去。于是,把帕杜森的贸易站给了比他年轻的康内里尔斯经营。但是,康内里尔斯却是一个懦弱无能之辈,显然未能守住斯坦恩开拓的事业。阿里·谢里夫和阿朗拉扎垄断了该地区的贸易,斯坦恩在帕杜森开拓的事业实质上已经葬送在康内里尔斯的手里了。不知道因为年老体衰、有心无力,还是别的什么原因,斯坦恩听任康内里尔斯断送了自己开拓的事业而无动于衷,坐视不管。等到马洛把吉姆推荐给他后,他把新一轮的循环寄托在吉姆的身上。而吉姆在开拓事业时也的确不负所望,在帕杜森创出了一番新局面。可惜好景不长,吉姆最终因为对绅士布朗判断错误,导致了华尔斯的死亡,也间接断送了自己的生命。循环链在他身上产生了断裂,只有等待机会进行下一轮循环了。这种循环马洛可能还有机会,但身体每况愈下的老斯坦恩大约是看不到了。

在叙述者的渲染下,吉姆成了一个了不起的英雄,因而他的死也被渲染成慷慨就义。他即将去找多莱明、任凭对方处置的那个晚上,"帕杜森的天空血红而空阔,像裂开的血管在流淌。胭脂色的巨大太阳躲在林梢后,天空下的森林阴森惨淡,令人望而生畏。"①

好一幅英雄遇难的背景图!马洛认为吉姆的死是他的荣誉心理的结果,"但是我们能够看见他,一个不起眼的荣誉征服者,为了服从极度自尊的召唤,毅然从满怀嫉妒的爱人怀抱中挣脱出来。他离开了活生生的女人,去和无情的影子般的行为理想举行婚礼。"②非

---

① Joseph Conrad. *Lord Jim*. Ibid., p. 272.
② Joseph Conrad. *Lord Jim*. Ibid., p. 274.

常明显,马洛认为吉姆是为了实践自己的承诺而死的,死得十分壮烈。但是不管怎么渲染,也改变不了吉姆最终死亡的事实,改变不了斯坦恩、马洛等人努力经营的循环链遭遇挫折的事实。

林嘉德船长对阿尔迈耶和威廉斯的帮助同样没有好结果。由于得到林嘉德的赏识,阿尔迈耶不仅得到委托管理林嘉德公司,而且还和林嘉德在一次和海盗的遭遇战中救出来的一个土著女子结婚。但他们的婚姻生活并不幸福。最终连被他作为生活支柱的女儿也背叛了他,跟着戴恩私奔了。绝望之下,阿尔迈耶一把火烧了公司大厦。此后更是每况愈下,最后很不体面地了结一生。

威廉斯原来就听到过林嘉德船长的大名,所以,与林嘉德船长看中阿尔迈耶不同,是威廉斯找上林嘉德船长的。林嘉德看到他头脑灵活、聪明能干,就把他推荐给自己的一位朋友胡迪格。胡迪格把女儿许配给他,对他十分器重。可惜的是,威廉斯利令智昏,竟然做出挪用公款的蠢事来。他的岳父一气之下把他赶出公司,成了"海隅逐客"。在威廉斯最困难的时候,又是林嘉德船长来把他带走,安置到阿尔迈耶所在的地方。出于对阿尔迈耶的嫉妒,威廉斯竟然帮助阿尔迈耶的贸易对手,勾结一股土著力量,打败了阿尔迈耶在当地的合作伙伴,使阿尔迈耶的贸易一落千丈,惨淡经营。这不啻恩将仇报,因为阿尔迈耶经营的是林嘉德船长的公司。尽管非常气愤,林嘉德船长找到威廉斯后却不忍杀死他,而是听由他自生自灭。后来,阿尔迈耶把威廉斯的住处告诉了前来寻找丈夫的威廉斯原配妻子。面对找上门来的威廉斯的原配,和他同居的艾莎醋意大发,开枪射杀了威廉斯。

马洛与库尔茨之间的关系有一个演变过程。以朝圣心情出发,以带走库尔茨,并为他提供身后的帮助告终。马洛最初是怀着朝圣的心情去的,因为他听到许多关于库尔茨的传说,听说他是一个非常有前途的贸易站负责人,他一个贸易站弄到的象牙,超过了公司其他所有贸易站所能够买到的象牙的总和,所以人们说起他来的时候,总是把他当作能力的化身。但是,随着旅途的进展,他慢慢地了解到库尔茨的真面目,了解到他实际上运用抢劫的手段积聚象牙的真相。库尔茨利用自己作为欧洲人所能够拥有的先进战争手段,以主宰者的身份君临这块黑人居住的土地,用恐怖手段保持土著人对他的绝对臣服。在他的眼里,殖民地是他称王称霸、作威作福的地方。了解到这些情况后,按说马洛对库尔茨的看法一定会彻底改变,颇有正义感的他应该痛恨库尔茨的残暴才对。他对库尔茨的看法的确有改变,对他的残暴也不以为然。但不知为什么,马洛却在内心深处对库尔茨有某种认同感,虽然他强行把重病中的库尔茨带离他的贸易站,却对于别人说他和库尔茨一样是不按常规办事的人,也懒得辩解。他和库尔茨之间的这种微妙关系,就有人格他者的认同因素。实际上,马洛在库尔茨身上看到了自己的身影,因为作为一个船长,他的工作性质也是长年累月在海上或者他者内河上生活。在一艘船上,船长就是最高长官,如果他不自觉约束自己,同样可能像库尔茨一样无法无天。而这种无法无天的欲望,在《秘密的分享者》(*The Secret Sharer*)中就有充分的表现。马洛由原来的可能受益者,变成后来的施惠者。结果是双方的结局都不令人满意。库尔茨病死在途中,马洛也因此而放弃了好不容易才得到的非洲殖民地的职位,满怀失意回到了欧洲。他说自己曾经在边界上窥视,但眼看着要越过界限时退了回来,但库尔茨却越过了作为人的道德所允许的界限。所以,库尔茨死了,而马洛没有步他的后尘。

二

人格他者对自我成长的价值,主要体现在两篇中篇小说《阴影线》(*The Shadow-Line*)和《秘密的分享者》,前者描绘了小说主人公由青春的躁动走向成熟,而后者则由分享秘密的人带走自己挑战法律与秩序的欲望,使小说主人公终于与他的船只、船上的其他船员融为一体。

《阴影线》最突出的特点是,年轻船长的青春躁动阴影线与航行中的阴影线重合,客观的考验与冲破航行中的阴影线巧合。康拉德在《阴影线》一开头就谈论阴影线,"人们朝前走,时间也在前进,一直到他们看到前面有一道阴影线,它警告说,青年时代的初期一去不复返了。"①这位小说主人公本来在一条条件很不错的船上当水手,他遇到阴影线的标志就是突然无缘无故地离开了正在工作着的船,打算回家去。他离开那艘船,决不是对船或者船上的同事有什么不满。相反,无论对船本身还是对同事,他都非常喜欢,"船从龙骨开始,无处不出类拔萃,真是一艘优秀的苏格兰海船,既容易保持整洁,又进退自如。要不是它是用内动力驱动的话,简直会人人看了人人爱。我至今在记忆中对它还有着深刻敬意。我很喜欢这艘船的工作和船上的同伴。如果一位大慈大悲的神祇为我重新设计生活和同伴,我也不会比这更高兴的。"②他几乎认为这船是完美的,唯一感到遗憾的是这艘船是内动力驱动的。康拉德像他同时代许多开惯了帆船的水手一样,偏爱帆船而不喜欢机器为动力的船只,因为他们觉得帆船的操作需要真正的技术,而机器动力的船只操纵起来并不需要多少技术。此外,机器动力的船由于机器的强大动力,可以建造载货量更大的船只,使不少原先的水手,包括具有船长资格的水手,都纷纷失业或者被低聘。康拉德1886年获得船长资格,1894年结束海上生活,具有船长资格的8年间,真正当船长的时间只有两年多,其他时间只屈就大副、甚至二副的职位。

这么好的工作环境和人际关系环境,小说主人公竟然无故弃之而去,难怪船长深觉惋惜,还有人以为他疯了。他的行动动机只好用心理上的阴影线来解释了。

---

① (英)约瑟夫·康拉德《阴影线》,赵启光译,《康拉德小说选》,上海:上海译文出版社,1985年,第597—598页。

② (英)约瑟夫·康拉德《阴影线》,前引书,第599页。

这位年轻水手离开原来的船以后，在新加坡港口等候回国的邮船，却遇到一艘轮船的船长突然在航行中死去，需要一个新的船长去接替。那艘船被船上的大副伯恩斯故意停靠在越南的海防，以为在海防不可能找到其他人来当船长，他自己就可以稳稳当当地坐上船长的位置了。却没想到英国商务局在新加坡的办事处，还是给那艘船另行任命了船长，而这个被任命的人就是小说主人公。于是这位年轻人被另一艘船带到海防走马上任。当然，他自己也没有料到，这一任命让他"遇到许多棘手的工作"①。

到了船上他才发现，这艘船正在受到传染病的袭击，霍乱正在船上肆意蔓延。伯恩斯显然对他的到来抱敌视态度，因为在他看来，这新任命的年轻船长抢走了本来就要到手的饭碗，使自己认为十拿九稳的船长宝座旁落他人之手。然而这位大副也很快遭到传染病的袭击病倒了，还是被从岸上抬到甲板上的。根据大副的介绍，这条船原来的船长是个老混蛋，对于船本身和船上所有的人都怀有恶意，恨不得让所有的人都去死。即使在病得快要死了，还曾经恶狠狠地说，"我希望船和你们所有的人一个港口都到不了，但愿如此。"②后来，老头病死在船上，大副和船员们在北纬八度二十分把他海葬了。对于大副等人来说，北纬八度二十分成了另一条阴影线。伯恩斯总觉得原来船长的鬼魂会在北纬八度二十分等候他们，要让船和船上所有的人都葬身海底。所以，北纬八度二十分这条阴影线与小说主人公的青春躁动阴影线碰巧重合在一起。

原来，看到船上传染病肆虐，年轻的船长决定把船从海防开出来，希望海上纯洁的空气能够扫清病毒，使大家康复起来。而开到海上去必须经过北纬八度二十分，即水葬前任船长的地方。船开出河口以后，却发现很难有顺风帮助他们航行。即使能够刮一会顺风，也

---

① （英）约瑟夫·康拉德《阴影线》，前引书，第631页。
② （英）约瑟夫·康拉德《阴影线》，前引书，第646页。

总是被逆风或者其他方向的风困扰,使得船只好在原地打转,很难有进展。更糟的是,船上的人除了年轻船长本人外,只有一个有心脏病的兰塞姆没有被霍乱光顾过,其他人都成了疾病肆虐的对象,许多人还反反复复地发作。所以,能够勉强带病在甲板上工作的船员,常常少得可怜。兰塞姆虽然没有染上霍乱,却必须时时担心心脏病发作。这样一来,小说主人公几乎必须独自面对大海的挑战,把船开到新加坡。雪上加霜的是,在与病魔搏斗的关键时刻,小说主人公发现,虽然包装似乎原封未动,包装内治疗霍乱的奎宁显然被前任船长偷换成不知道是什么东西的药末了。就好像面对凶狠的豺狼,突然发现武器被偷走了,那种感觉是可想而知的。

正是在这种种艰难困苦面前,表现了小说主人公的自我价值。在难以想象的挑战面前,年轻船长表现了他过硬的专业技术和非凡的领导能力。他意志坚定,不屈不挠。一旦决定要把船从停泊着的疾病肆虐的港口开出去,就坚定不移地贯彻到底,决不动摇。虽然由于没有顺风,船行进非常艰难,他还是认定这是唯一正确的决定。此外,他身先士卒,与船员同甘共苦。同时,他还能够团结所有船员共同面对挑战,充分体现了他作为一个船长的领导能力。他不仅团结了兰塞姆这样的得力助手,而且对于抱有敌意的大副伯恩斯先生也没有歧视。伯恩斯在开船前已经染上了疾病,而且已经被转移到岸上治疗。但是,应伯恩斯的请求,小说主人公没有抛下他不管,而是让人把他抬回船上,一起出航。就这样,凭着自己的人格魅力,年轻的船长团结了所有的力量。连那些患病的船员,只要爬得动的,都自觉地坚守岗位,以超人的毅力,战胜了一个又一个困难。在船冲破北纬八度二十分这条阴影线的同时,船长本人也冲破了自己的青春躁动阴影线。他们终于把船开到了新加坡。船停稳的时候,整个船上几乎只有船长一个人还能够站起来,其他人都被病魔放倒了。在军舰上派来的军医的协助下,所有的病人都得到了救治,竟然没有一个人在这次航行中因为疾病死去。小说主人公自己总结说:"这次航行锻炼了我的性格,我变得成熟了——尽管我自己不知道。"①

　　前任船长构成了小说主人公的现成人格他者,这个他者几乎在所有方面都和年轻的船长形成对比。前任船长性格古怪,"他常常因为不可思议的原因让船在海上飘荡"②,而且只顾自己,不顾别人,是一个彻头彻尾的自我中心主义者。他可以彻夜不眠地拉小提琴,根本不顾是否会影响别人休息。大副向他提意见,他竟然要大副卷铺盖回家。即使在病入膏肓、生命垂危的时候,他也念念不忘诅咒这条船和船上所有的人,希望他们都葬身海底。难怪大副伯恩斯觉得他会在北纬八度二十分的海域等着害死船上所有的人。小说主人公与他的前任几乎完全相反。这位年轻的船长思路清晰,能够很快做出正确的决定,比如他决定把船从抛锚的港口开走,得到了所有船员的一致支持。后来的事实证明,这在当时是唯一正确的决定。他还很会团结手下的人一道工作,即使对他有敌意的伯恩斯,也在团结之列。前任船长希望这条船船沉人毁,在压舱物不足、淡水不够的情况下,不顾大副和其他船员的反对,固执地顶着逆风把船开去香港修理。小说主人公则真诚地希望他和他的船员都能够平安,并为此艰苦地奋斗。两次航行差不多一样举步维艰,但前者要把船和船上的人员引向死亡,所以得不到船员的支持;后者则要在死亡的阴影下杀出一条生路,因而获得全体海员的共同支持,并同心协力闯过死亡阴影线,一个不少地到达新加坡。

　　可以说,小说主人公的青春躁动阴影线,是大海与陆地对这位青年人的吸引力角逐的结果。他辞去原来水手的职务,表明陆地在和大海的角力中暂时占了上风;而另一艘船船长职位的出缺,使大海的吸引力重新占了上风,他义无反顾地响应了大海对他的召唤。但是,当上船长并不说明他的心理阴影线已经消失,只有在战胜无数困难,

---

① (英)约瑟夫·康拉德《阴影线》,前引书,第705页。
② (英)约瑟夫·康拉德《阴影线》,前引书,第644页。

冲破北纬八度二十分的海域阴影线,把船开到新加坡后,才表明他已经彻底冲破了自己的心理阴影线。小说主人公的价值,正是在与前任船长这个人格他者的比较和心理上的较量中,在团结同事一起克服艰难困苦的斗争中体现了出来。

如果说《阴影线》中的人格他者从反面衬托了小说主人公的价值,《秘密分享者》中的人格他者则是小说主人公欲望的一部分,代表了放荡不羁、不受法律拘束的欲望。和《阴影线》一样,《秘密分享者》的主人公也是一个刚到任的新船长,而且同样是一个年轻人。《阴影线》的主人公很快就取得了其他船员的信任,而《秘密分享者》的船长则感觉到自己和所指挥的船和人都有点格格不入,无法融为一体。"我还流连着,手轻轻放在船的栏杆上,仿佛在一位挚友的肩上。然而,天上的万千天体都往下注视着我,我与船静静地沟通、融为一体的快感,就此一去不复返了。"[1]不仅无法与船融为一体,他对于船上的其他人和自己的职责都是有疑虑的,"由于某些只对我本人才有特别意义的事件,我被任命为这艘船的船长还不过半月。我对前面的水手了解得也并不多些。这些人待在一起已有18个月左右了,而我却是船上唯一的陌生人。我提及这点,因为它和下面将要叙述的事有着重要关系。让我当时感受最深的一点是,我是那艘船的陌生人;如果一定要把心里话和盘托出,那么连我对我自己,也多少是个陌生人。我算得上船上年纪最轻的人(二副除外),对于一个要负起完全责任的位置尚无经验,因此我很愿意相信其他人的能力,他们只要能胜任工作就行了。每一个人都会为自己树立理想人格,对于自己的理想人格我又能在多大程度上是忠实的?"[2]

小说主人公强调自己的"陌生人"地位,而且是一个没有当过船

---

[1] (英)约瑟夫·康拉德《秘密的分享者》,裘小龙译,《康拉德小说选》,上海:上海译文出版社,1985年,第69页。
[2] (英)约瑟夫·康拉德《秘密的分享者》,前引书,第70页。

长的年轻人头一次要对整艘船负起完全责任,显示出他既对自己的职责和能力抱有疑虑,同时又急于寻找新的自我定位的焦虑心情。小说主人公与船的关系是否能够融洽,首先要看他与其他船员的关系能否融洽,因为他必须通过其他船员的协作才能够把船操纵自如。但是,由于他的陌生人地位,有时对于指挥其他人太谨小慎微,比如船还没有开出以前,他曾经让所有的船员夜间撤下去休息,只留他一个人值班。有时候又太过武断,根本听不进别人的意见。

在小说主人公急于寻找新的自我定位、而船上的其他船员又使他产生疑虑的时候,莱格特的碰巧出现使他将其引为知己。

莱格特原来是赛弗拉号船上的大副,在航行过程中杀了人,在波涛翻滚的海里游了两英里多,来到了小说主人公这艘船。因为其他水手都已经撤下去休息了,莱格特到来的时候甲板上只剩下船长一个人。莱格特的放荡不羁以及他的无所顾忌、不惜杀人的发泄方式,还有他在海上一路游来的不屈不挠精神,立即引起了小说主人公的兴趣。也许,莱格特所做的一切,正是小说主人公渴望而又不能亲自去做的事情。所以,他一下子就被对方吸引住了。听说对方杀了人,他的第一个感觉就是"我的幽灵不是杀人的恶棍"①。实际上,小说主人公好像进入了梦境,几乎分不清谁是谁了,"我脑海中可以看到这一切经过,好像穿着另外一套睡衣的就是我本人。"②

由于对人格他者的认同感,小说主人公决定庇护这位前来避难的杀人犯。按照英国法律,像莱格特这样的刑事犯,船靠港口后,是要被交到有关当局进行处罚的,而莱格特犯的是杀人罪,是要被判绞刑的。莱格特在航行过程中杀人,因此他已经在船上被关了6个星期的禁闭了。赛弗拉号停靠以后,船长还来不及把他交给有关当局,莱格特看准了一个机会从船上跳到海里逃走了。因为是在夜里,从

---

① (英)约瑟夫·康拉德《秘密的分享者》,前引书,第77页。
② (英)约瑟夫·康拉德《秘密的分享者》,前引书,第77页。

赛弗拉号下来的小艇没有找到他。

庇护一个杀人犯是有风险的。康拉德没有提到庇护一个杀人犯在法律上要负什么责任,但可以肯定是要负责任的。况且,小说主人公的船和赛弗拉号都是英国船,必须接受共同的法律管制。此外,作为一个新来的船长,小说主人公还没有取得船员们的信任,如果有事,他必须独自面对,不可能指望任何人会帮他的忙。实际上,他一到船上就把自己和船员们对立起来,如果他倒了霉,别人恐怕只会高兴。

决定庇护莱格特,第一步首先要躲过赛弗拉号来人的找寻。天亮以后,赛弗拉号船长亲自带人来寻找莱格特,因为附近只有这艘船和赛弗拉号距离最近。赛弗拉号船长估计,如果莱格特想要找一个落脚处,小说主人公的这条船是最好的选择。他们停船的地点虽然离陆地不远,但管理当局就设在陆地上,所以赛弗拉号船长估计莱格特不敢到陆地上去。事实上,也的确不出赛弗拉号船长的预料,只是已经铁了心要庇护莱格特的小说主人公拒不承认有过任何外人到他们船上来。不甘心的赛弗拉号船长还搜查了整条船,但他没有找到莱格特,只好怏怏而去,报告说莱格特已经落水淹死了。

送走了赛弗拉号的船长并不等于万事大吉。因为小说主人公没有取得船员们的信任,没有和他们融为一体,所以,他时刻都在提心吊胆,担心有人发现他的"秘密分享者"。虽然 L 形的卧舱帮了他不少忙,船开出海上以后,还是遇到不少麻烦,不止一次莱格特差点就被发现。他们这次航行的目的地是回国,显然不可能把莱格特带回英国去。所以,小说主人公必须在沿途找一个地方让莱格特脱身。年轻的船长和莱格特商定,让他在柬埔寨沿岸上岸。当然,不可能公开靠岸让莱格特脱身,他必须靠自己游到岸上去。为了让莱格特能够顺利游到岸上而不至于淹死在海上,小说主人公决定尽量把船驶近海岸。

这对小说主人公是一个巨大的考验,因为靠岸太近有可能造成船毁人亡的严重后果。他是第一次当船长,稍有闪失,今后的前途就完了。更糟的是,他对船和船上的其他水手都不了解,尽管硬着头皮下令靠近海岸,心中却一点底都没有,"此刻我忘了那个即将离去的秘密的陌生人,只记得,对这条船来说,我是个彻头彻尾的陌生人。我不了解它,它能行吗?怎样操纵它?"①最后,小说主人公看到漂在海上的那顶自己送给莱格特的帽子,知道莱格特已经安然离去,才下达了转舵的命令,避免了船毁人亡悲剧的发生。直到此时,他才第一次感到自己和船、其他船员之间的融洽气氛,"前庭一片人声喧哗,夹杂着欢呼之声。那可怕的络腮胡子也在发布各种各样的命令。船已在前行了。我独自和它在一起。在这个世界里无物、无人现在能把我们隔开,在我们无言的理解和共同的感情之间投下阴影;一个航海者同他第一次指挥的船的使命有了完美的沟通。"②

莱格特是小说主人公的人格他者,体现了年轻船长不可言传的欲望。莱格特无拘无束,随心所欲,这正是小说主人公希望自己能做的。但是,作为一个船长,最重要的是团队精神,是团结全体船员一道工作的能力。所以,莱格特的所作所为让小说主人公的欲望得到发泄,精神得到升华。这就是为什么他愿意冒风险庇护莱格特的原因。此外,庇护莱格特也是一种挑战法律的行为,使小说主人公渴望绝对自由、随心所欲的愿望得到一个直接发泄的机会。但是,他这样做是和他的船长的职责冲突的,也是和这艘船的使命格格不入的。在他的显意识中,当然愿意自己能够与船融为一体,与其他船员融洽相处,使自己的第一次船长使命能够顺利完成。但下意识又与这一切明显对立,不惜违法庇护一个杀人犯。一旦莱格特平安离船,小说主人公的欲望也随着他的离去而得到升华,理性在一个更高的层次上主宰了他的思维,此时他才觉得自己和船能够相互理解,能够和船

---

① (英)约瑟夫·康拉德《秘密的分享者》,前引书,第112页。
② (英)约瑟夫·康拉德《秘密的分享者》,前引书,第113页。

上其他船员拥有共同语言。因为莱格特的到来在小说主人公心中激起的人格分裂,激起的欲望与理性的冲突,也随着莱格特的离去而得到解决。年轻的船长经历了这次人格分裂以后,才真正成长为一个称职的船长。而经过紧急关头的转舵,他也更好地了解了这艘船的优越性能和其他船员的能力,为自己更好地完成船长的使命提供了良好的基础。

所以,正如《阴影线》中年轻船长的青春躁动心理阴影线与北纬八度二十分的海域阴影线的巧合为小说主人公提供了成长的契机一样,莱格特的出现也为《秘密分享者》的小说主人公的成熟提供了不可多得的机遇。

三

在康拉德小说中,故事里的人物经常有把他人引为自己心理上的知己的倾向。《秘密的分享者》中的年轻船长把莱格特看做另一个自我之举,在康拉德小说中并不是绝无仅有的。这种引为知己的倾向,既可能有助于自我的成长,也有可能变成自我的摧毁力量,导致自我的毁灭。

《在西方视野下》中的赫尔丁也和年轻船长把莱格特引为知己一样,把同校同学拉祖莫夫引为知己。不同的是,年轻船长站在主动的位置,帮助因为杀人而出逃的莱格特;而赫尔丁则站在不利的地位,自己杀人以后来寻求拉祖莫夫的帮助。引为知己者与被引为知己者的地位倒了过来,所导致的结果就完全不同。莱格特是年轻船长欲望升华的助力,虽然其中也有惊险,毕竟可以让年轻船长走向成熟。赫尔丁与拉祖莫夫的关系则不同。他完全是出于对拉祖莫夫的误读,曲解了后者的意向,才会把他引为知己的。这样一来,拉祖莫夫不仅没有成为赫尔丁的助力,反而成了他的毁灭力量。确切地说,他们相互成了对方的毁灭力量,结果是两人的共同毁灭。

维克多·赫尔丁是一个激进的革命分子,对于俄国内务部长对反对派的疯狂镇压非常气愤。这个内务部长是臭名昭著的俄国镇压委员会的主席,"他不遗余力、不知疲倦地为沙俄皇帝服务,把众多的人,不分男女,不拘老幼,不断地送进监狱,送去流放,甚至送上断头台。"①经过精心安排,他和另一革命党人密切配合,炸死了那个内务部长。由于现场的混乱,赫尔丁竟然安然地离开现场。在警方的追捕下,赫尔丁潜入了拉祖莫夫的住处,等到拉祖莫夫从外面回来的时候,他已经等了两个小时了。他之所以来找拉祖莫夫,有两个原因。一是因为他知道拉祖莫夫孑然一身,万一被警方发现他庇护了赫尔丁,也不会有其他人受到牵连。另一个原因就是因为他误读了拉祖莫夫的政治倾向,认为他与自己有着相同的政治抱负,向往自由民主,痛恨独裁的沙皇和为虎作伥的内务部长。所以,他觉得拉祖莫夫至少是革命党的同路人,会很乐意为自己提供帮助。他曾经对拉祖莫夫说:"你虽然说话不多,但没有人敢怀疑你的豪爽大方的个性。你的性格中有一种遗世独立的特点,缺乏勇气是做不到的。"②大方豪爽、有勇气、有正义感,"没有把灵魂随风扔掉"③,这就是赫尔丁对拉祖莫夫形象的建构。

这是一种想象建构,与实际情况有很大的出入。实际上,拉祖莫夫虽然也不齿内务部长的所作所为,对于他的被杀不会感到惋惜。但是,一旦要他包庇杀死政府要员的凶手,他还是不得不三思而行的。在人们做出决定前,必然会考虑这个决定潜在的好处和可能的危害。潜在的好处胜过可能的危害,决策者比较容易下决心,即使可能的危害是致命的,但潜在的好处实在太诱人,决策者也可能铤而走险。反过来说,如果预期的好处显然比不上潜在的危险,决策者就会三思而行了。

---

① Joseph Conrad. *Under Western Eyes.* Ibid., p.7.
② Joseph Conrad. *Under Western Eyes.* Ibid., p.15.
③ Joseph Conrad. *Under Western Eyes.* Ibid., p.15.

拉祖莫夫如果包庇赫尔丁,潜在的利益显然不可能与预期的危险相比。赫尔丁杀死的是政府要员,不管这个人在老百姓的心目中是一个多么坏的恶棍,政府对于这种在政治上引起巨大轰动的谋杀必然会全力以赴去破案。就是说,赫尔丁是警方千方百计想要捕获的对象。而且,以他所犯罪行的性质,一旦抓住,等着他的就是断头台。庇护这样一个人会是什么样的罪,康拉德在小说中没有提到。但是,从小说中可以推断,俄国当时显然存在着株连制度。首先,赫尔丁在实施杀死内务部长的计划前,把妹妹和母亲送去了日内瓦,显然是知道自己将要做的事的性质和风险,怕株连到自己的家人,所以才会把她们送出国外,送到俄罗斯势力够不着的地方。其次,他选择求助拉祖莫夫的原因之一,就是万一拉祖莫夫庇护自己的事情泄露,孑然一身的拉祖莫夫也不会再连累别人。亲人尚且会受到株连,庇护罪犯的罪名自然更不会轻了。如果像中国过去一样,庇护人与被通缉的人同罪,那就要掉脑袋了。此外,如果庇护赫尔丁,拉祖莫夫面临的危险与年轻船长庇护莱格特是不可同日而语的。年轻船长是在海上,除了赛弗拉号船长带人来找寻以外,再也没有其他外人来寻找莱格特了。当然,由于他没有和船上的其他船员取得默契,他还要冒被其他船员发现的危险。虽然如此,只要小心谨慎,善于运用自己作为船长的权威和不可多得的"L"形卧舱的有利因素,不被发现的可能性还是很大的。拉祖莫夫和赫尔丁却身处俄国的首都,警探之多,追捕之急,随时都有被发现的危险,在这样的环境下庇护一个杀死了政府要员的人,其危险程度是可想而知的。而且,虽然赫尔丁把拉祖莫夫引为知己,不过是他自己的一厢情愿而已,拉祖莫夫根本没有同样的感受。他虽然也认识赫尔丁,却觉得和对方没有深交。要他为一个泛泛之交去冒如此大的风险,是不现实的。再说,拉祖莫夫虽然也痛恨沙皇的专制,却并没有想过要杀官造反。相反,他还希望在现存体制下,凭着自己的聪明才智出人头地,达到在社会上获得成功的目的。他曾经"有幸"被介绍过给一位 K 亲王,对那位贵族的降尊纡贵跟他握手,拉祖莫夫感到非常感动。拉祖莫夫除了感激之外,决心要凭自己的聪明才智干出一番事业,起码也要成为一个著名教授。"一个名教授也算个大人物了。出人头地就可以让拉祖莫夫的名字冠上一个荣誉头衔。作为一个大学生,拉祖莫夫期待出人头地没有什么值得奇怪的。一个人的真正价值在于他在别人心中所取得的尊敬或者自然的爱戴。从 K 亲王家中出来,拉祖莫夫雄心勃勃地决定要为获得银质奖章而奋斗。"①

在比较利弊之下,拉祖莫夫仍然难以做出决定。但是,赫尔丁要他去寻找安排自己离去的人,却是一个酒鬼。拉祖莫夫找到他时,他已经喝得酩酊大醉,根本不可能依靠他来安排赫尔丁安全离开。拉祖莫夫大怒之下狠狠地揍了他一顿,竟然没有把他从醉酒中打醒过来。绝望之下,他想到了那位 K 亲王,决定去向这位贵族讨教。当然,这也意味着赫尔丁被出卖了。

然而这种毁灭是相互的。赫尔丁固然因为拉祖莫夫的出卖而被送上了断头台,拉祖莫夫自己的生活也因为赫尔丁的闯入而毁了。听到赫尔丁的来意,拉祖莫夫的第一个反应就是"我的银质奖章没了。"②就是说,他意识到,要想通过正当的手段、凭自己聪明才智在现存体制下出人头地的可能性已经一去不复返了。事实也是如此,由于出卖了赫尔丁,拉祖莫夫不仅没有因此而获得任何利益,反而被警方抓住把柄,逼他为警方做密探,让他装作受害的学生离开俄国,到日内瓦去做卧底,监视俄国革命党人在日内瓦的活动。拉祖莫夫没有办法抗拒警方的要挟,因为如果他出卖赫尔丁的事被革命党知道,后果是不堪设想的。即使革命党人不追究他,他也没脸见学校里的老师和同学了。另一方面,拉祖莫夫虽然出卖了赫尔丁,但他自己毕竟不是一个奸恶之徒。在本质上,他是一个正直的青年人,只想凭

---

① Joseph Conrad. *Under Western Eyes.* Ibid., pp. 13-14.
② Joseph Conrad. *Under Western Eyes.* Ibid., p. 16.

自己的聪明才智出人头地,并不想靠害人发迹。所以,他当密探实在是迫不得已的选择。当密探既不是他的意愿,也和他的性格格格不入。在见到赫尔丁的妹妹纳塔丽娅以后,他终于选择了回归本性,把自己出卖赫尔丁以及因此而被迫当密探的事和盘托出,被当时在场的革命者狠狠地揍了一顿,落下多处残疾,既断送了前途,也伤害了身体。他自己却感觉得到了解脱,"'我请你们注意,'他说着,已经到了走廊,'只要我自己不说,你们就不会有人知道。自从我来到你们中间以来今天是最安全的,因为今天你们都已经相信了我,我的地位已经稳固了。而正是今天,我自动把一切都说了出来,我不再活在谬误中,不再活在懊悔中——现在,在这个世界上我已经不欠任何人的了。'"①

拉祖莫夫声称自己"不欠任何人的了",其实并不确切。实际上,他的到来把赫尔丁的妹妹纳塔丽娅也害惨了。纳塔丽娅本来是一个天真无邪的女孩,相信世界大同终有一天要到来。从哥哥来信中,她就认定拉祖莫夫是一个了不起的年轻人,因为她的哥哥在信中介绍拉祖莫夫时说他是"纯洁无瑕、品德高尚、孤傲不群的存在"②。对于这样的人,纳塔丽娅也非常欣赏。实际上,经过接触后,纳塔丽娅爱上了她哥哥的这位"朋友"。正是因为知道了姑娘对自己的爱意,拉祖莫夫才最终决定把自己的一切都和盘托出,因为他实在不愿意再欺骗这位天真的女孩子了。这样一来,拉祖莫夫是得到"解脱"了,但这一切对纳塔丽娅的打击是可想而知的。

可见,由于赫尔丁错把拉祖莫夫引为知己,拉祖莫夫变成了赫尔丁自我的毁灭力量,而自我也成了他者的毁灭力量。这种毁灭力量还祸及他人,把纳塔丽娅的自尊和希望也一起毁灭掉。这是康拉德小说中一再出现的:越是相似的他者,越可能对自我构成威胁,变成

---

① Joseph Conrad. *Under Western Eyes*. Ibid., p. 368.
② Joseph Conrad. *Under Western Eyes*. Ibid., p. 135.

毁灭自我、甚至相互毁灭的力量。

在《黑暗的心脏》中，随着马洛对库尔茨认同程度的增加，小说叙述人被毁灭的不是肉体，而是他对人类的信念。他对库尔茨的印象，有一个由高到低、再由低到逐渐认同的过程。开始的时候，马洛曾经听到过许多关于库尔茨的传奇性的故事，简直是带着朝圣的心情去的。后来随着旅程的延续，他听到有关库尔茨的事情越来越多，了解到库尔茨以暴力的手段获取象牙的真相后，库尔茨在马洛心目中的形象跌到了最低点。

起初的时候，听说库尔茨是非洲深处一个贸易站的负责人，他的一个贸易站收集来的象牙比该公司所有其他贸易站得到的象牙总量还要多，马洛觉得他是一个非常了不起的人。第一次有人正式跟他说起库尔茨的时候，把库尔茨描绘为"他是怜悯、科学和进步的使者，鬼知道他还可能是什么"①。后来马洛遇到一个俄国流浪汉，从他口中得知库尔茨对当地土著人使用的手段，又目睹了库尔茨贸易站围墙柱子上的土著人的人头，对库尔茨的印象有了很大的改变。当他知道库尔茨用残酷的手段统治土著居民，要土著头人每天去给他请安问好，甚至要他们跪地而行的时候，他感到这些细节"比放在库尔茨先生窗前立柱上的晒干的人头还要令人难以忍受"，觉得自己"好像一下子被带进了一个黑暗无光的、不可思议的、充满恐怖的地带——在这个地带里，那种毫不掩饰的直截了当的野蛮行径，竟成了一种致人宽慰的有效措施，竟成了能在光天化日之下明目张胆地有权存在的东西。"②此时他对库尔茨的印象降到了最低点。

后来，听到公司经理不断地对库尔茨进行攻击和中伤，马洛又开始同情库尔茨了。库尔茨不惜用暴力为公司获取了大量的象牙，经

---

① （英）约瑟夫·康拉德《黑暗的心脏》，前引书，第228页。
② （英）约瑟夫·康拉德《黑暗的心脏》，前引书，第281—282页。

理却说这些象牙"大多数都是化石",而且指责库尔茨使用的方法"不够慎重"①,因而造成大家处境的危险。听到这种勾心斗角的言论,马洛郑重地说,"不管怎么说,库尔茨毕竟是一个了不起的人物"②。就因为替库尔茨说了一句话,马洛被经理等人划归了库尔茨一党,被认为是赞同库尔茨那种不合时宜的做法的人。马洛被指为库尔茨同路人,还因为他和库尔茨是同样的人推荐到非洲来的。而马洛通过与库尔茨的实际接触,也越来越体会到他在一种没有约束的状态中逐渐膨胀的野心和欲望,越来越认同他作为一个白人的优越感和自我中心的个性,以及这种个性膨胀之下带来的危险性。马洛认为自己和库尔茨之间的区别,在于"他迈出了他的最后一步,他已经跨越过那个边缘去了,而就在这时,我却被允许抽回我那犹豫不定的脚步。"③就是说,库尔茨为了追求利益,为了满足自己的虚荣,迈过了道德观念的警戒线,"毫不妥协地把个人挑战社会和传统价值的内心冲动付诸实施"④。

吉姆的毁灭性人格他者是绅士布朗。布朗是一伙海盗的头子,来到帕杜森的目的就是抢劫,却没想到遇到当地人的坚决反击。在吉姆不在场的情况下,华里斯带领土著武装把这伙强盗包围了起来,但他的威信还不足够下达尽歼海盗的命令,只好等吉姆回来再作决定。老奸巨猾的绅士布朗一眼看穿吉姆的弱点,因为他敏锐地觉察到,吉姆之所以会不远千里来到这个与世隔绝的地方,必然有某种不光彩的原因。于是逼问他到帕杜森来的原因,以便证明自己和吉姆实际上属于同一类人。而吉姆也的确从他的身上看到自己过去错误

---

① (英)约瑟夫·康拉德《黑暗的心脏》,前引书,第287页。
② (英)约瑟夫·康拉德《黑暗的心脏》,前引书,第288页。
③ (英)约瑟夫·康拉德《黑暗的心脏》,前引书,第302页。
④ Watt, Ian. Ideological perspectives: Kurtz and the Fate of Victorian Progress. *New Casebooks-Joseph Conrad*. Ed. Elaine Jordan. Houndmills, Basingstoke, Hampshire & London: MacMillan Press Ltd. 1996. p. 42.

的影子,所以决定放他一马。但布朗却在撤退途中袭击并杀死了华尔斯,导致吉姆被多莱明枪杀的悲剧。

可以看出,吉姆的死是由于他的身份认同的错位造成的。因为"帕特纳号"的过失,造成了他精神上的漂泊。失去"根"的尴尬,带来了吉姆自我身份认同的困惑。在理智上,吉姆觉得帕杜森对他来说是再好不过的地方。在这里,他赢得了绝对信任,寻回了自尊。吉姆曾经一再表示他会留在帕杜森,永远也不离开。同时,他还一再把当地人称为"我的人民"。

然而,他与当地人的关系却不是水乳交融的关系,并没有真正扎下根来。他和当地人永远是格格不入的关系。对于当地人来说,吉姆属于另一个世界,一个他们无法了解的完全陌生的他者世界。这个世界离他们非常遥远,遥远得超过他们所能够想象的范围。那个世界的人来到帕杜森,就像天外来客来到地球一样,具有帕杜森人们所望尘莫及的上帝般的超然能力。外来的白人可以作为他们的统治者,却永远不可能成为当地人的一员。其实,康拉德也不可能让吉姆融入当地人中,因为欧洲人一直担心派到殖民地去的人会"土著化"①。

正因为以不能相互理解的关系为基础,吉姆必须保持永远正确、永远不可战胜的神话。这样一来,帕杜森没有成为吉姆的自由用武之地。相反,他却变成了这个与世隔绝的世界的囚徒。吉姆和当地人的关系,可以看到《黑暗的心脏》中库尔茨与当地居民关系的影子。不同的是,库尔茨用的是恐怖手段使当地人对他敬畏,因而视为天人。库尔茨的残暴是令人发指的,他可以任意杀害当地人,还用黑人的人头装饰围墙的柱子。从客观上说,吉姆也在做同样的追求,只不过吉姆的"上帝般"形象更多的是当地人的感觉,而不是吉姆的主

---

① Douglas Hewitt, *English Fiction of the Early Modern Period 1890-1940*. London and New York: Longman Inc. 1988, p. 34.

动宣扬。此外,库尔茨靠的是恐怖手段,吉姆凭借的却是给当地人带来和平与安宁的办法来确立自己的神奇形象。而这正是当代帝国主义刻意为自己塑造的形象,如美国扮演的世界警察、人权卫士等角色。可以说,库尔茨失败之处,正是吉姆成功的地方。

另一方面,因为"根"的丧失带来的身份认同的困惑。吉姆显然不可能,也不愿意把自己认同于当地人的一员,不愿意"土著化"①。从思维到外表,从话语到行动,他都是一个不折不扣的白人。他的白人自尊,使他不能无视布朗的要求,布朗的镜像映照,更让他不得不乖乖地接受布朗的提议:给他们让路,或者痛痛快快地打上一仗。由于根深蒂固的白人思维,使吉姆不愿意看到同是白人的布朗一伙流血,不愿意把他们消灭掉。最重要的是,他从布朗身上看到了自己的影子,杀死布朗就等于杀死自己。所以,最后他决定放他们一条生路,是非常合乎逻辑的。

他的身份认同产生了错位:他的利益与帕杜森居民的利益一致,但文化上又不愿意与当地人认同,勉强坚持自己的白人身份认同,他就像神一样君临帕杜森的土地和人民。神是不能出错的,一旦出错,吉姆的神性光环就会消失。所以,他对"绅士布朗"一伙的姑息,是他的致命错误。即使最后他不去送死,当地的居民是否还会听他指挥也难说。最大的可能是,再也没有人会听他的,即使他想抵抗,也可能会发现,自己只剩下光杆司令一个。所以我认为,吉姆的死是文化认同错位的结果,这种错位使他错误地处理"绅士布朗"一伙的入侵,养痈为患,导致了华里斯等人的被杀。华里斯等人的被杀又导致了吉姆的悲剧。这样的结局实际上是不可避免的。

---

① Hewitt, Douglas. *English Fiction of the Early Modern Period 1890-1940*. Ibid., p. 34.

结　语　康拉德研究与
中国他者战略

一

对他者的关注是因为自身的原因,尤其因为自身遇到了麻烦,需要他者的参照来确认自我的身份,确认自我的价值,或者帮助自我在文化上顺利转型,克服自身遇到的思想意识上的危机。中国目前的文化转型可以说在中国历史上是史无前例的。新中国成立以后,经过与西方国家在战场上直接或者间接的较量,极大地改变了旧中国"东亚病夫"的形象,赢得了朋友甚至对手的尊敬。改革开放以来,经过多年的经济快速发展,中国的经济基础和综合实力都有了很大提高。因此,即使最强大的对手也没有入侵中国领土的打算。可以说,我们已经赢得了自立于世界民族之林的生存权和发展权。另一方面,中国的强大和崛起,已经给整个世界带来了震动,世界正在对中国进行重新定义。不管我们愿意与否,这种重新定义都势在必行。所以,我们要主动参与这种重新定义,争取更有利的发展空间以利于我们的和平崛起。关注他者,就是要研究我们的对手和朋友,做到知己知彼,才能够立于不败之地。此外,我们目前对他者的关注还有另一种不可避免的原因,就是国际社会一体化的发展,已经没有哪个角落可以不受影响了。被动地应对只会更糟,闭关自守则根本已经不可能了。只有主动出击,把主动权掌握在自己的手中,才能够跟上国际社会发展的步伐,而不被历史的潮流所抛弃。因此,我们有必要开展他者战略的研究,使中国能够顺利崛起为世界性的大国。

和康拉德时代的英国一样,今天的中国也面临着定义自我的问题。康拉德时代的英国乃至整个西方在帝国扩张逐步接近高峰的时候,需要从他者身上找到自我优越性的证明,从而为他们的殖民扩张寻求合法依据。康拉德小说作为这种努力的一部分,其成就是非常突出的。康拉德和其他同类型的西方作家要证明的是西方发展道路是唯一正确的,西方民族是世界上最优秀的,而西方文化也是世界上最先进的。我在论著中考察了康拉德为了达到这一目的所用的手法,并且指出了其话语霸权塑造出来的形象的不可靠性。我们要做和康拉德性质相同但结论相反的证明。他要证明西方道路的唯一性,而我们却要证明人类的发展道路从来就没有唯一的模式,各国各民族都有自己的发展优势和问题,都应该选择最合适自身发展的道路,而不是去拷贝西方的发展模式,从而为自我的生存找到依据,为自身的发展模式寻找旁证。在今天国际交往中文化因素不断上升、文化霸权与对霸权的抵制和反抗成为国际冲突的一种重要方面的形势下,加强他者战略的研究是非常必要的。

文化霸权就是强势文化对弱势文化的侵入、渗透和主宰,在我们的时代主要是西方文化对非西方文化的霸权。"所谓西方文化霸权,就是西方国家把其物质生活方式、人生观和价值观作为一种普世的行为准则加以推行,赋予自己在文化上的支配地位。西方文化霸权产生的直接背景是西方的科技优势,及其对信息技术革命的垄断。"[1]西方的文化霸权从一开始就伴随着殖民扩张的进程,而在今天又以新的特点继续着。以前主要靠武力征服为后盾,以拯救者的身份在他者中间推行西方的人生观和价值观。今天虽然仍然存在武力争雄的必要,但更多依赖的是和平的手段,以文化上的优势实施霸

---

[1] 转引自张骥、刘中民等《文化与当代国际政治》,北京:人民出版社,2003年,第304页。

权活动。科技进步,尤其是信息技术的迅速发展,使得今天的文化霸权更加使人无法回避。正是信息技术的进步催生和促进了全球化的进展。陈定家从信息通讯、经济、处理全球性问题的机制、社会体制、现代性、文化和文明等角度分析了全球化的含义,得出的理论界定好坏参半,有的地方又相互矛盾:

1. 全球化是一个多维度过程;
2. 全球化在理论上创造着一个单一的世界;
3. 全球化是统一和多样并存的过程;
4. 现代的全球化是一个不平衡发展过程。除了全球经济初见端倪之外,没有出现全球政治体系、全球道德秩序或世界社会;
5. 全球化是一个冲突过程。国家、个人、各种各样的团体、组织以及不同的文化都涉及了进来;
6. 全球化是一个概念更新和范式转变过程。①

陈定家关于全球化的界定有些地方自相矛盾,主要是一体化与多样性之间的矛盾。一方面,全球化要建立一个有着共同标准的世界,另一方面又强调世界的多样性。在实践中,人们的许多做法也自相矛盾。在经济上,整个国际社会在追求单一的标准。从加入世界贸易组织的条件,到承认一个国家的完全市场经济地位,国际社会无不试图使用统一的标准去衡量其所有成员国。在文化上却出现了两种相反的趋向。一方面,西方努力推行他们的人生观与价值观,尤其在人权标准的问题上,甚至试图强制推行所谓的普遍人权标准。每年的世界人权大会上,西方主要国家都会提出提案,对非西方国家的人权状况横加指责。非西方国家则竭尽全力抵抗西方的人权攻势,

---

① 陈定家主编《全球化与身份危机》,开封:河南大学出版社,2004年,第39—40页。

反过来谴责西方国家,尤其是美国在人权问题上的双重标准。使人权会议成了东西方文化冲突的直接角力场。另一方面,鉴于人类文化、语言的不断湮灭,出于对文化多样性的向往,学术界部分学者在对濒临湮灭的语言和文化进行研究和抢救,为只有口头语而无文字的语言创造书写文字。这些都似乎与全球化的理想背道而驰,而进行这些工作的学者中不乏西方人。这些西方学者的敬业精神有时非常值得敬佩。为了编写壮、汉、英对照词典,一对美国夫妇在中国广西武鸣县一住就是11年,而其工作还在继续中。

此外,与全球化随之而来的是西方的文化霸权。陈定家提到,"除了全球经济初见端倪之外,没有出现全球政治体系、全球道德秩序或世界社会"。事情是否可行,要看付出的代价与所获的利益之间的比例。经济全球化的发展,是因为全球性经济交流的规模、深度与广度都在不断增加,主动融入全球经济体系的国家和地区从中获得的利益远远超过由此带来的弊端。相反,那些企图脱离这种经济体系的国家和地区经常与经济不景气联系在一起。当然,融入世界经济体系也是要付出代价的。中国为加入世贸组织进行了长期艰苦的谈判和经济体制的改革。而且,世贸组织原来是西方集团国家间的经济贸易平台。在苏联解体后,原来的华沙条约也随着瓦解,而原来作为西方集团的经济组织关贸总协定就发展为全球性的世贸组织。其游戏规则不言而喻由西方人制定,要适应这些规则,代价是难免的。但比较而言,世贸组织的参与国所获得的效益还是超过了所付出的代价。所以,经济一体化的利益大于代价。就整体而言,世界贸易的增加促进了各国经济的发展。

全球政治体系则是另一种情况。作为现代意义的国家主权受到了全球化的剧烈冲击,"全球化进程在20世纪60年代以后的新变化挑战了国家原有的稳固地位"[①]。由于经济全球化的需要,跨国公司

---

① 陈定家主编《全球化与身份危机》,前引书,第40页。

和国际性活动不断增多，不少原来属于主权国家管辖的事务加入了国际性质，必须按照国际组织的条约和规则办事，在一定程度上侵蚀了主权国家本来固有的权利。虽然"没有出现全球政治体系"，但联合国作为国家间协商组织，其作用在进一步加强。虽然近年来出现了西方国家甩开联合国出兵科索沃、美英绕开联合国出兵伊拉克这样的事件，但在动武以后都必须寻求联合国的帮助，才能够顺利地进行重建。而且，世界上所有国家都谋求加入联合国，或者以这样或那样的方式参与联合国的各项活动。除了联合国之外，地区之间的合作也在加强。这些合作组织，大多以经济上的合作开始，同时构建一个政治合作的平台。随着经济合作的加深，政治合作也得到加强。从美洲国家组织到东南亚国家联盟，到欧洲国家联盟，都始于经济合作，进而扩展为不同程度的政治合作。其中欧盟是在政治合作上走得最远的地区性组织。欧盟不仅是一个经济合作组织，而且在政治联合上近年来也取得了很大进展。欧盟有议会等组织，还发行了统一的货币。这一切，为进一步的政治联合奠定了基础。可见，虽然现在还没有真正意义上的全球政治体系，但国际社会之间的合作的确得到了前所未有的加强。

　　道德上的全球秩序经常受到最顽强的抵抗，因为道德观念直接与人生观、价值观等相联系，直接体现一种文化的理论基础。在经济、科学技术方面，要承认其他国家和民族走在自己的前面并不难，但要承认一种文化、承认自己的价值取向比别人低劣，却是很困难的。由于每个人都生长在一定的文化氛围中，人们都本能地认为自己所属的文化是世界上最优秀的。文化取向上的排他性，比经济、技术等方面要强烈得多。正因为道德依附于一定的文化，所以很难有某种能够得到全世界公认的道德规范。不可否认，某些道德规范为全人类所共同崇尚，比如勇敢、诚实等品质，很可能为全人类所推崇。但是，能够得到人类共同认可的道德品质毕竟太少，不可能以少数几条道德规范形成一个世界性的体系。即使共同推崇的规范，不同的文化也有不同的解释。比如说,对于诚实、勇敢等品质的推崇,在中国和在西方是一致的。但是,具体的阐释却有许多不同的地方。中国文化虽然也和西方文化一样崇尚勇敢精神,但西方文化崇尚勇力,尤其个人的超人体能和勇气。而中国文化对于有勇无谋的匹夫之勇并不很赞赏。力能拔山的盖世英雄项羽,在与"竖子"刘邦的中原逐鹿中被后者打败;能够力敌刘关张三人的吕布同样落得兵败被杀的下场;手无缚鸡之力的诸葛亮却留下了千古佳话。可见,中国文化中虽然也敬佩个人的勇力,但更崇尚的却是智慧。在某种程度上,智慧就是诡诈。只要用于正确目的,中国文化似乎认为诡道也是正道。可见,要想在全球范围内建立一个统一的道德体系是不可能的。即使到了全球化程度很高的时代,道德规范也不可能在全世界统一,因为不可能有一个全球统一的文化体系。而人类在追求经济等方面的全球化的同时,也注意保存文化的多样性,由于道德与文化之间的天然联系,要想在保持文化的多样性的同时建立统一的道德规范是不可能的。在西方主宰下的全球化条件下如何保持自我的文化独特性,正是我们研究他者策略的重要课题之一。

他者战略不是一成不变的,在不同历史时期适用不同的战略。对他者的把握是一个永远没有尽头的循环。总体来说,他者战略在不同环境中有不同的侧重。有时以排斥和对抗为主,有时以协商合作为主。有时把他者建构得一无是处,简直就是魔鬼;有时则觉得,月亮都是外国的圆。中国历史上曾经有过片面排斥他者的时期。明朝有过郑和下西洋的壮举,这样规模的远洋航行在当时的世界上还没有哪个国家比得上。但也曾经闭关锁国,拒绝与外界来往,丧失了经济和社会发展的大好时机。清朝开始的时候也曾经热情接纳过来华的传教士,但在乾隆当政期间也曾经重蹈明朝自我封闭的闭关锁国覆辙,把传教士赶出中国。直到中国被西方的坚船利炮敲开国门,才重新睁开眼睛看这个世界,但此时主动权已经不再操在中国人的手上了。

受到屈辱之初,国人曾经有过"体""用"之争,是在不得不面对的新形势下对待他者策略问题的探讨。前面说过,对他者的把握是一种无限的循环过程,有时甚至是很痛苦的过程。被西方的坚船利炮轰开国门以后,中国人曾经试图只把西方科学技术和机器制造方面的长处引入中国,让他者的知识为我所用。这种有选择的引进不能说是错误的选择,那时的他者战略仍然是中国历史上曾经普遍使用的融合战略,是以我为主的战略。但是,这种有选择的引进把西方文化的精神实质去掉,而试图保留的是附在文化精神上的实用技术。所以没有成功。中日甲午战争的失利,宣告了这种有选择地引进的他者战略的破产。

当然,中国也曾经试图引进西方的君主立宪制度,但有着数千年的中国政治运行惰性的顽强抵抗使康有为等革新派功败垂成。"五四"运动以后,中国人终于打算不仅仅接受西方的科学技术、政治制度,而且大量引进了西方的哲学体系、价值观甚至思维方式。但是,以自由、民主为特征的西方资本主义意识形态和社会制度的引进虽然终止了中国的封建帝王制度,却没有真正让中国人站起来。资本主义的三权分立、权力制约的民主制度,对于实行了几千年中央集权制度的中国来说,不容易从一开始就被大众所接受,当时能够接受的只是一小部分精英人士,缺乏基层的群众基础。结果带来的不是中华民族的振兴,而是军阀割据的混乱局面。让中国人站起来的是有异于资本主义意识形态的马克思主义。马克思本身没有阐明共产主义制度的政权模式,但苏联实践的结果是一种中央集权制度。与西方的"小政府、大服务"的行政理性相比较,苏联的集权制更容易为中国人所接受,因而以之为指导思想的共产党能够更容易发动中国民众投身到抵御外侮、振兴中华民族的事业上来。在经历了艰苦卓绝的抗日战争和解放战争后,建立了中华人民共和国。

新中国的建立,只是中国人自己宣布已经"站起来",而国际社会,尤其是西方主要国家却没有承认中国的平等地位。朝鲜战争却意外地让他们感到中国人真的站了起来。美国人认为,1950年—1953年的朝鲜战争,是一场在错误时间、错误地点、和错误的对手交战的错误战争。在很大程度上,这是一场本来可以避免却由于判断错误而导致的战争。就美国而言,他们对刚刚成立的中华人民共和国的把握不够,不了解以毛泽东为首的中国领导人对捍卫自身利益的坚决态度,因而对中国的警告置若罔闻。而中国方面则误判了美国的意图,以为美国仇视新成立的中华人民共和国,要想占领朝鲜,进而侵犯中国。另一方面,由于中国在联合国的席位被台湾把持而没有发表话语的平台,也使得我们对美国的意图不容易掌握。而作为联合国安理会常任理事国之一的苏联,却在联合国投票组成联合国军干预朝鲜的重要会议上故意缺席,使决议得以毫无阻碍地通过。而在联合国打算通过保证中国领土完整不受侵犯的决议时,苏联又加以否决,终于使刚成立不久的新中国和世界上实力最强的美国在朝鲜战场上兵戎相见。这场战争虽然由于误判引起,而且交战各方伤亡人数总和超过200万人,但却意外地成了中国人站起来的里程碑。作为世界上头号强国的美国不仅有联合国做后盾,而且还有很多国家加入到联合国军之列,仍没能把刚刚建立起来的新中国打败。对中国来说,不败就是胜利。因为中美力量对比很悬殊,一个是百废待兴的新政权,另一个却是世界上经济最发达的国家。中国在朝鲜战场上的表现令全世界刮目相看。经此一战,西方国家再也不敢以"东亚病夫"的老眼光看待中国人,中华民族在世界民族之林才真正占有不可忽略的一席之地。

虽然意识形态与西方资本主义不同,马克思主义也是建立在西方二元对立思维基础上的理论。对于一贯讲究和睦相处的中国人来说有些水土不服,在赢得反对帝国主义方面取得成功的同时,也给中国人留下了巨大的创伤。中国在马列主义的指导下,以人的阶级出身为标准划分敌我,分成"剥削阶级"的他者和"被剥削阶级"的自我,形成一个阶级对另一个阶级的斗争。中国共产党是无产阶级的政党,是代表被剥削的广大人民群众利益的。但由于实行一部分人对另一部分人的专政,很容易就会出偏差。在党内,共产党内的路线斗争是一种非此即彼的斗争,因此而受到牵连的无辜为数不少。在"文化大革命"中,这一套残酷斗争、无情打击的二元对立方法被推广到普通老百姓中,进行"灵魂深处"的革命,搞得鸡飞狗跳、人人自危。我们还把"压迫者"与"被压迫者"这种二分法用到国际交往中去,在国际上交往的大多是一些亚非拉的小国、穷国,在世界范围内,几乎一个对自身的发展有重大利益关系的朋友都没有,被联合国摒之门外也不在乎。直到20世纪70年代,这种局面才有所改观。20世纪70年代初中国在联合国大会的席位得到恢复,此后西方主要国家才陆续与中国建立外交关系,与美国正式建立大使级外交关系,则迟至1979年才得以实现。

二

纵观近代以来中国与西方的交流历史,可以看到中国的他者战略曾经数度变化,从一般的接纳西方传教士到封闭国门、把他者摒之门外,到妄图只把西方的科技及机器制造等技术拿来为我所用,再到打倒孔家店、走完全西化的道路,再到中华人民共和国成立以后一段时间内以"压迫者"和"被压迫者"划分敌我的做法,我们对他者的探索与把握经历了许多变化。这些他者策略有成功的经验,也有失误的教训。如今,当中国致力于中华民族振兴的时候,国际形势发生了巨大的变化。以全球化为特征的新形势,使得我们的他者战略必须具有新的特点。

他者战略分为文化他者策略和国家、民族他者策略两个方面。文化他者策略主要针对文化引进和交流方面,而国家、民族他者战略则主要针对自我在国际社会上如何自处的问题。就文化他者策略而言,必须立足自我,主动出击,研究差异,兼收并蓄,谨慎把握,为我所用。国家、民族他者战略也应该立足自我,坚定信心,求同存异,共同发展。不管是文化他者战略还是国家、民族他者战略,都必须以自我的利益为基础,像西方文化一样,对他者的一切探索都是为了服务于自我。历史的发展,把中国重新推到了一个可以自主选择的新起点。在历史上,我们曾经有过足够的力量对比进行自主选择。盛唐时期对于他者的主动接纳,与明清两度闭关锁国,是两种不同的他者态度。前者展示了大唐盛世,促进了文化交流和经济社会发展,后者则使中国丧失了继续领先世界的机会。

　　立足自我必须有自信心,而我们的自信心可以来自中华民族深厚的文化底蕴。中国是文明古国之一,而且是唯一从来没有中断过的文明。不可否认,中华文明在近代曾经停滞不前。与此同时,以古希腊文明和基督教文明为基础的欧洲文明却在近代以来获得飞跃性发展,一举走在了世界各种文明的前列。但是,我们不应该妄自菲薄,中华文明能够延续数千年而不被中断,必然有其存在的合理性,也必然有其过人之处。毋庸讳言,与西方文化比较起来,中国传统文化有其发展盲点,比如说我们对于终极追求关心得很少,也没能够首先发展现代科学技术,这些都是中华传统文化的缺陷,也是导致近代以来落后于西方的重要原因。但是,我们文化中的天人合一、和而不同的和睦观点,以及对待大自然和其他物类的开明态度和生态保护意识,都是现代科技发展以后西方还必须回过头去找寻的东西。在中国,诸如小说一类刻画想象世界的文学类型发展得很迟,但却有世界最完备的历史记载和史学传统。由此可见,中华文化和西方文化各有长处,也各自有发展上的空白。只有在文化交流中,在文化碰撞的映照下,才能够发现这些盲点,取长补短,求得全面发展。庞德说过,所有文学上的突破,都始于翻译的突破。翻译是文化交流的中介,实质上就是文化交流带来的突破。其实,这不仅仅限于文学。社会发展的质的飞跃,也往往起源于文化交流。换句话来说,所有带实质性的社会发展,都始于文化交流和碰撞。没有12世纪翻译家的努力,就没有希腊文化的复兴,也就很难想象会有波及整个西方的文艺复兴运动。而正是文艺复兴运动为西方近代发展在思想意识上作了准备。

主动出击既是自信心的体现,也是今天全球化的要求。在历史上,我们曾经有过大唐盛世海纳百川的宽广胸襟,有过郑和数下西洋的壮举,但也有过明清两度闭关锁国的教训。能够勇敢面对他者的时代,一般都具有强烈的自信心。而闭关锁国则是面对他者时信心不足的表现。当然,想要闭关锁国,不与外界来往,也必须具有一定实力,令外界不敢轻举妄动才行。陶乐民、周弘在谈到中国从什么时候开始落后于欧洲时认为,从13世纪欧洲的文艺复兴开始,中国就落后于欧洲了。他们是"从发展趋向看问题",认为"中国比西方落后了四五百年"[①]。当然,落后四五百年的估计,是从发展眼光看,而不是从真正的实力对比角度看的。就经济所占全球百分比看,中国到明朝末期仍然在世界上占有绝对优势。郑和下西洋时的造船术和航海技术,都不是西方可以望其项背的。所以,从力量对比来说,中国闭关锁国的时候,西方仍然不容易以武力侵犯。等到西方的力量强大到足以战败中国的时候,仍想实行鸵鸟政策就不可能了。从鸦片战争开始,西方正是使用武力敲开中国大门的。中华人民共和国成立以后,虽然由于不断的运动使经济建设受到很大影响,但已经不再有人敢于蔑视中国了。就是说,我们已经可以把与他者交往的权力掌握在自己的手中,不再是被别人欺上门来,不得不做出反应的条件下被迫交往了。此外,过去20多年来经济的迅速发展,已经使中国成为一个越来越重要的国家。虽然以人均产值计算中国仍然是一个穷国,但我的经济总量令人不敢忽视。2004年外贸进出口总额突破万亿元,已经上升到世界第三位。所以,我们没有必要妄自菲薄,而应该以一个充满自信民族的风采主动与其他国家和民族交流,主

[①] 陶乐民、周弘《欧洲文明的进程》,北京:三联书店,2003年,第396页。

动博采其他文化所长为我所用。"凡有利于人类幸福与进步的,人人得而用之。"①

中国传统哲学以安定为本,因而不提倡不必要的冒险。儒家经典提倡"夫为人子者,出必告,返必面,所游必有常"②,因而中国人缺乏西方人的冒险精神,对没有把握的他者,宁愿敬而远之。只有在自信心很足的时候,中国人才会主动探索他者。这种传统思想在今天已经不再适用。对他者敬而远之的策略已经使中国错过了不止一次的发展机会,我们不能再按照这种老皇历办事了。虽然今天我们再次争到了与他者交往的主动权,却只能够对交往对象、引进文化进行选择,却已经没有权利再度闭关锁国,实行鸵鸟政策。一来因为历史的教训让我们清醒,自绝于世界就等于自己放弃发展的机会。即使还能够自我欣赏一段时间,却绝不是长久之计。一旦脱离了国际社会,经济社会发展就会受到严重影响,甚至停滞不前,乃至倒退。二是全球化的趋势在不断加强的今天,想要拒绝与其他文化的接触是根本不可能的。陶乐民、周弘指出,"世界是越来越连成一片了。"③书刊等传统文化交流载体雄风犹在,新兴的影视制品以其独特的视听优势加入到文化交流的行列中,而且其地位得到不断加强,越来越超越印刷品成为文化交流的主力。尤其是互联网的兴起,更是赋予了文化交流以全新的形式。与此同时,通过人员往来的文化交流,也以以前从来没有过的广度和深度进行。一句话,世界范围的文化交流已经形成了不可逆转的潮流,没有哪个民族可以把自己与世隔绝了。

与他者交往的目的是为了追求自身的利益,但绝对的利己主义却是行不通的。一味损人利己是交不到朋友的。像西方当年那样总

---

① 陶乐民、周弘《欧洲文明的进程》,前引书,第394页。
② 《礼记正义·曲礼(上)》,《十三经注疏(上)》,中华书局,2003年,第1233页。
③ 陶乐民、周弘《欧洲文明的进程》,前引书,第394页。

企图把他者屈服在自我的权威之下也不总是行得通的,尤其在武力征服并没有把握的时候,这种企图更可能导致非常严重的后果,其代价可能是巨大的。所以,要想顺利地发展彼此之间的关系,尤其对于一个像中国这样的发展中国家,唯一可行的办法就是找到自我与他者之间的共同利益,并以此为基础争取达到双赢的结果,才是长久之计。寻找共同利益,首先要了解彼此的利益所在。对自我的核心利益要有明确的态度,必须毫不动摇地捍卫。同时,也应该把这些核心利益明确告诉其他国家,以免因为误判而发生不可预见的意外。一个国家的核心利益往往与自身的安全和领土完整有关,在过去还把国家主权列为核心利益。但是,随着全球化进程的加深,国家主权在很多方面遇到了挑战。挑战可能来自外部的他者,也可能来自内部的"他者"。外部的他者包括其他国家、国际和区域性组织以及跨国公司等政治、军事和经济组织,还来自国际公约、国家间条约等规定。内部的挑战来自国内不同民族(如果一个国家由不止一个民族组成)或者不同的利益团体,这些都制约国家本来在理论上至高无上的主权,形成了"国际权力向上、向下的转移"①。所谓权力向上转移指的是国家主权受到国际公约、区域性国际组织条约和国家间条约的约束,不能行使没有限制的权力;向下转移指的是国家权力受到少数民族、各利益团体的制约,削弱其行使无限制权力的基础。其实,只有外部或只有来自内部的挑战还不是最严峻的考验,最严峻的考验来自外部和内部势力的共谋,尤其在人权等问题上的共谋。北约出兵科索沃,就是以保护那里的穆斯林免受塞族的种族灭绝惨剧发生为借口的。因此,必须及时研究新形势,妥善处理国内外各种矛盾,使自我首先能够立于不败之地。准确地认识自我的核心利益,明确地宣告不遗余力地捍卫这些利益的决心,正是减少因为判断上的错误而导致的剧烈对抗的必要前提。对中国而言,台湾问题、国家安

---

① 陈定家主编《全球化与身份危机》,开封:河南大学出版社,2004年,第40页。

全问题、能源来源及通道的安全可靠问题,都属于核心利益的范畴。

明确了核心利益,就明确了自我的立身之本,分清了自我与他者之间的界限。但是,自我的核心利益与他者的核心利益之间,并不是不留下任何空间。相反,其中有巨大的空间可以开拓为彼此共同的利益所在。正是这些共同的空间,才有可能使世界上不同的国家和民族和睦相处,互相合作,共同发展。否则,就会产生莱维纳斯所描述的那种西方人彼此关系的局面,即自我与他者之间的杀人和被杀的关系,只有人的"脸"是对别人的警示:不准杀人。若果真如此,世界上各民族之间的交往就失去了意义。但现在的事实刚好相反,人类不仅不会因为彼此交往而必然损害自我的利益,而且还从相互合作中获得莫大好处,促进彼此的发展和进步。

寻求共同点是彼此交往的基础,而研究差异则是相互理解的必要条件。同一性是把握他者的起点,也是交往的起点。在人与人初次见面的时候,经常会首先寻找彼此都熟悉的话题:共同的朋友或熟人,两人都到过的地方,彼此共有的爱好等,都可以作为交往初期的话题。只要能够找到共同话题,彼此之间的关系就靠近了一步。有了共同话题,继续交往就显得容易一些。同样,在两种差异较大的文化交流过程中,人们往往首先寻找与自己文化相似的东西。语言学家经过研究发现,在所有语言中存在着"语言共项(LU)"和同一的语言习得器官,因而一个民族的人即使在他者民族环境中长大,也不会因为他不是那个民族的人而学不会其语言,不管把一个儿童放到什么样的人类环境,他都能够顺利地习得那里的语言。语言学家的这一发现,证明人类拥有某些先天的共同特点,并以此作为语言可以相互翻译的理论基础。虽然世界上的文化千差万别,但语言是文化的载体,既然语言有共项,文化也必然同样具有共项,这些共项同样可以作为文化交流的基础。找到共同点,交流才会变得有意义。比如,早期来华的传教士从儒家经典中找到表达天上最高统治者的"上帝"的概念,来表达西方宗教上的"God",虽然两者之间所表达的内涵有很大区别,"God"是独一无二的最高统治者,具有无限神通和能力,不需要任何助力创造出并统治着天地万物。而中国的"上帝"只是天庭的一员,而不是无所不能的主。虽然含义有差异,但用"上帝"来翻译"God",凭两者都是天上最高统治者这一共同点,就可以让中国人大致知道"God"所表达的含义。

当然,同一性的探索只是文化交流的起点,交流的真正目的是研究彼此之间的差异。对翻译有研究的人都知道,两种不同语言中的词汇,有的词义完全对等,有的词义只有部分对等,还有完全空白找不着对应意义的词语。其中完全对等的属于少数,部分对等和完全空白的占了大多数。而部分对等的词汇,其中的差异大部分来源于不同文化体系之间的差异。语言如此,文化间的差异更是千差万别。文化研究的出发点虽然是求同,但最终目的却是对差异的研究。研究差异可以加深对他者的理解,有利于对他者进行更准确的把握,从而确定应对的策略。不同文化都有的概念,其含义可能相差很大。一个英国人说你是"lucky dog",并不包含对你的侮辱,而是为你的幸运感到高兴。与"lucky boy/lucky girl"比较,最多包含一点妒忌或者心中多少有一点不服气,但绝对没有恶意。相反,如果他说你是地方上的"dragon",却不是恭维你是一方之杰,而是骂你是一方的祸害。因为虽然中文的"龙"与英语的"dragon"在翻译时用于相互诠释,但这两个词在中国人和英国人心中形象却有很大的区别。中国文化中的龙虽然有时候也很令人讨厌,有时甚至会祸害一方,前者如与哪吒敌对的龙王,后者如传说中李冰治水过程中杀死的孽龙。但就总体形象而言,龙代表封建帝皇,是权威的象征,形容人时总是指其出类拔萃,超乎众人之上。而英语中的"dragon",则完全是一个贬义词,只会给人带来祸害而不会带来任何好处。只有了解了其中的差异,才能够正确判断说话人的态度和意图,进而采取正确的应对措施。

研究差异还有另一重要作用,就是利用文化他者的参照功能发现自我文化发展中的空白。文化发展是不平衡的,有的文化在某一方面发展达到较高水平,在另一方面却仍处于低水平,甚至是发展中的盲点,原来根本没有被注意到。正是这些原来没有注意到的方面,才具备发展潜力,才有可能使自我的文化更加完备。本雅明在谈论译者的任务时提出,译者的主要任务是针对异的翻译而不是同的翻译。他的论点是,来自上帝的"纯语言",本来为人类共同拥有。在建立巴比伦塔的时候,上帝怕人们把通天塔建成,使天上地下没有区别,因而把人们的语言搞乱,使人们的语言彼此不能相通,因而无法很好地合作,从而无法建成通天塔。有鉴于此,本雅明认为,上帝在打乱人们的语言时,原来的"纯语言"被分散到世界上所有的语言中去,只有把所有语言差异的地方都聚集起来,才有可能重新找到"纯语言"。历史上是否真的存在过"纯语言"暂且不论,如果把本雅明的翻译理论用到文化研究上,则不无启发作用。由于文化发展的不平衡性,每一种文化都会既有优势,也有劣势。而有利于人类繁荣进步、健康幸福的文化习俗,也很有可能散落在各种文化之中。对差异的研究,正是吸取他者文化的精华,把人类的优秀成果为我所用的努力。一种模式就算开始的时候再先进,发展到一定阶段后也会变得僵化,变成社会发展的阻力而不是推动力。此时,如果能够引进自身文化中原来没有的东西,使自我文化在文化碰撞下产生新质文化,才会对本文化的发展带来突破,使之产生新的飞跃。近代以来中国的实践证明,能够帮助中国摆脱民族危机、避免亡国灭种危险的,正是我们原来所不熟悉的以二元对立思维模式为基础的西方文化。可见,对差异的研究,可以发现原来没想到的可能性,找到全新的发展潜力。

  研究差异必须善于把握他者,绝不是照搬他者的条条框框。马克思认为,共产主义可以在西方发达国家至少好几个国家同时取得胜利;列宁则认为可以在一国数国首先取得胜利,并且这个国家不一定是西方发达国家。结果当时工业和科学技术都不算发达的俄罗斯成为共产主义取得胜利的第一个国家,并由俄罗斯扩展到苏联。中国早期探索革命道路的人中,有人把列宁的观点搬到了中国,而且把范围进一步缩小,变成了让革命在一省数省首先取得胜利。这种机械照搬的把握他者的做法是注定要失败的。列宁对马克思语言的变通是有道理的,只要资本主义制度还没到让人活不下去的程度,要想同时在主要发达国家进行社会制度的彻底改变是不可思议的。当时俄罗斯的农奴和工人的忍耐力都已经到了极限,从根本上改变社会制度成了一种极具诱惑的选择。而中国革命在一省数省首先取得胜利的想法,则既教条又不科学。一个国家政权的更替、社会制度的改变,从理论上说其他国家都没有权利指手画脚,但一个省则是一个国家的一级行政单位,随时可以得到整个国家资源的支持,要想在一个或几个省改变社会制度而不受到其他地区乃至全国力量的干预,是不可能的。而且,在一个省暴动,面对的是组织严密的政权的反扑,成功机会微乎其微。如果在几个省的大城市里同时举行革命暴动,把本来就很有限的力量分散使用,成功机会就更加渺茫了。所以,李立三等人机械照搬他者经验的策略,是注定要失败的。毛泽东则充分研究了当时中国的国情,注意到中国各省之间、城乡之间经济社会发展不平衡的现实,在当时政权统治能力相对薄弱的山区建立革命根据地,而且把根据地建立在几个省级行政区域相邻的山区,以利用当时中国山头林立,各省互不统属,配合上不容易一致的弱点,大大地加大了成功的机会。井冈山根据地如此,陕甘宁边区亦复如此。这就是对他者策略准确把握与灵活运用的结果。可见,运用他者的策略,同样必须立足于自我,与自身的实际情况相结合。只有这样,才能更好地为自我所用。

  善于把握他者,除了必须与自身的实际相结合外,必须学习他者的长处。中国文化在传统上重口头承诺,轻文字契约,而文字契约正是西方法治的基础,以具有法律效力的形式把交易双方的责任和义务表达清楚,鼓励双方真诚地履行应有的责任,获得应得的效益,惩罚违约行为。西方正是把这种契约关系扩大应用到全体公民身上，其法律就是大家都必须遵守的规约，履行作为一个公民的义务，享受国家赋予公民的应得权利。在这方面，依赖于人治的中国传统文化，就显得有些幼稚了。由于彼此的交往主要靠口头承诺，一旦出现纠纷，不容易判断其中的是非。国家的治理同样依赖于个人的品德与魅力，而权力又缺乏监督机制，一旦某个关键职位所托非人，轻则祸害一方，重则危及国家安全。随着人口的增加和生产力的发展，社会上各种关系也变得越来越复杂。要有效地加以管理，单凭个人的品质为保证，凭个人的能力和魅力，都会显得越来越捉襟见肘，越来越靠不住。所以，利用法制手段进行管理以保证整个社会的有效运行，是中国现代化的必然选择。

文化上的他者研究，还应该博采众长、兼收并蓄。文化发展的不平衡性决定了各种文化都有自己的优势和劣势，有高度发展的方面和尚待发展的方面。因此，在进行他者研究中，要注意吸取各种文化的精华。在中国经济和社会发展都突飞猛进的今天，我们有足够的实力立足于主动地位，不必为被动地应付外来的压力而进行他者研究。此外，今天的世界相互之间的联系越来越紧密，发生联系的国家和民族也越来越多样化。我们与世界上大多数国家都建立了外交关系，并且相互之间的交往也越来越多，交流也越来越频繁，这就为我们博采众长提供了可能性。要使中国迅速崛起，就不能固步自封，必须把一切先进的东西引进、消化、为我所用。在工业生产和城市化建设等方面，西方比我们早着手了几百年，有许多成功的经验，也有不少失败的教训。只要善于学习和借鉴，就可以使自己在做类似的事情时少走弯路，更快更好地发展自己。

三

赛义德说："康拉德既是帝国主义的反对者，又是帝国主义者，这并不矛盾。当他无畏而又悲观地揭露自我肯定那种自欺欺人的海外殖民统治的时候,他是进步的;当他承认非洲或者南美洲本来可以有自己独立的历史与文化,而这种历史文化遭受到帝国主义的粗暴蹂躏,他们最终被自己的历史和文化打败的时候,他是极为反动的。"①

赛义德对康拉德同时是帝国主义者和帝国主义的反对者的双重身份,以及他作为揭露海外殖民黑幕的进步作家的评价是中肯的。但是,认为康拉德反动是因为其小说建构承认非西方具有独立的文化和历史、并且最终被自己的历史文化所打败,这和康拉德小说建构根本不符。恰恰相反,康拉德继承了西方传统的他者建构手法,以"他者还原"和"去他者化"手段把他者还原为西方的同一。他把不同的种族还原为人类进化的不同阶段:把非洲还原为史前荒蛮阶段,亚洲的马来人为孩提时代,欧洲其他民族则与西方进化程度相当,但诸如俄罗斯是走到了岔道上的民族,这样一来,都可以用西方进化论为标准作为衡量手段,对他者进行把握。康拉德对他者的还原是一种驯化方式:把非洲人身上不可理解的他性还原为欧洲历史上曾经有过的史前荒蛮时代,在他们身上寻找自己祖先已经远去的回响,然后把这些处于荒蛮时代的人进行驯化,使他们由不可理喻的怪物变成穿着衣服的狗,以便对文明人有用。马来人则等同于文明的孩提时代,通过培训,可以让他们负起较大的责任,甚至在西方船长坐镇下负起整条船的操纵任务。即使没有白人水手在场,他们也能够自如地操纵船只,如白人水手逃跑后的帕特纳号就完全是由马来水手操纵的。马来人与叙述者的亲密程度可以仅次于其最喜欢的宠物狗,就像白人叙述者与阿尔萨特的关系,"他喜欢这个人,因为他言而有信,也能够跟随白人朋友一起英勇无畏地战斗。他喜欢他——也许喜欢的程度稍逊于一个人对自己最心爱的宠物狗的喜爱——但

---

① Edward Said. *Culture and Imperialism*. Alfred A. Knopf / New York: 1993. p. xviii.

他仍然喜欢他,喜欢到可以不问情由就为他提供帮助。在忙于追求自己目标之余,有时还会隐隐约约地想起他,想起那个孤独的男人和那个长发女人,野性的脸,得意的目光。在森林的掩藏下,他们两人共同生活——孤独而又恐惧地活着。"①从"怪物"到"狗",再到"宠物狗",是康拉德对不同阶段他者还原的不同方式。

在康拉德小说中,非西方文化除了作为西方人猎奇对象,作为被看对象外,很少有展示的机会,所以也不存在他们被自己文化打败的问题。恰恰相反,西方人却经常被自己的文化所打败。高必拉等非洲人根本没做任何事情,放任凯亦兹等两个欧洲白人自生自灭,他们最终死于自相残杀和自杀;吉姆是由于其根深蒂固的传统观念,认为西方人不应该打西方人,放绅士布朗一伙离去才导致自己最终的悲剧;诺斯托罗莫、库尔茨都是被西方文化所固有的贪婪所击倒,诸如此类,不一而足。

可见,康拉德对他者的把握手段,与传统做法没有本质的区别,但在其建构过程中增加了殖民主义批判话语。从其殖民主义话语得到的启发,加上对以美国为首的西方对当下国际事务处理方式的考察,我们可以了解到,他们对他者的把握方式没有根本变化,因而要据此制定因应之道;从康拉德殖民主义批判话语得到的启发是,西方这一套他者策略并非无懈可击。

从康拉德他者建构所反映出来的误读的普遍性来看,误读是文化文学建构的主流,"形象与现实相混,且被视为现实"②的建构是不存在的。所以,对于西方社会中存在的妖魔化中国现象,应该保持一颗平常心。西方对他者的建构都以自我的目的为出发点,认识了这一点,对于西方不利于我们的他者建构,我们就不会觉得不可理解

---

① Joseph Conrad, The Lagoon, *Selected Short Stories of Joseph Conrad*. Ware, Hertfordshire: Wordsworth Editions Ltd. 1997, p.27.
② (法)保尔·利科《在话语和行动中的想象》,孟华译,孟华主编《比较文学形象学》,前引书,第44页。

了。与此同时,虽然一旦建构起来以后不易改变,他者形象也不是一成不变的,通过多方努力,尤其通过运用西方人熟悉的方式的努力,要把负面形象转变为正面形象也是有可能的,抗战时期的延安在国际社会形象的改变就是成功例子。

此外,从康拉德小说中反映出来的他者建构手段看,传统的他者还原与去他者化是康拉德处理非西方人形象的主要手段,而这些手段仍然没有过期。美国等西方国家对苏联的和平演变是典型的他者还原处理,把意识形态他者的苏联社会还原为西方同一的自由、民主社会,即资本主义社会制度的俄罗斯,外加十几个从苏联解体中独立出来的小国。而他们对伊拉克的两次战争、他们对科索沃的军事干涉,都体现了去他者化的处理方式。西方在文化交流与霸权方面的"他者还原"与"去他者化",手段更隐蔽,情况更为复杂,但其最根本的手段是一致的。有鉴于此,我们对西方处理与他者关系的排斥异己手段不能心存幻想,必须大力振兴我们的经济和民族精神,使自己立于不败之地,才会在国际事务中处于有利地位,也才能在文化交流中获得最大益处。

从康拉德小说他者建构透露出来的信息看,西方文化也不是不可战胜的。在林嘉德船长身上体现了当代美国及其他西方国家的特点:刚愎自用、自以为是、把自己的意志强加于人。"乖乖听话,给你们幸福,否则,要你们的命!"① 巴巴拉契对林嘉德船长和其他西方人傲慢特点的总结,也正是今天以美国为首的西方的写照。林嘉德船长虽然有很高威望,但在当地权力更替的既成事实面前,也无可奈何;在帮助哈希姆和伊玛达兄妹复辟问题上,也显得有心无力。所以,只要知此知彼,采取正确的策略,在和西方打交道中维护自己的权益,不是不可能的。

赛义德谈到康拉德的当代意义时说:"为了避免将康拉德简单

---

① Joseph Conrad. *An Outcast of the Islands*. Ibid., p.226.

看做他的历史时代的产物,我们最好注意到,当前华盛顿和大多数其他西方决策者以及知识分子并没有比他进步多少。"①在处理他者的手法上更是如此。只要熟悉了这些手法,采取正确的对应策略。简而言之,就是运用合作协商和针锋相对相结合的方针。我们可以协商合作的方式处理国际问题,但不是无原则的退让。有时候必须针锋相对地捍卫自我的权益。要有效地捍卫自我的利益,必须以坚强的实力为后盾,所以必须拥有足以捍卫自己权益的军事力量,备而不用永远胜过想用时而无准备。只有这样,在处理国际事务上、在与世界上其他民族打交道问题上,才能够无往而不胜。西方有一句名言,打不赢的敌人才是朋友。领略这一点,是康拉德小说他者建构研究的现实意义所在。

---

① (美)爱德华·赛义德《文化与帝国主义·前言》,前引书,第12页。

参 考 文 献

(尼日利亚)齐努瓦·阿切比《非洲的一种形象:论康拉德〈黑暗的心灵〉中的种族主义》,(英)巴特·穆尔·吉尔伯特等编《后殖民批评》,杨乃乔等译,北京:北京大学出版社,2001年。

(美)本尼迪克·安德森《想象的共同体》,吴叡人译,上海:上海人民出版社,2003年。

(俄)米哈伊尔·巴赫金《诗学与访谈》,白春仁、顾亚铃等译,石家庄:河北教育出版社,1998年。

(俄)米哈伊尔·巴赫金《镜中人》,黄玫译,《文本·对话与人文》,石家庄:河北教育出版社,1998年。

(英)乔治·戈登·拜伦《唐璜》,查良铮译,北京:人民文学出版社,1980年。

(英)乔治·戈登·拜伦《恰尔德·哈洛尔德游记》,杨熙龄译,上海:新文艺出版社,1956年。

(美)丹尼尔·贝尔《资本主义文化矛盾》,赵一凡等译,北京:三联书店,2003年。

(法)西蒙娜·德·波伏娃《第二性》,陶铁柱译,北京:中国书籍出版社,2004年。

陈伯香主编《英美文学选读》,北京:外语教学与研究出版社,1998年。

陈独秀《文学革命论》,载郭绍虞《历代文论选》(第4册),上海:上海古籍出版社,2001年。

(法)米利耶·德特利《十九世纪西方文学中的中国形象》,孟华主编《比较文学形象学》,北京:北京大学出版社,2001年。

(英)丹尼尔·笛福《鲁滨逊漂流记》,郭建中译,南京:译林出版社,1996年。

高继海《英国小说史》,开封:河南大学出版社,2000年。

(德)G. W. F. 黑格尔《小逻辑》,贺麟译,北京:商务印书馆,2003年。

(美)塞缪尔·亨廷顿《文明的冲突与世界秩序的重建》,周琪等译,北京:新华出版社,2002年。

(美)弗雷德里克·杰姆逊《后现代主义文化理论》,唐小兵译,北京:北京大学出版社,1997年。

(英)约瑟夫·康拉德《黑暗的心脏》,王金玲译,《黑暗的心脏》,济南:山东文艺出版社,1984年。

(英)约瑟夫·康拉德《走投无路》,鹿金译,《康拉德小说选》,上海:上海译文出版社,1985年。

(英)约瑟夫·康拉德《进步前哨》,吴钧陶译,《康拉德小说选》,上海:上海译文出版社,1985年。

(英)约瑟夫·康拉德《间谍》,张健译,北京:外国文学出版社,2002年。

(英)约瑟夫·康拉德《罗曼亲王》,薛诗绮译,《康拉德小说选》,上海:上海译文出版社,1985年。

(英)约瑟夫·康拉德《秘密的分享者》,裘小龙译,《康拉德小说选》,上海:上海译文出版社,1985年。

(英)约瑟夫·康拉德《阴影线》,赵启光译,《康拉德小说选》,上海:上海译文出版社,1985年。

(英)约瑟夫·康拉德《"水仙号"上的黑水手》,尧雨译,《黑暗的心脏》,济南:山东文艺出版社,1984年。

(英)约瑟夫·康拉德《艾米·福斯特》,石枚译,《康拉德小说选》,上海:上海译文出版社,1985年。

(法)雅克·拉康《拉康选集》,褚孝泉译,上海:三联书店,2000年。

(古罗马)朗加纳斯《论崇高》,钱学熙译,伍蠡甫主编《西方文论选》上卷,上海:上海译文出版社,1979年。

《礼记正义·曲礼(上)》,《十三经注疏(上)》,中华书局,2003年。

(法)保尔·利科《在话语和行动中的想象》,孟华译,孟华主编《比较文学形象学》,北京:北京大学出版社,2001年。

李维屏《英国小说艺术史》,上海:上海外语教育出版社,2003年。

李喜所主编,张静等著《五千年中外文化交流史》第3卷,北京:世界知识出版社,2002年。

刘炳善《英国文学简史》,郑州:河南人民出版社,1993年。

刘勰著、祖保泉解说《文心雕龙解说》,合肥:安徽教育出版社,1997年。

陆建德《间谍·序》,康拉德《间谍》,张健译,北京:外国文学出版社,2002年。

孟华《比较文学形象学论文翻译、研究札记》,孟华主编《比较文学形象学》,北京:北京大学出版社,2001年。

钱理群、温儒敏、吴福辉《中国现代文学三十年》(修订本),北京:北京大学出版社,1998年。

(美)爱德华·赛义德《东方学》,王宇根译,北京:三联书店,1999年。

(美)爱德华·赛义德《文化与帝国主义》,李琨译,北京:三联书店,2003年。

(英)威廉·莎士比亚《奥瑟罗》,《莎士比亚喜剧悲剧集》,朱生豪译,南京:译林出版社,2001年。

(英)威廉·莎士比亚《威尼斯商人》,《莎士比亚喜剧悲剧集》,朱生豪译,南京:译林出版社,2001年。

(美)罗兰·斯特龙伯格《西方现代思想史》,刘北成、赵国新等译,北京:中央编译出版社,2003年。

陶乐民、周弘《欧洲文明的进程》,北京:三联书店,2003年。

王觉非主编《欧洲五百年史》,北京:高等教育出版社,2000年。

王绳祖主编《国际关系史》(上册),武汉:武汉大学出版社,1983年。

汪民安《福柯的界线》,北京:中国社会科学出版社,2002年。

王晓路等编著《当代西方文化批判读本》,成都:四川大学出版社,2004年。

吴伟仁编《英国文学史及选读》(第二册),北京:外语教学与研究出版社,1988年。

杨武能《歌德与中国》,北京:三联书店,1991年。

杨玉华《文化转型与中国古代文论的嬗变》,成都:巴蜀书社,2000年。

赵启光《康拉德小说选·译本序》,《康拉德小说选》,上海:上海译文出版社,1985年。

戴苏东《让〈黑暗的心〉展现出光明的境界———论康拉德作品的艺术魅力》,《苏州教育学院学报》2002年第4期。

傅俊、毕凤珊《解读康拉德小说中殖民话语的矛盾》《外国文学研究》2002年第4期。

韩旭《安东尼奥对抗夏洛克——重读〈威尼斯商人〉》,《外国文学研究》2002年第3期。

靳晓静《关于鲁滨逊的现代解读》,《当代文坛》2000年第4期。

李毅《奥瑟罗的文化认同》,《外国文学评论》1998年第2期。

李毅《奥瑟罗的文化认同》,《外国文学评论》1998年第2期。

罗世平《论〈鲁滨逊漂流记〉中的殖民主义》,《四川外语学院学报》2002年第2期。

倪正芳《中国近20年来拜伦研究述评》,《娄底师专学报》2002年第3期。

乔国强《新浪漫主义运动的优秀代表——简评约瑟夫·康拉德和他的主要作品》,《青岛大学师范学院学报》1998年第3期。

曲政、俞东明《也谈夏洛克对安东尼奥的报复》,《天津外国语学院学报》2002年第2期。

史惠风、刘光耀《偶像崇拜与奥瑟罗悲剧》,《襄樊学院学报》2001年第5期。

孙向晨《莱维纳斯的"他者"思想及其对本体论的批判》,《复旦学报(社科版)》2000年第5期。

王宏维《论他者与他者的哲学——兼评女性主义对主体与主体性哲学的批判》,《江西社会科学》2004年第4期。

王九萍《从夏洛克看〈威尼斯商人〉中的反犹主义烙印》,《西安外国语学院学报》2000年第2期。

王岳川《消费社会中的网络文化与比较文学问题》,《中国比较文学》2002年第3期。

熊望衡《论〈威尼斯商人〉中夏洛克的二重人格》,《湘潭机电高等专科学校学报》2000年第2期。

(日)熊野纯彦《自我与他者》,杨通进译,《世界哲学》1998年第4期,第45页。

殷企平《〈黑暗的心脏〉解读中的四个误区》,《外国文学评论》2001年第2期。

张德明《〈奥瑟罗〉:一个西方"他者"的建构》,《浙江大学学报(人文社会科学版)》2003年第1期。

章子仁《论夏洛克的悲剧意蕴》,《广西大学学报(哲社版)》1996年第1期。

钟鸣《〈鲁滨逊漂流记〉的双重解读》,《外国文学研究》2000 年第 3 期。

周一兵编译《拜伦的意大利情人》,《世界文化》1996 年第 3 期。

Batchelor, John. *The Life of Joseph Conrad*. Oxford & Cambridge, Massachusetts: Blackwell Publisher Inc. 1994.

Von. Braun, Christina Blutschande. From the Incest Taboo to the Nuremberg Racial Laws. *Encountering the Other(s)*. Brinker-Gabler, Gisela ed. New York: State University of New York Press, 1995.

Brinker-Gabler, Gisela. Preface to *Encountering the Other(s)*. New York: State University of New York Press, 1995.

Brinker-Gabler, Gisela. Introduction to *Encountering the Other(s)*. New York: State University of New York Press, 1995.

Campbell, Joseph. *Myths to Live by*. Toronto · New York · London · Sydney: Bantam Books, 1973.

Carabine, Keith. Introduction to *Joseph Conrad Critical Assessments*. (ed.) *Joseph Conrad Critical Assessments* (vol. I), East Sussex: Helm Information Ltd. 1992.

Coleridge, Samuel Taylor. *The Rime of the Ancient Mariner*, *British Poets of the 19th Century*, Smith Thomson, Shanghai, China: The Longmans Book Inc. 1936.

Conrad, Joseph. *Notes on Letters and Life*. Wiltshire, UK: Routledge/Thomas Press, 1995.

Conrad, Joseph. *Outcast of the Islands*, Wiltshire, UK: Routledge/Thomas Press, 1995.

Conrad, Joseph. A Personal Record. *A Conrad Argosy*. Garden City, New York: Doubleday, Doran & Company, Inc. 1942.

Conrad, Joseph. *Chance*. New York: The Country Life

Press, 1921.

Conrad, Joseph. *Nostromo*. New York: The New American Library of World Literature, Inc. 1960.

Conrad, Joseph. *Lord Jim*. 世界图书出版公司,西安/北京/广州/上海,2002。

Conrad, Joseph. Youth. *Heart of Darkness & Other Stories*. Chatham, Kent: Wordsworth Editions Ltd. 1995.

Conrad, Joseph. Preface to *The Nigger of the "Narcissus"*, in *A Conrad Argosy*, New York: Doubleday, Doran& Company, Inc. 1942.

Conrad, Joseph. *Victory*. London: Penguin Group, 1994.

Conrad, Joseph. *Almayer's Folly*. Ware, Hertfordshire: Wordsworth Editions Ltd. 1996.

Conrad, Joseph. Karain: A Memory, *Selected Short Stories of Joseph Conrad*. Ware, Hertfordshire: Wordsworth Editions Ltd. 1997.

Conrad, Joseph. The Lagoon, *Selected Short Stories of Joseph Conrad*. Ware, Hertfordshire: Wordsworth Editions Ltd. 1997.

Conrad, Joseph. *Under Western Eyes*. New York: Doubleday, Page & Company, 1924.

Conrad, Joseph. Youth. *Heart of Darkness & Other Stories*. Chatham, Kent: Wordsworth Editions Ltd. 1995.

Cooper, Frederick /Ann Laura Stoler (ed.). *Tensions of Empire*. Berkeley/Los Angeles/London: University of California Press, 1997.

Davison, Arnold. *Conrad's Endings*. Michigan: UMI Research Press, 1984.

Dryden, Linda. *Joseph Conrad and the Imperial Romance*. Hampshire and New York: Palgrave Press, 2000.

Erdinast-Vulcan, Daphna. Nostromo and the Failure of Myth. *New Casebooks: Joseph Conrad*. Elaine Jordan ed. London: MacMillan Press

Ltd. 1996.

Felski, Rita. Fin de Siecle, Fin de Sexx: Transsexuality, Postmodernism, and the Death of History. *Century Ends, Narrative Means.* Robert Newman ed. Stanford, California: Stanford University Press, 1996.

Fraser, Gail. Conrad's Irony: "An Outpost of Progress" and *The Secret Agent.* Keith Carabine (ed.), *Joseph Conrad Critical Assessments* (vol. II), East Sussex: Helm Information Ltd. 1992.

Gogwilt, Christopher. *The Invention of the West.* Stanford, California: Stanford University Press, 1995.

Gramsci, Antonio. *Selections from the Prison Notebooks.* Ed. and trans. Quinton Hoare and Geoffrey N. Smith. New York: International publishers, 1985.

Guerard, Albert J. *Conrad the Novelist.* Cambridge, Massachusetts; London, England: Harvard University Press, 1979.

Hamner, Robert D. *Joseph Conrad: Third World Perspectives.* Washington D. C. : The Three Continents Press, 1990.

Harpman, Geoffrey Calt. One of Us, *The Mastery of Joseph Conrad.* Chicago & London: The University of Chicago Press, 1996.

Hawthorn, Jeremy. *A Glossary of Contemporary Literary Theory.* London, NewYork, Melbourne: Routledge , Chapman and Hall ,1994.

Hegel, G. W. F. *Phenomenology of Spirit.* Trans. A. V. Miller. Oxford: Oxford University Press, 1977.

Hewitt, Douglas. *English Fiction of the Early Modern Period 1890-1940.* London and New York: Longman Inc. 1988.

Humphries, Reynolds. Karain: A Memory, How to Spin a Yarn. Keith Carabine (ed.), *Joseph Conrad Critical Assessments* (vol. II). East Sussex: Helm Information Ltd. 1992.

Karl, Frederic. *Joseph Conrad, the Three Lives.* London: Faber and Faber, 1979.

Klein, Bernhard (ed.) *Fictions of the Sea*. Hants, England: Ashgate Publishing Ltd. 2002.

Kramer, Jürgen. Conrad's Crews Revisited. *Fictions of the Sea*. Bernhard Klein. (ed.) Hants, England: Ashgate Publishing Ltd. 2002.

Leavis, F. R. Reevaluations: Joseph Conrad. *Joseph Conrad Critical Assessments* (vol. I. Keith Carabine ed.) East Sussex: Helm Information Ltd. 1992.

Leavis, F. R. *Forward to Nostromo in Nostromo*. New York: New American Library, 1960.

Mackenzie, John M. *Orientalism: History, Theory and the Art*. Manchester and New York: Manchester University Press, 1995.

Major, John. Asia Through Glass Darkly: Stereotypes of Asians in Western Literature. *Contemporary Literature*, Spring 1986.

McClure, John A. *Kipling & Conrad: The Colonial Fiction*, Cambridge, Massachusetts & London: Harvard University Press, 1981.

McFee., William. Introduction to *A Conrad Argosy*. Garden City, New York: Doubleday, Doran & Company, Inc. 1942.

Moore, Gene M. Conrad's Influence. *The Cambridge Companion to Joseph Conrad*, J. H. Stape (ed). 上海:上海外语教育出版社,2000。

Morley, John ed. *The Complete Poetical Works of William Wordsworth*. London: Macmillan and Co. Ltd. 1928.

Peperzek, Adriaan. *To the Other: an Introduction to the Philosophy of Emmanuel Levinas*. West Lafayette, Indiana: Purdue University Press, 1993.

Ross, Stephen David. What of the Others Whose Subjection *Encountering the Other* (s). Brinker-Gabler, Gisela (ed.). New York:

State University of New York Press, 1995.

Said, Edward. *Orientalism: Western Conceptions of the Orient.* London: Penguin, 1978.

Schwar, Daniel R. *The Transformation of the English Novel, 1890-1930*, 2nd ed. London: Macmillan Press Ltd. 1995.

Straus, Nina Pelikan. The Exclusion of the Intended from Secret Sharing. *New Casebooks: Joseph Conrad.* Elaine Jordan ed. London: MacMillan Press Ltd. 1996.

Szittya, Penn R. Meta-fiction: The Double Narration in *Under Western Eyes*. Keith Carabine (ed.), *Joseph Conrad Critical Assessments* (vol. III), East Sussex: Helm Information Ltd. 1992.

Watt, Ian. Ideological Perspectives: Kurtz and the Fate of Victorian Progress. *New Casebooks: Joseph Conrad.* Elaine Jordan ed. London: MacMillan Press Ltd. 1996.

Watts, Cedric. The Covert Plot of *Almayer's Folly*: A Structural Discovery. Keith Carabine (ed.), *Joseph Conrad Critical Assessments* (vol. I). East Sussex: Helm Information Ltd. 1992.

White, Andrea. *Conrad and Imperialism.* The Cambridge Companion to Joseph Conrad, J. H. Stape (ed.) 上海:上海外语教育出版社,2000。

附　录　康拉德生平年表

1857：康拉德原名叫约瑟夫·西奥多·康拉德·科镇尼厄夫斯基(Joseph Teodor Conrad Korzeniowski)，生于12月3日俄罗斯统治下的波兰伯迪切夫(Berdichev)，父亲叫阿波罗·科镇尼厄夫斯基(Apollo Korzeniowski)，母亲叫艾沃林娜(又叫埃娃)(Ewelina或Ewa)。

1861：父亲因为参与反对俄罗斯统治在华沙被捕。

1862：科镇尼厄夫斯基一家被流放到俄罗斯北部的沃洛格达(Vologda)。

1865：母亲埃娃去世。

1869：父亲阿波罗去世，舅父塔丢斯·波布罗斯基(Tadeusz Bobrowski)成为康拉德监护人。

1874：离开波兰前往马赛，接受海员训练。

1874—1878：Mont-Blanc号乘客，Saint-Antoine号上服务员(往加勒比海)。

1878：在马赛因赌债自杀未遂。第一次服务于英国船只。

1878—1880：苏特兰伯爵号普通水手(往澳大利亚)；欧罗巴号普通水手(往地中海)。

1880：通过二副资格考试，在Loch Etive号上任三副。

1881—1884：先后在巴勒斯坦号、河谷号和水仙号上任二副(往东南亚和印度)。

1884：通过大副资格考试。

1885—1886：Tilkburst号二副(往新加坡和加尔各答)。

1886：获英国国籍；通过船长资格证书考试。

1886—1887：Falconburst 号二副；高地森林号大副（往爪洼），在船上受伤并在新加坡住院留医。

1887—1888：Vidar 号大副（从新加坡到荷兰属东印度各岛屿港口）。

1888：在曼谷接任 Otago 号船长，开往澳大利亚、毛里求斯等地。

1889：辞去 Otago 号船长职务，在伦敦短暂定居，开始《阿尔迈耶的愚蠢》(*Almayer's Folly*) 的写作。

1890：刚果上游商业协会副指挥，短期任内河机械船 Roi des Belges 号船长。

1891—1893：Torrens 号客船大副（往澳大利亚）；回乌克兰看舅父。

1894：《阿尔迈耶的愚蠢》被出版商采用。Adowa 号二副，但仅到法国即返，结束海员生涯。

1895：《阿尔迈耶的愚蠢》以约瑟夫·康拉德笔名出版。

1896：《海隅逐客》(*An Outcast of the Islands*) 出版。3 月 24 日，与杰西·乔治 (Jessie George) 结婚；开始《救援者》(*The Rescuer*) 的写作。开始与威尔斯和亨利·詹姆斯等人交往。

1897：《"水仙号"上的黑水手》(*The Nigger of the "Narcissus"*) 出版；开始与格拉海姆和斯提芬·克莱恩的友谊。

1898：儿子波里斯出生；小说集《不安的故事》(*Tales of Unrest*) 出版。

1899：《黑暗的心脏》(*Heart of Darkness*) 连载。

1899—1900：《吉姆爷》(*Lord Jim*) 连载。

1900：《吉姆爷》出书。

1901：与福德 (Ford) 合作的《继承人》(*The Inheritors*) 出版。

1902：小说集《青春》(*The Young*) 出版。

1903：《台风及其他故事》(*Typhoon, and Other Stories*) 出版；与

福德合著的《浪漫故事》(Romance)出版。

1904:《诺斯托罗莫》(Nostromo)连载并出书。

1905:把《明天》(Tomorrow)改编为戏剧《又一天》(One Day More),并在伦敦上演。

1906:儿子约翰出生;《大海如镜》(The Mirror of the Sea)出版;《间谍》(The Secret Agent)在美国连载。

1907:《间谍》在美国出书。

1908:《六篇小说集》(A Set of Six)出版。

1909:与福德交恶。

1910:完成《在西方视野下》(Under Western Eyes)。

1910—1911:《在西方视野下》连载并出书。

1912:《回忆录》(Some Reminiscences)和小说集《大海与陆地之间》('Twixt Land and Sea)出版;《机缘》(Chance)在纽约连载。

1914:《机缘》出书;首次带家人回波兰。

1915:小说集《波涛之中》(Within the tides)和长篇小说《胜利》(Victory)出版。

1917:《阴影线》(The Shadow-line)出版。

1919:《金箭》(The Arrow of Gold)出版。

1920:1898年动笔的《救援者》,以《救援》(The Rescue)为书名出版。

1921:为《流浪汉》(The Rover)和《悬疑》(Suspence)写作准备材料;《生活与读书札记》(Notes on Letters and Life)出版。

1922:《间谍》改编为戏剧并在伦敦上演。

1923:《流浪汉》在美国连载并出书。

1924:8月3日病逝。

1925:《听来的故事》(Tales of Hearsay)出版;《悬疑》出版。

1926:《最后的散文》(Last Essays)出版。

1928:《姐妹》(The Sisters)(未完稿)出版。

后　　记

　　这部著作的成书,得益于攻读博士学位时的学习和思考,也得益于各位师长的教诲和启发。成书付梓之际,掩卷之余,仍不禁万分感慨。在本书写作过程中许多值得感激之人,又一一出现在眼前。

　　首先出现的是一位身材高挑,穿着永远一丝不苟,带着贵族气质的学者,他就是我的博士生导师王晓路教授。正是在他的关心和指导下,我的学术素养得以提高和体系化,在成长的道路上,时时可以感受到老师的关怀。本书的主要思想,得益于与老师的讨论,得益于老师的启发。

　　接着是一位身材不算高大、却浑身透着干练和热情的学者,他就是比较文学界的著名学者曹顺庆先生。正是曹先生带着我们"按辔文雅之场,环络藻绘之府",让我们接受中国文化经典的熏陶,"积学以储宝,酌理以富才,研阅以穷照,驯致以怿词",我们的学术储备多有赖于先生的教诲。尤其是先生的问题意识,把学生的思想砥砺出锐利的锋芒。

　　还有许多难忘的师长,德高望重的杨武能先生,风度翩翩的易丹先生,平易近人的刘亚丁先生,令人一见难忘的石坚先生等,都从不同的角度使我获益良多,直接或间接对这本书的写作给予了有益的影响和帮助。

　　此外,在本书的写作过程中,还直接或间接获得过国内王逢振、叶舒宪、曹卫东、王又平、赵炎秋、王旭晓等学者的指点,在此一并表示感谢。

当然,本书的完成,没有家人的理解和支持也是不可想象的,家人的理解与牺牲精神在我感到最困难的时候,是鼓舞我顽强进取的精神支柱。

祝 远 德

2007 年 7 月 25 日写于广西

策　　划:杨松岩
特约编辑:李　磊
封面设计:肖　辉
版式设计:东昌文化
责任校对:刘越难

图书在版编目(CIP)数据

他者的呼唤——康拉德小说他者建构研究/祝远德 著.
-北京:人民出版社,2007.9
ISBN 978-7-01-006454-3

Ⅰ.他… Ⅱ.祝… Ⅲ.康拉德,J.(1857~1924)-小说-
　文学研究　Ⅳ.I561.074

中国版本图书馆 CIP 数据核字(2007)第 129657 号

他 者 的 呼 唤
TAZHE DE HUHUAN
——康拉德小说他者建构研究
——KANGLADE XIAOSHUO TAZHE JIANGOU YANJIU

祝远德 著

人民出版社 出版发行
(100706　北京朝阳门内大街166号)
北京新魏印刷厂印刷　新华书店经销

2007年9月第1版　2007年9月北京第1次印刷
开本:880毫米×1230毫米 1/32　印张:9.25
字数:220千字　印数:0,001-4,000 册
ISBN 978-7-01-006454-3　定价:19.00元

邮购地址 100706　北京朝阳门内大街166号
人民东方图书销售中心　电话(010)65250042　65289539